DREAMWEAVER MX POUR LES NULS

DREAMWEAVER MX POUR LES NULS

Janine Warner
Ivonne Berkowitz

First Interactive

Dreamweaver MX pour les Nuls

Publié par
Wiley Publishing, Inc.
909 Third Avenue
New York, NY 10022

Pour les Nuls est une marque déposée de Wiley Publishing, Inc.
For Dummies est une marque déposée de Wiley Publishing, Inc.
Collection dirigée par Jean-Pierre Cano
Edition : Pierre Chauvot
Maquette et mise en page : Edouard Chauvot
Traduction : Roger Dumont

Edition française publiée en accord avec Wiley Publishing, Inc.
© 2003 par Éditions First Interactive
33, avenue de la République
75011 Paris - France
Tél. 01 40 21 46 46
Fax 01 40 21 46 20
E-mail : firstinfo@efirst.com
Web : www.efirst.com
ISBN : 2-84427-393-9
Dépôt légal : 1e trimestre 2003

Imprimé en Italie

Sommaire

Introduction

Si vous travaillez à la conception de sites Web, vous n'avez probablement pas le temps de lire une quantité de livres vous exposant en détail comment procéder. Aussi ai-je conçu cet ouvrage comme un microréférence simple et facile à utiliser.

Les nouvelles fonctions de cette version MX de Dreamweaver en font un programme "inédit" dans le domaine de la création de sites.

Dreamweaver produit un code HTML propre et suffisamment sophistiqué pour supporter les toutes dernières évolutions de HTML. Dreamweaver MX y ajoute de nombreuses fonctions de haut niveau permettant de créer des sites Web pilotés par des bases de données. Ces fonctions étaient auparavant vendues séparément dans Dreamweaver UltraDev.

Ivonne Berkowitz, coauteur de ce livre, a une longue expérience de la création de sites Web, tout en étant capable de comprendre le point de vue du débutant. C'est elle qui a écrit la nouvelle partie sur les sites pilotés par des bases de données ; elle a aussi contribué aux chapitres sur les images.

Dreamweaver MX pour les Nuls s'adresse à tous ceux qui veulent créer des pages Web sophistiquées faciles à actualiser. Que vous soyez professionnel ou novice, ce livre vous permet d'aller rapidement plus loin avec le meilleur programme de conception de sites Web disponible aujourd'hui sur le marché.

Il est inutile de le dévorer de la première à la dernière page et d'apprendre des chapitres par cœur. Chaque section de l'ouvrage a une vie autonome, donnant des réponses simples à des questions parfois complexes, et décortiquant pas à pas l'exécution de tâches spécifiques.

Conventions de ce livre

Dans ce livre, la cohérence passe par le respect de certaines *conventions*. Parmi celles-ci, je place les nouveaux termes en italique, et je présume par la suite que vous les connaissez.

Lorsque je saisis des URL (adresses Internet) ou des adresses de messagerie, elles se présentent ainsi : `ww.janinewarner.com`. Parfois, l'URL se distingue du reste du paragraphe comme ceci :

```
www.janinewarner.com
```

Je présume également que votre navigateur Web n'exige pas la saisie de `http://` avant l'adresse elle-même. Si vous utilisez un ancien navigateur, n'oubliez pas de saisir cette partie.

Bien que Dreamweaver ne nécessite pas la connaissance du langage HTML, vous pourrez être amené à l'utiliser. Je me sers alors d'un style identique à celui des adresses Web :

```
<A HREF="http://www.janinewarner.com">Le site Web de Janine</A>
```

Lorsque je présente des fonctions, je définis les éléments en les séparant par des puces. Dès qu'il faut suivre des instructions pour mener à bien une procédure quelconque, j'utilise des étapes numérotées.

Organisation de cet ouvrage

Il est organisé pour pouvoir être consulté n'importe comment et à n'importe quel moment. Vous pouvez le lire de la première à la dernière page, mais je pense que vous préférerez vous reporter aux sections qui traitent du sujet qui vous intéresse.

Voici les parties qui composent cet ouvrage.

Première partie : Du rêve à la réalité

Cette partie présente Dreamweaver et ses fonctions de base. Au Chapitre 1, j'identifie les barres d'outils et les options des menus, tout en décrivant les nouveautés de cette version MX. Au Chapitre 2, nous prenons la route qui mène à la création de votre premier site Web.

Deuxième partie : Des moyens de millionnaire

Planifier la création d'un site est peut-être la phase la plus importante du développement d'un site Web. Au Chapitre 3, je vous distille quelques conseils sur la gestion des sites Web. Je vous présente aussi les fonctions de gestion des sites dans Dreamweaver. Au Chapitre 4, vous découvrirez les meilleures fonctions de Dreamweaver.

Au Chapitre 5, Ivonne s'attarde sur les aspects graphiques du Web et vous montre comment intégrer des éléments graphiques dans vos pages.

Troisième partie : Un site avancé

Dans cette partie, vous verrez comment utiliser certaines fonctions HTML avancées de Dreamweaver. Au Chapitre 6, vous allez apprendre à utiliser des tableaux HTML pour créer des mises en page. Au Chapitre 7, je vous dis presque tout sur la création d'un site avec des cadres HTML. Au Chapitre 8, je présente les feuilles de style en cascade (CSS) : leur fonctionnement, et comment elles peuvent vous faire gagner du temps.

Quatrième partie : Que mon site soit cool !

C'est ici que vous allez découvrir la face cachée de HTML. Au Chapitre 9, je pénètre le cœur des fonctions Dynamic HTML. Au Chapitre 10, je vous conduis dans les profondeurs de DHTML.

Au Chapitre 11, je vous aide à vous servir de Dreamweaver pour utiliser divers formats de fichier. Ensuite, au Chapitre 12, je décris les formulaires HTML et vous montre comment ajouter des éléments comme des moteurs de recherche, des zones de discussion en ligne ou des systèmes de commerce électronique.

Cinquième partie : Travailler avec un contenu dynamique

Ivonne a écrit les trois nouveaux chapitres qui traitent des fonctions les plus avancées de Dreamweaver MX. Au Chapitre 13, elle vous aide à comprendre comment fonctionne un site reposant sur une base de données. Au Chapitre 14, elle vous montre comment ajouter un contenu dynamique à vos pages Web. Au Chapitre 15, elle réunit l'ensemble, montrant comment créer des pages permettant d'effectuer des recherches dans des bases de données.

Sixième partie : Les dix commandements

Dans cette partie traditionnelle de la collection *Pour les Nuls*, nous vous indiquons les dix meilleures idées de conception Web, et les dix astuces qui peuvent vous faire gagner un temps substantiel en travaillant avec Dreamweaver MX.

Les icônes utilisées dans ce livre

Indique une technique, un truc, un conseil qui pourra vous être utile.

Cette icône vous rappelle une procédure ou un concept important que vous stockerez dans un tiroir de votre mémoire déjà bien remplie.

Un danger vous guette ! Ne négligez pas son contenu sous peine d'aller à la catastrophe.

Renvoie à un autre ouvrage de la collection *Pour les Nuls* qui peut vous rendre un service certain.

Fait état de fonctions utilisées dans le programme d'optimisation des images pour le Web Fireworks de Macromedia.

Et maintenant, que faire ?

Lisez le Chapitre 1 pour prendre contact avec Dreamweaver. Vous y ferez connaissance avec l'environnement de travail de ce logiciel, ce qui vous permettra de démarrer rapidement ; vous y découvrirez également les nouvelles fonctions de la version MX.

Première partie

Du rêve à la réalité

"Comment ça, pour mettre à jour notre page Web ?"

Dans cette partie...

Réveillez-vous pour constater que les allégations de cette première partie n'ont rien à voir avec l'imaginaire, les rêves qui hantent chaque nuit votre sommeil. Je présente ici les nouvelles fonctions de Dreamweaver MX, et je fais le tour des barres d'outils, des menus et des panneaux qui donnent toute sa puissance à ce merveilleux programme. Au Chapitre 2, vous plongerez directement dans la création de votre première page Web.

Chapitre 1

Présentation de Dreamweaver

Dans ce chapitre :

- Présentation des nouvelles fonctions de Dreamweaver MX.
- Examiner les objectifs de votre site Web.
- Trouver votre chemin dans Dreamweaver.

Bienvenue dans le monde merveilleux de Dreamweaver ! Si vous avez déjà utilisé un autre programme de conception de sites Web, ne vous inquiétez pas. Vous pouvez utiliser Dreamweaver pour modifier des pages Web existantes et poursuivre le développement de votre site sans rien perdre de ce que vous avez déjà fait. Dans ce chapitre, nous verrons globalement ce qui fait de Dreamweaver MX un outil de création si puissant. Mais au préalable il est nécessaire d'évoquer les fichiers créés par d'autres logiciels de conception de sites Web.

Travailler avec des fichiers créés dans d'autres logiciels de création de sites Web

Un fichier HTML n'est rien d'autre qu'un fichier ASCII (un fichier texte). Vous pouvez donc ouvrir un fichier HTML dans n'importe quel éditeur de texte. Cependant, comme HTML a évolué considérablement au fil des années, les divers programmes de création de sites peuvent avoir recours à des standards différents, ce qui peut créer de sérieux conflits quand une page créée dans l'un d'eux est ouverte dans un autre.

L'une des raisons de la popularité de Dreamweaver est la grande "propreté" du code qu'il produit, et le fait qu'il est considéré comme plus précis et plus respectueux des standards HTML que les autres programmes comparables. Dreamweaver est également meilleur pour créer des pages qui fonctionnent dans divers navigateurs Web sur diverses plates-formes, mais l'importation de fichiers créés avec un autre programme peut être une opération exigeante. Pour faciliter cette transition, Dreamweaver comporte des fonctions spéciales. Avant de pouvoir travailler sur un site créé avec un autre programme, vous devez importer celui-ci dans Dreamweaver. Vous trouverez au Chapitre 2 des instructions pas à pas pour importer dans Dreamweaver un site Web existant.

Les sections qui suivent décrivent les éditeurs HTML les plus utilisés, et ce qu'il vous faut savoir pour récupérer dans Dreamweaver des fichiers créés avec eux.

Microsoft FrontPage

FrontPage de Microsoft est l'un des éditeurs HTML les plus utilisés, en partie comme simple retombée de la popularité de la suite Office, mais aussi parce qu'il offre des fonctions puissantes ainsi qu'un jeu de programmes supplémentaires pour les développeurs, notamment Image Composer qui est un programme graphique.

Si vous transférez un site FrontPage dans Dreamweaver, commencez par prendre note des divers composants Web de FrontPage que vous avez utilisés, notamment les moteurs de recherche ou les formulaires. Ceux-ci ne sont pas des fonctions prédéfinies de Dreamweaver. Il ne sera donc pas possible de les modifier comme vous le feriez dans FrontPage, mais les composants fonctionneront grâce à la fonction Roundtrip HTML de Dreamweaver. Si des composants propres à FrontPage vous sont réellement indispensables, je pense que vous ne pourrez pas vous débarrasser de sitôt de ce programme malgré tous les inconvénients qu'il présente.

Si vous avez utilisé les fonctions Dynamic HTML de FrontPage, vous devrez faire très attention au moment de la conversion du site dans Dreamweaver. Comme DHTML est plus complexe que HTML, vous ne souhaiterez sans doute pas modifier ce code manuellement. Vous trouverez plus simple de supprimer les fonctions DHTML créées dans FrontPage et de les redéfinir dans Dreamweaver.

Microsoft Word

Bien que Microsoft Word soit un logiciel de traitement de texte et non un éditeur HTML, il dispose de fonctionnalités HTML. En principe, une fois la mise en page réalisée dans Word, il suffit de l'enregistrer au format HTML, mais le code HTML généré par Word est catastrophique. Il ne tient pas compte des restrictions HTML, et il adapte la mise en page comme il peut. Dès qu'il faut placer des images et des éléments multimédias, plus rien ne tient la route. Heureusement, Dreamweaver possède une fonction spéciale qui permet de récupérer le code HTML généré par Word. Pour l'utiliser, sélectionnez Commandes/Nettoyer HTML Word, et indiquez le code à nettoyer dans la boîte de dialogue Nettoyage du HTML Word.

NetObjects Fusion

Si vous travaillez dans NetObjects Fusion, la transition avec Dreamweaver sera bien plus dramatique qu'avec n'importe quel autre éditeur HTML présenté dans ce chapitre. La plus grande difficulté est que Fusion utilise des tableaux HTML complexes et des éléments graphiques transparents pour contrôler l'espacement et réaliser ainsi la mise en page. Si vous importez dans Dreamweaver un site Web créé avec Fusion, il aura un code extrêmement complexe qui se prêtera difficilement à des modifications quelconques dans un autre logiciel. Je suis désolé de vous dire cela, mais si votre site a été conçu dans Fusion, vous devrez tout recommencer dans Dreamweaver. La procédure de transition est totalement décourageante, sauf si vous avez un site minuscule.

Adobe GoLive

Adobe GoLive dispose de fonctions surprenantes qui permettent des mises en pages faciles. Dans ce domaine, GoLive présente quelques similitudes avec Dreamweaver, mais crée des problèmes identiques à NetObjects Fusion. GoLive utilise une grille pour disposer, au pixel près, les divers éléments de vos pages. Résultat : le code HTML est confus au point d'en décourager l'édition dans un autre éditeur HTML.

Comme tout repose sur un alignement des objets par rapport à une grille, vous devez faire attention à la complexité des tableaux générés par GoLive. Cependant, il est possible de concevoir vos pages sans recourir à la grille. La conversion des pages vers Dreamweaver en sera d'autant plus facile. Si vous travaillez avec quelqu'un qui se sert de

GoLive, demandez-lui de désactiver la grille dans le but d'éditer plus facilement les sites dans Dreamweaver.

Les actions JavaScript insérées dans GoLive ne pourront pas être éditées dans Dreamweaver, bien qu'elles y fonctionnent parfaitement. De la même façon, les fonctions DHTML et les animations créées dans GoLive ne pourront pas être modifiées dans Dreamweaver sans édition manuelle du code.

Les autres éditeurs HTML

Certains d'entre vous ont peut-être l'habitude de travailler avec des éditeurs défunts comme PageMill, HomePage ou VisualPage. Il devient difficile de récupérer leurs sites pour les modifier dans Dreamweaver. Si vous rencontrez des difficultés, vous avez toujours la possibilité de recréer entièrement la page dans Dreamweaver, ce qui est un moyen très sûr de se débarrasser d'un code mal fichu. Vous pouvez aussi utiliser la fonction Nettoyer le code HTML afin d'identifier ce qui pourrait poser problème dans le code.

Soyez prudent également si vous utilisez ImageReady d'Adobe pour produire automatiquement du code HTML avec des images. ImageReady fait un usage abondant de l'astuce des éléments graphiques transparents pour l'alignement, ainsi que de l'attribut de tableau COLSPAN. Là encore, si vous avez du mal à aligner vos images comme vous voulez, il vous sera sans doute plus facile de recréer entièrement le tableau dans Dreamweaver et de supprimer la page originale.

Quoi de neuf dans Dreamweaver MX ?

Cette liste donne une vue d'ensemble des principales nouveautés que vous allez trouver dans la version MX :

- L'interface utilisateur intégrée à Windows est un changement capital dans l'espace de travail de Dreamweaver, comportant des palettes que l'on peut ancrer et des fenêtres de document à onglets. Bien que vous ayez toujours la possibilité d'utiliser les palettes flottantes, Macromedia vous recommande (et moi aussi) d'opter pour la nouvelle interface. Ce choix vous est proposé au premier lancement du programme. Ce livre a été réalisé en utilisant la nouvelle interface.
- Les modèles améliorés, les conceptions de page rendent plus facile encore la réalisation de créations complexes. Les modèles sont décrits en détail au Chapitre 4.

- Le nouvel assistant de définition des sites vous permet de configurer rapidement et facilement Dreamweaver avec toute la structure de votre site et les informations FTP associées. C'est au Chapitre 2 que vous trouverez des instructions détaillées sur la manière de configurer votre site.
- Le panneau Insertion donne un accès rapide aux objets et aux comportements, et il est entièrement extensible. Chaque objet ou onglet de la palette peut être affiché ou masqué selon le type de document sur lequel vous travaillez et selon que vous utilisez l'affichage HTML ou WYSIWYG.
- Le nouvel explorateur de fichiers est intégré au panneau Site, vous permettant d'accéder à tout élément ou fichier se trouvant sur votre ordinateur (ou sur un réseau).
- L'éditeur de tableau amélioré offre un meilleur contrôle de la mise en page et a été optimisé pour réaliser des tableaux plus légers qui fonctionnent bien dans de nombreux navigateurs Web. Le Chapitre 6 vous dira tout sur la création de tableaux HTML.
- Dreamweaver MX permet maintenant d'imprimer le code source avec toute la mise en forme.
- Bien que Macromedia ne les appelle plus UltraDev, toutes les fonctions avancées d'UltraDev sont maintenant incorporées dans Dreamweaver MX. Elles permettent de créer des sites plus complexes, de lier des pages Web à une base de données et de fournir une large plage de fonctionnalités interactives. Nous avons consacré à cette nouveauté trois nouveaux chapitres (13, 14 et 15).

Visualiser votre site

Avant de vous lancer tête baissée dans la conception d'un site, prenez le temps de le planifier. Commencez toujours par vous poser les questions énumérées ci-dessous. Certaines sont très faciles à comprendre, et d'autres ne peuvent pas encore trouver de réponse, mais cela viendra. Essayez de réunir un maximum de réponses avant de lancer la construction de votre site Web :

- Quels sont les objectifs de votre site ?
- Quelle est votre cible (auditoire) ?
- Qui travaillera sur votre site ? Combien de développeurs devez-vous diriger ?

- Comment allez-vous créer ou collecter le texte et les images nécessaires à votre site ?
- Comment allez-vous organiser les fichiers de votre site ?
- Allez-vous inclure des fichiers multimédias comme Flash ou RealAudio ?
- Désirez-vous des fonctions interactives comme une gestion des formulaires ou d'une salle de discussion ?
- De quels autres logiciels avez-vous besoin pour obtenir des fonctions particulières (par exemple, Macromedia Flash pour les animations vectorielles) ?
- Quel système de navigation est le mieux adapté à votre site ?
- Comment allez-vous gérer l'expansion de votre site ?

Au Chapitre 2, vous découvrirez les fonctions de gestion de site et commencerez à créer vos premières pages Web. Au Chapitre 3, vous trouverez des conseils et des suggestions pour planifier votre site en fonction des réponses que vous aurez données aux questions ci-dessus. C'est en prenant le temps de définir clairement les objectifs de votre site que vous orientez votre développement vers la réussite.

Les principaux composants de Dreamweaver

Au premier abord, Dreamweaver peut paraître décourageant. On ne peut pas dire que tout va de soi. Les sections qui suivent présentent les fonctions fondamentales de Dreamweaver et une terminologie propre à cet environnement de travail. Cette approche sera complétée au long du livre par des explications plus détaillées.

L'espace de travail

Au démarrage de Dreamweaver, une page vide apparaît. On l'appelle l'*espace de travail*. Il ressemble à celui que l'on rencontre dans de nombreux autres programmes, comme Word. Vous pouvez y saisir directement du texte, et appliquer des mises en forme rudimentaires comme le gras et l'italique.

Vous élaborez vos pages Web dans l'espace de travail. Il consiste en une fenêtre principale qui affiche la page HTML, et en une série de panneaux et de fenêtres qui vous procurent tous les outils nécessaires (voir la Figure 1.1). L'espace de travail de Dreamweaver dépend de ces quatre composants de base : la fenêtre de document, les panneaux flottants, la barre de menus et la barre d'état.

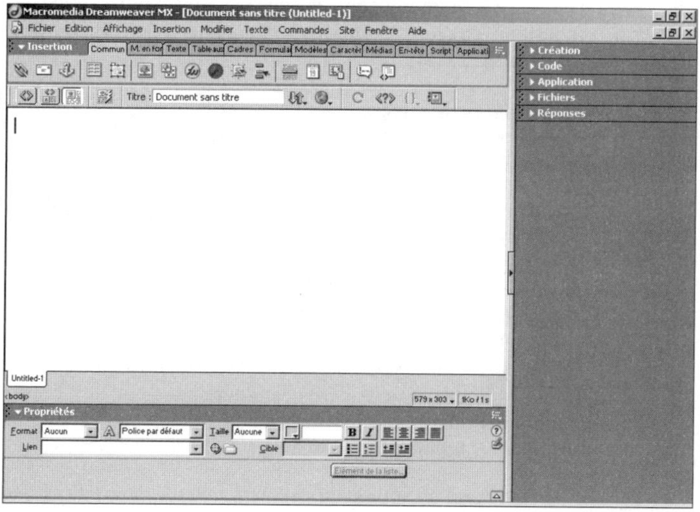

Figure 1.1 : L'espace de travail de Dreamweaver comprend la fenêtre de document, une barre de menus, une barre d'état et divers panneaux que vous ouvrez à votre guise.

La fenêtre de document

Elle est incarnée par l'espace de travail. C'est une page vierge dont le code HTML est rudimentaire. C'est ici que vous modifiez et concevez votre page Web, et que vous affichez les images, les textes et tous les éléments qui apparaissent dans les navigateurs Web de vos visiteurs.

ATTENTION !

Les pages affichées sur le World Wide Web ne ressemblent pas toujours à celles que vous définissez dans votre fenêtre de document de Dreamweaver. Pourquoi ? Parce que tous les navigateurs de la planète ne supportent pas les mêmes fonctions HTML. Dreamweaver inclut des options qui permettent de créer vos pages en fonction de navigateurs spécifiques. (Pour plus d'informations à ce sujet, reportez-vous au Chapitre 10.)

Les panneaux flottants

Les panneaux flottants donnent un accès rapide aux diverses fonctions de Dreamweaver. Vous pouvez les déplacer sur l'espace de travail par simple glisser-déposer. Vous pouvez fermer un panneau en cliquant du bouton droit dans sa barre de titre et en sélectionnant

Fermer le groupe de panneaux dans le menu qui apparaît. Vous pouvez accéder à tous les panneaux par le menu Fenêtre. Comme les panneaux sont des éléments essentiels de l'interface de Dreamweaver, j'en parle tout au long de cet ouvrage. Au Chapitre 2, je traite des fonctions les plus communes comme l'insertion des images.

Le panneau Insertion

Le panneau Insertion présente un certain nombre d'onglets, au-dessous desquels vous voyez une ligne de boutons qui permettent de créer divers éléments HTML. Vous y trouverez aussi des boutons qui permettent d'insérer des images et autres objets. Dreamweaver utilise le terme *objet* pour identifier tout élément que l'on peut placer sur une page HTML. Le panneau Insertion contient douze onglets, ou *sous-panneaux*, contenant chacun leur propre jeu de boutons pour différentes fonctions : Commun, Mise en forme, Texte, Tableaux, Cadres, Formulaires, Modèles, Caractères, Médias, En-tête, Script et Application. Le panneau Formulaires est décrit en détail au Chapitre 12, le panneau Modèles au Chapitre 13, le panneau Médias au Chapitre 11 et le panneau Application aux Chapitres 13, 14 et 15.

Pour passer d'un sous-panneau à un autre, il suffit de cliquer sur l'onglet correspondant. La Figure 1.2 montre le sous-panneau Formulaires sélectionné. Vous pouvez fermer le panneau Insertion en cliquant sur l'icône qui se trouve dans le coin supérieur droit de celui-ci, et en sélectionnant Fermer le groupe de panneaux dans le menu qui apparaît. Pour ouvrir à nouveau le panneau Insertion, sélectionnez Fenêtre/Insertion. Pour modifier l'affichage des boutons dans le panneau, sélectionnez Édition/Préférences, puis sélectionnez Panneaux dans la liste Catégorie de la boîte de dialogue Préférences qui apparaît, et faites votre choix dans le volet de droite de cette boîte de dialogue.

L'Inspecteur de propriétés

L'Inspecteur de propriétés affiche les propriétés de l'élément sélectionné dans la page. Une *propriété* est une caractéristique HTML (comme l'alignement d'une image ou la taille d'une cellule dans un tableau) que vous pouvez assigner à un élément de votre page Web. Lorsque vous sélectionnez un élément dans une page (par exemple une image), l'Inspecteur affiche les propriétés, ou attributs, de cet élément. Vous pouvez modifier ces propriétés grâce aux champs correspondants dans l'Inspecteur de propriétés. Vous pouvez aussi utiliser l'Inspecteur de propriétés pour définir des liens ou créer des cartes graphiques.

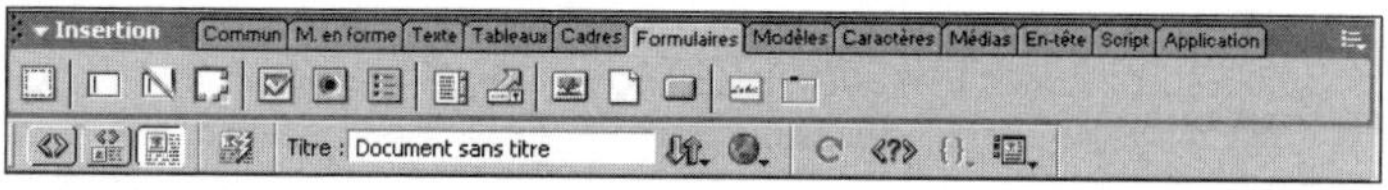

Figure 1.2 : Les divers affichages (ou sous-panneaux) du panneau Insertion donnent un accès rapide à différentes options, notamment pour les cadres, les tableaux et les images.

Sur la Figure 1.3, l'image située dans le coin supérieur gauche est sélectionnée. L'Inspecteur de propriétés en affiche instantanément les caractéristiques.

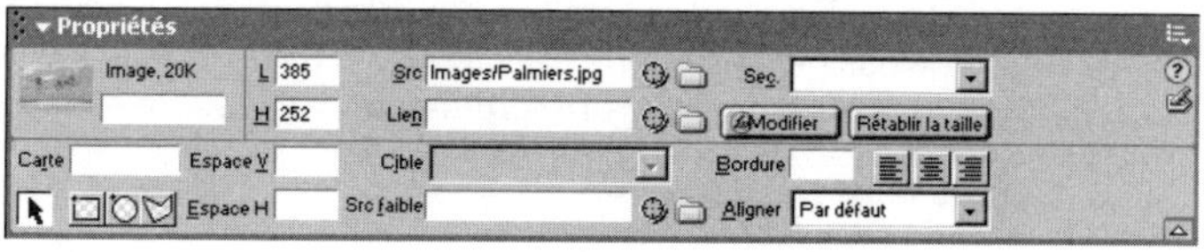

Figure 1.3 : L'Inspecteur de propriétés affiche les attributs d'un élément sélectionné, comme l'image de cet exemple.

TRUC

Dans le coin inférieur droit de l'Inspecteur de propriétés, vous voyez une petite flèche. Vous pouvez cliquer dessus pour accéder à des attributs supplémentaires.

La barre Lanceur

La barre Lanceur, montrée par la Figure 1.4, est située dans le coin inférieur droit de l'espace de travail. Pour l'afficher, cochez la case Affichez les icônes dans les panneaux et le lanceur, dans la catégorie

Panneaux de la boîte de dialogue Préférences (sélectionnez Fenêtre/ Préférences pour l'ouvrir). Elle contient une liste de raccourcis qui permettent d'ouvrir des boîtes de dialogue donnant un accès rapide aux fonctions Sites, Actifs, Styles CSS (feuilles de style en cascade), Comportements, Historique, Liaisons, Comportements de serveur, Composants et Bases de données.

Figure 1.4 : La barre Lanceur donne un accès facile aux diverses fonctions de Dreamweaver.

La liste suivante décrit les éléments auxquels vous pouvez accéder via la barre Lanceur.

- **Le panneau Site :** Illustré sur la Figure 1.5, il donne la liste des dossiers et des fichiers d'un site Web, tout en permettant d'en assurer l'organisation et la gestion. Vous pouvez cliquer sur le bouton Connecter à un hôte distant pour communiquer en toute simplicité avec votre serveur. Les boutons Acquérir et Placer vous permettent de transférer vos pages vers le serveur ou de les rapatrier sur votre ordinateur.

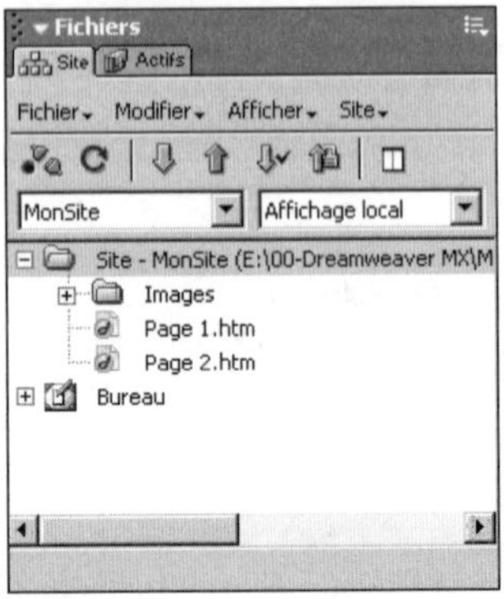

Figure 1.5 : Le panneau Site donne une vision imprenable sur la structure et les fichiers de votre site.

- **Le panneau Actifs :** Ce nouveau panneau est destiné aux images, couleurs, liens externes, fichiers multimédias, scripts, modèles et éléments de la Bibliothèque. La Bibliothèque vous permet de stocker des éléments à un emplacement unique, de manière à pouvoir les insérer facilement dans différentes pages. Les autres parties du panneau Actifs fonctionnent sur le même principe, permettant d'accéder facilement aux éléments concernés.

ATTENTION !

Ces fonctions ne sont disponibles que si vous avez utilisé la boîte de dialogue Définition du site pour définir votre site, en sélectionnant Site/Modifier les sites.

- **Le panneau Styles CCS :** En passant par ce panneau, vous pouvez définir des feuilles de style en cascade (CSS). Les styles CSS sont semblables aux feuilles de style que vous utilisez dans un programme de PAO. Vous définissez un style que vous nommez. Il apparaît ensuite dans le panneau Styles CSS qui est accessible par un onglet, en haut du panneau Création (voir la Figure 1.6). Une fois le style défini, vous pouvez l'appliquer à un texte ou à d'autres éléments de la page. (Pour plus d'informations sur les CSS, reportez-vous au Chapitre 8.)

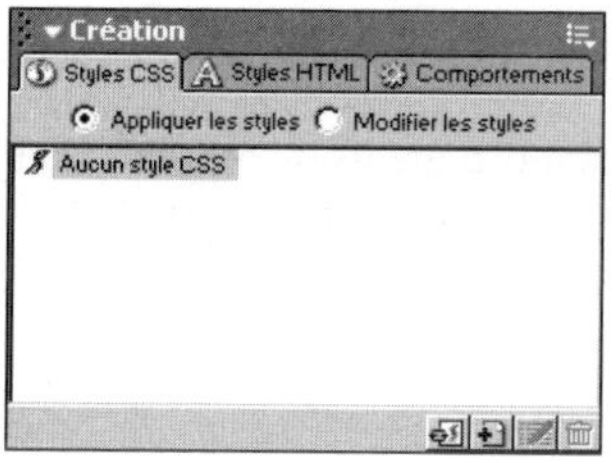

Figure 1.6 : Le panneau Styles CSS permet de créer de nouvelles combinaisons de formatage sous forme de CSS.

- **Le panneau Comportements :** Dans Dreamweaver, les *comportements* sont des scripts (généralement écrits en JavaScript), que vous pouvez appliquer à vos objets pour ajouter de l'interactivité à votre page Web. Un comportement est défini en fonction d'un ou de plusieurs événements (par exemple, un visiteur qui clique sur une image ou une partie d'un texte). Le résultat peut être un son qui se fait entendre.
- **Le panneau Historique :** Le panneau Historique, illustré sur la Figure 1.7, garde une trace de toutes vos actions réalisées dans

Dreamweaver. Utilisez ce panneau pour annuler plusieurs étapes en même temps, répéter des étapes déjà exécutées, et automatiser certaines tâches. Dreamweaver garde automatiquement la mémoire des cinquante dernières opérations effectuées, mais vous pouvez augmenter ou diminuer cette valeur en sélectionnant Édition/Préférences/Général, et en spécifiant la valeur voulue dans le champ Nombre maximum d'étapes d'historique.

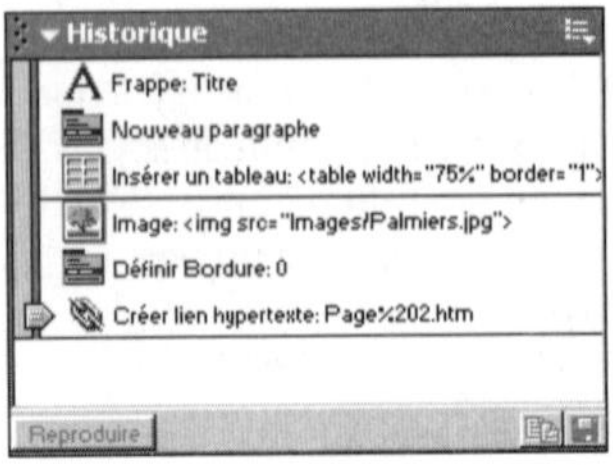

Figure 1.7 : Le panneau Historique conserve la trace de vos actions réalisées dans Dreamweaver, facilitant ainsi leur annulation ou leur répétition.

- Les options Liaison, Comportements de serveur, Composants et Bases de données du Lanceur ne vous serviront que si vous travaillez avec une base de données. Elles sont décrites en détail au Chapitre 13.

L'Inspecteur de code

L'Inspecteur de code de Dreamweaver MX est un excellent éditeur de texte HTML. Vous pouvez imprimer le code avec la mise en forme. Sur la Figure 1.8, vous constatez que le texte sélectionné dans la fenêtre de document l'est également dans l'Inspecteur de code. Cela permet de basculer en toute sécurité du mode création WYSIWYG au mode d'édition HTML.

La barre de menus

En haut de la fenêtre principale de Dreamweaver, la barre de menus permet d'accéder facilement à toutes les fonctions du logiciel, que

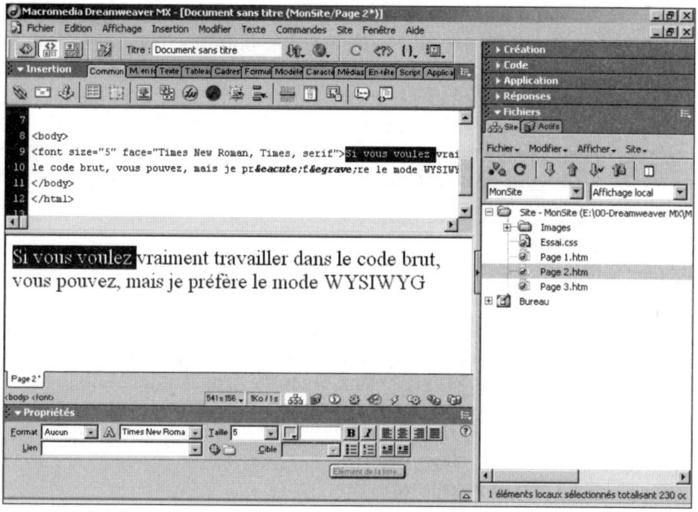

Figure 1.8 : L'Inspecteur de code permet d'afficher et de modifier le code de n'importe quelle page en cours d'élaboration dans Dreamweaver.

vous trouvez par ailleurs dans les différents panneaux, ainsi que quelques autres qui ne sont accessibles que par les menus.

Le menu Fichier

Dans le menu Fichier, vous trouvez des options connues de tous comme Nouveau, Ouvrir et Enregistrer, ainsi qu'une option Rétablir. Il s'agit d'une fonction d'annulation très sophistiquée qui permet de rétablir la dernière version enregistrée de votre page. Dreamweaver garde automatiquement en mémoire les cinquante dernières opérations effectuées, mais vous pouvez réduire ou augmenter ce nombre en sélectionnant Édition/Préférences/Général et en spécifiant la valeur voulue dans le champ Nombre maximum d'étapes d'historique.

Le menu Fichier donne également accès à la fonction Design Notes. Cette fonction associe des notes personnelles à vos fichiers HTML ou autres. Jetez un coup d'œil au Chapitre 4 pour plus d'informations sur cette fonction.

Toujours dans le menu Fichier, vous trouverez des fonctions qui permettent de vérifier la bonne tenue de votre travail dans divers navigateurs Web. Sans exagération, cette prévisualisation est indispensable.

L'option Vérifier la page a été étendue et contient maintenant les sous-options Vérifier les liens, Vérifier pour les navigateurs cibles, Valider le marqueur et Valider en XML, qui sont de puissants outils de test. L'option Vérifier pour les navigateurs cibles vous permet de spécifier un navigateur et sa version. La plus grande limitation de cette fonction est qu'elle ne comporte pas les navigateurs pour Macintosh, qui sont souvent plus sensibles à certaines choses comme JavaScript et au comportement des tableaux.

Le menu Édition

Il contient les fonctions traditionnelles Couper, Copier et Coller, mais aussi la grande nouveauté Modifier avec Éditeur externe, qui permet d'ouvrir un élément dans un autre programme et de le modifier sans quitter Dreamweaver. Vous y trouvez aussi l'option Préférences.

Le menu Affichage

Ce menu donne accès à des fonctions qui facilitent la conception d'une page Web, comme l'affichage de grilles et de règles. L'option Assistances visuelles permet d'activer et de désactiver les contours de vos tableaux HTML, des cadres et des calques, ainsi que de contrôler la visibilité des cartes graphiques et d'autres éléments invisibles.

Le menu Insertion

Le menu Insertion donne accès à des fonctions propres à la conception Web, par exemple insérer une règle horizontale, une appliquette Java ou un formulaire.

Le menu Modifier

Voici un autre emplacement où vous pouvez afficher et modifier les propriétés des objets. (Les propriétés sont appelées *attributs* dans le langage HTML.) Notez que vous pouvez définir tous ces attributs à l'aide du panneau Inspecteur de propriétés. La seule exception à ce principe est l'option Propriétés de la page du menu Modifier. Elle permet de définir diverses couleurs comme celle des liens, et d'indiquer si l'arrière-plan sera constitué d'une couleur ou d'une image.

Le menu Texte

Ce menu permet de mettre en forme le texte. On y trouve l'enrichissement des caractères (gras, italique), ou des fonctions plus complexes comme les styles de police et les feuilles de style personnalisées.

Si vous choisissez une police particulière pour votre texte, cette police doit être présente sur la machine de l'utilisateur pour afficher convenablement votre page dans son navigateur. À cause de cette restriction, HTML permet d'indiquer plusieurs possibilités d'affichage de votre police. Le navigateur recherche dans l'ordinateur de l'utilisateur une police qui se rapproche le plus de celle qui est employée ou de celles que vous "recommandez" de substituer en cas d'absence de celle-ci.

Le menu Commandes

Le menu Commandes donne accès à de nouvelles options. Les fonctions liées à l'enregistrement (Démarrage et Reproduction) permettent de mémoriser rapidement une série d'étapes que vous reproduirez en un clic de souris. Pour utiliser cette fonction, sélectionnez Commandes/Démarrer l'enregistrement, effectuez les actions que vous voulez enregistrer, puis sélectionnez Commandes/Arrêter l'enregistrement. Pour exécuter à nouveau les actions enregistrées, sélectionnez Commandes/Reproduire la commande enregistrée. Pour bénéficier de commandes prédéfinies, choisissez Commandes/Télécharger d'autres commandes. Cette fonction lance automatiquement votre navigateur qui se connecte au site Macromedia. Vous pouvez alors télécharger de nouvelles commandes pour ajouter des fonctions à Dreamweaver.

L'option Nettoyer le code HTML du menu Commandes aide à rectifier les erreurs d'un mauvais code HTML. De son côté, la fonction Nettoyer HTML Word est destinée à corriger les problèmes communément provoqués par la fonction Enregistrer au format HTML du logiciel de traitement de texte Word.

Le menu Site

Le menu Site donne accès à un ensemble d'options nécessaires au paramétrage de votre site, ainsi qu'aux fonctions Acquérir et Extraire qui permettent d'éviter que les membres d'une équipe de développement démolissent involontairement leur travail respectif.

Le menu Fenêtre

Le menu Fenêtre contrôle l'affichage des panneaux et des boîtes de dialogue. Une coche devant le nom de chaque option indique cet état. Pour désactiver un panneau, il suffit de cliquer sur son nom dans le menu pour enlever la coche. Ces options sont à *bascule*, c'est-à-dire qu'elles activent et désactivent les panneaux.

Le menu Aide

Le menu Aide donne accès à un certain nombre d'assistants, ainsi qu'aux fichiers d'exemples et de modèles de Dreamweaver. Ces fichiers donnent une vision globale de sites complexes, mais distillent aussi des idées qui permettent de concevoir des mises en pages complexes sans grands efforts de votre part.

La barre d'état

La barre d'état apparaît en bas de la fenêtre principale de Dreamweaver. À son extrémité droite, vous voyez les icônes de la barre Lanceur ; à son extrémité gauche, les codes HTML qui indiquent comment les éléments de la page sont mis en forme. Par exemple, si vous placez le curseur d'insertion dans du texte en gras, la barre d'état affiche `<strong>`. Cette fonction permet de vérifier facilement la mise en forme de tout élément de votre page. Vous pouvez aussi utiliser la barre d'état pour identifier une section de votre page. Si vous cliquez sur le nom d'une balise dans la barre d'état, la section de la page à laquelle s'applique cette balise apparaît en surbrillance.

Chapitre 2

Préparer un site Web avec Dreamweaver

Dans ce chapitre :

- Construire un nouveau site.
- Créer de nouvelles pages.
- Définir des liens.
- Placer votre site Web en ligne.

Avant de travailler sur des pages individuelles, vous devez préparer votre site avec les fonctions de gestion de site de Dreamweaver. Que vous travailliez sur un nouveau site ou sur un site existant, suivez les étapes de cette section pour asservir Dreamweaver à cette tâche. Les fonctions de gestion de site permettent de conserver une trace de chaque élément présent dans votre structure, de les actualiser plus rapidement, de créer des liens, de mettre à jour votre serveur, et même de diriger une équipe de développeurs.

N'OUBLIEZ PAS

Vous pouvez utiliser Dreamweaver sans passer par le paramétrage initial de site décrit dans les sections qui suivent, mais certaines fonctions ne marcheront pas.

Paramétrer un nouveau site ou un site existant

La création d'un nouveau site dans Dreamweaver commence par celle d'un dossier sur votre disque dur. Ce dossier stockera vos pages Web, et c'est là que Dreamweaver retrouvera toute la structure du site.

Si vous travaillez sur un site existant, au lieu de créer un nouveau dossier, vous indiquez à Dreamweaver le dossier contenant le site existant.

La préparation d'un site est une étape fondamentale. Lorsque vous entamez la procédure de téléchargement de vos pages sur le serveur Web, ses éléments doivent rester dans l'emplacement qu'ils occupaient sur votre disque dur. Les fonctions de gestion de site de Dreamweaver assurent que vous définissez correctement les liens et autres caractéristiques lorsque vous les créez.

Définir un site

Les étapes suivantes vous guident dans la procédure d'utilisation de la boîte de dialogue Définition du site. Si vous ouvrez un site existant, passez directement à l'étape 2. Assurez-vous simplement que le dossier du site Web est placé sur votre disque dur. Si vous voulez travailler sur un site existant stocké sur un serveur distant, suivez les étapes de la section "Télécharger un site Web existant".

1. **Dans l'Explorateur Windows ou le Finder de Macintosh, créez un nouveau dossier.**

   Donnez à ce nouveau dossier le nom qui vous convient. Tous les fichiers, sous-dossiers et images de votre site devront prendre place dans ce dossier.

2. **Choisissez Site/Nouveau site.**

   La boîte de dialogue Définition du site apparaît, comme le montre la Figure 2.1. Dans la liste Catégorie, sélectionnez Infos locales.

3. **Dans le champ Nom du site, saisissez un nom pour votre site.**

4. **Utilisez le bouton Parcourir (à droite du champ Dossier racine local) pour accéder aux lecteurs de votre disque dur. Sélectionnez celui qui contient le dossier créé à l'étape 1.**

5. **Si ce n'est pas fait, cochez la case Actualiser automatiquement la liste des fichiers locaux.**

6. **Dans le champ Adresse HTTP, saisissez l'URL de votre site Web, c'est-à-dire l'adresse Internet.**

   L'adresse HTTP est l'adresse Web par laquelle le public peut accéder à votre site. Si vous ne la connaissez pas encore, ne remplissez pas ce champ.

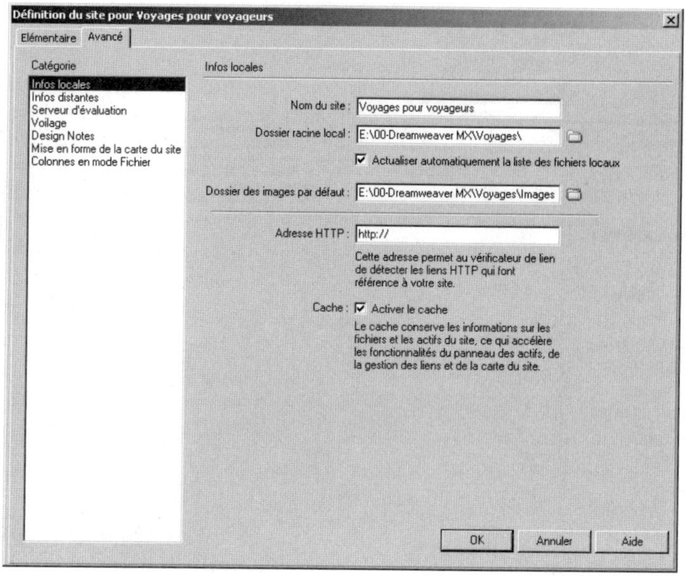

Figure 2.1 : La boîte de dialogue Définition du site permet de définir un nouveau site ou de modifier un site existant dans Dreamweaver.

7. **Cochez la case Activer le cache.**

   Dreamweaver crée un cache local de votre site pour retrouver plus rapidement l'emplacement des fichiers sur votre site.

8. **Cliquez sur OK pour fermer la boîte de dialogue.**

   Si vous n'avez pas coché l'option Activer le cache, un message vous demande de créer un cache pour votre site.

Paramétrer l'accès au serveur Web

Dreamweaver dispose de fonctions FTP. Elles permettent de télécharger vos pages sur un serveur Web distant. C'est dans la page Infos distantes de la boîte de dialogue Définition du site, montrée Figure 2.2, que vous pouvez entrer les informations sur le serveur Web sur lequel sera publié votre site. Pour accéder à cette page, cliquez sur l'onglet Avancé dans la boîte de dialogue Définition du site, puis sur Infos distantes dans la liste Catégorie.

Si vous passez par un serveur distant pour publier votre site sur le Web, demandez à votre FAI (fournisseur d'accès à l'Internet) les informations suivantes :

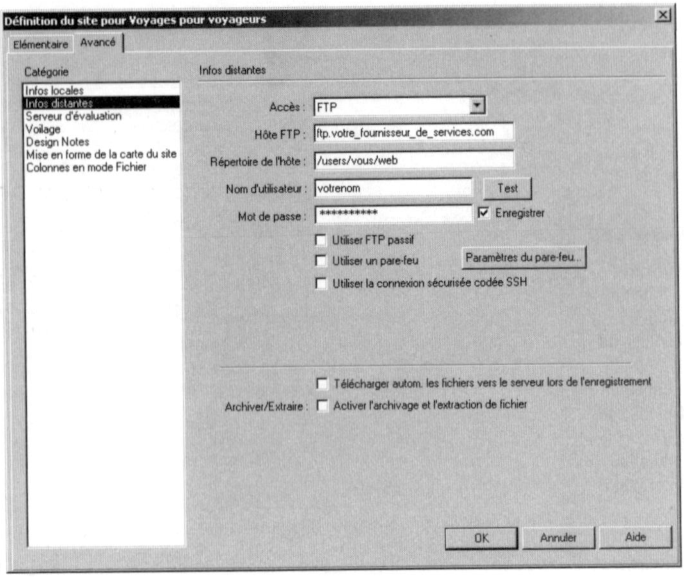

Figure 2.2 : La boîte de dialogue Définition du site permet d'indiquer les informations de connexion au serveur Web distant qui accueille votre site.

- Le nom de l'hôte FTP.
- Le chemin d'accès au répertoire hôte.
- Le nom d'utilisateur FTP.
- Le mot de passe FTP.

Ensuite, dans la liste Accès de la page Infos distantes de la boîte de dialogue Définition du site, choisissez FTP, et suivez ces étapes :

1. **Dans le champ Hôte FTP, saisissez le nom du serveur FTP.**

   Ce peut être `ftp.host.com` ou `shell.host.com` ou `www.host.com`, selon le serveur FTP de votre fournisseur d'accès. Ce nom est une identification propre au serveur sur le Net. Son accès est réservé aux abonnés du FAI.

2. **Dans le champ Répertoire de l'hôte, saisissez le répertoire du site distant où vos documents sont stockés.**

   Dans la majorité des cas, il s'agit de `public/html` ou de `www/public/docs/`. En revanche, il peut arriver que vous n'ayez rien à saisir dans ce champ ou simplement une barre oblique (/).

3. **Dans les champs Nom d'utilisateur et Mot de passe, saisissez le nom et le mot de passe qui vous ont été transmis par votre FAI. Si vous cochez la case Enregistrer, Dreamweaver mémorise ces informations et les transmet automatiquement au serveur au moment de votre connexion à sa section FTP.**

4. **Cochez Utiliser FTP passif ou Utiliser le pare-feu, si (et seulement si) votre fournisseur d'accès ou votre administrateur réseau vous le demande.**

5. **Une fois que vous avez terminé, cliquez sur OK pour enregistrer les paramètres de connexion au serveur, et fermer la boîte de dialogue Définition du site.**

   Pour accéder aux paramètres des autres catégories de la boîte de dialogue Définition du site, sélectionnez la catégorie Design Notes, Mise en forme de la carte du site, ou encore Colonnes en mode fichier. Cochez également la case Archiver/Extraire. Je parle de ces options dans les sections suivantes. Si les informations saisies à cet instant de la procédure suffisent, passez directement à la section "Créer de nouvelles pages".

Utiliser un serveur d'évaluation

La catégorie Serveur d'évaluation de la boîte de dialogue Définition du site vous permet de spécifier un serveur utilisé uniquement pour le développement, ce qui est une étape nécessaire si vous créez un site Web en utilisant les fonctionnalités UltraDev de Dreamweaver avec une base de données. Vous trouverez plus d'informations à ce sujet aux Chapitres 13, 14 et 15. Si vous créez un site qui n'est pas lié à une base de données, vous n'avez aucun besoin de modifier quoi que ce soit dans cette page.

Utiliser Design Notes (notes de conception)

Si vous oubliez certains détails de votre travail ou si vous négligez celui de vos collègues, la fonction Design Notes va vous enlever une belle épine du pied.

Design Notes permet d'enregistrer des informations que vous associez à un fichier ou un dossier. Une note de conception fonctionne comme une balise de commentaires, ce qui permet d'ajouter du texte à une page HTML sans qu'il s'affiche dans le navigateur de l'internaute. Mais Design Notes permet aussi d'ajouter des commentaires à n'importe quel élément, et les visiteurs ne peuvent pas voir le contenu des Design Notes même s'ils affichent le fichier HTML source de votre page. Vous pouvez télécharger les Design Notes pour les partager avec d'autres personnes accédant à votre serveur ou empêcher ce téléchargement pour garder la confidentialité de vos commentaires.

Pour accéder à la page Design Notes, choisissez cette rubrique dans la liste Catégorie de la boîte de dialogue Définition du site. Les paramètres proposés permettent de contrôler la manière dont Dreamweaver utilise Design Notes.

- **Gérer Design Notes :** Cochez cette case pour vous assurer que vos Design Notes resteront attachées au fichier lorsque vous le téléchargerez sur le serveur, le copierez ou le déplacerez.
- **Télécharger Design Notes pour le partage :** Choisissez cette option pour inclure les Design Notes lorsque vous envoyez des fichiers à votre serveur via une connexion FTP.
- **Nettoyer :** Ce bouton permet de supprimer des Design Notes qui ne sont plus associées à des fichiers ou des dossiers de votre site.

Quand vous créez des images dans Macromedia Fireworks, vous pouvez enregistrer une note de conception. Pour cela, enregistrez l'image conçue dans Fireworks dans le dossier de votre site Web local. Lorsque vous ouvrez le fichier dans Dreamweaver, la note de conception apparaît dès que vous cliquez sur l'image avec le bouton droit de la souris.

Activer Mise en forme de la carte du site

Plus un site Web devient grand, plus les tâches de maintenance sont complexes. Dreamweaver inclut une fonction de Mise en forme de la carte du site qui donne un aperçu global des pages constituant le site. Il ne s'agit pas d'une carte comme vous en rencontrez sur de nombreux sites Web, qui est portée à la connaissance de tous, mais d'un outil de maintenance des fichiers et des dossiers de votre site. Pour accéder à cette fonction, cliquez sur Mise en forme de la carte du site dans le panneau Catégorie de la boîte de dialogue Définition du site. Vous accédez au contenu présenté Figure 2.3.

Voici comment créer la Mise en forme de la carte du site depuis la boîte de dialogue Définition du site :

1. **Dans le champ Page d'accueil, saisissez le chemin d'accès à la page principale de votre site, ou cliquez sur le bouton**

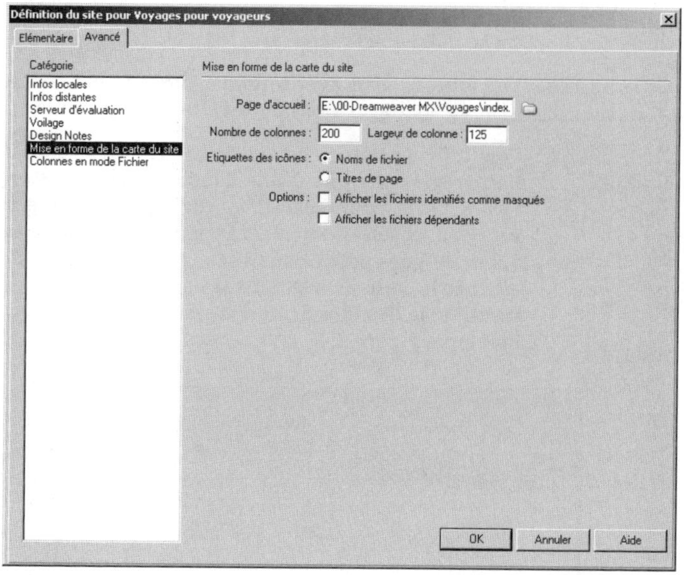

Figure 2.3 : Les options Mise en forme de la carte du site permettent de spécifier la manière dont la carte apparaîtra dans Dreamweaver.

Parcourir pour naviguer jusqu'au fichier HTML de votre page d'accueil (généralement `index.html`). Si vous avez rempli le champ Dossier racine local de la catégorie Infos locales, la page d'accueil est automatiquement indiquée.

2. **Définissez le Nombre de colonnes qui permet d'afficher un certain nombre de pages par ligne dans la carte du site.**

3. **Définissez la Largeur de colonne en pixels.**

4. **Dans la section Étiquettes des icônes, activez soit l'option Noms de fichier, soit Titres de page, en fonction de ce que vous souhaitez afficher sous les icônes de la carte du site.**

5. **Dans la section Options, vous pouvez choisir de masquer certains fichiers. Cela signifie qu'ils ne seront pas visibles dans la fenêtre de la carte du site.**

6. **Une fois vos paramètres définis, il ne reste plus qu'à cliquer sur OK.**

   Un message vous indique que le cache va être créé.

7. **Cliquez sur OK pour lancer la procédure de création du cache. Elle est très rapide.**

Dreamweaver analyse tous les fichiers de vos sites, et crée un cache qui permet d'accélérer le fonctionnement du programme.

8. **Une fois que vous avez terminé, cliquez sur Terminé dans la boîte de dialogue Modifier les sites.**

9. **Pour afficher une carte de site, cliquez sur l'icône Développer/Réduire à l'extrémité droite du panneau Site, puis cliquez sur l'icône Carte du site dans la partie supérieure gauche du panneau, et sélectionnez Carte seulement dans le menu qui apparaît. Vous pouvez aussi sélectionner Carte et fichiers pour afficher la carte du site dans la partie gauche de l'espace de travail et la liste des fichiers dans la partie droite, comme le montre la Figure 2.4.**

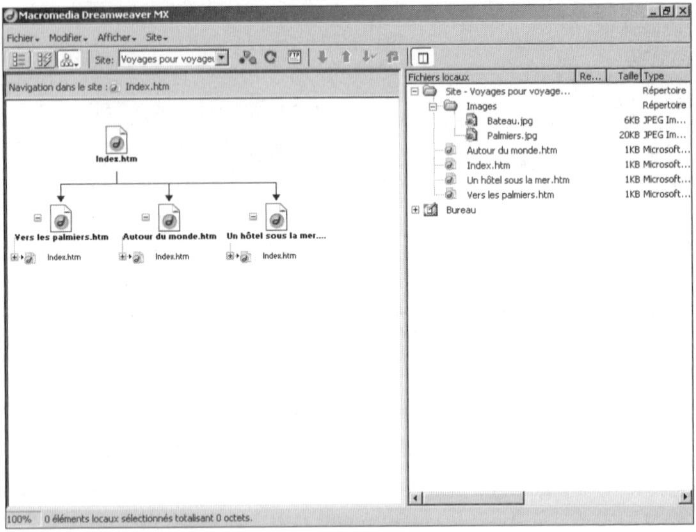

Figure 2.4 : La carte du site donne un aperçu rapide des pages et des liens qui structurent votre site.

Télécharger un site Web existant

Si vous voulez travailler sur un site Web existant dont vous n'avez pas déjà une copie sur le disque dur local de votre ordinateur, vous pouvez utiliser Dreamweaver pour télécharger tout ou partie de ce site.

Pour télécharger un site Web existant, suivez ces étapes :

1. Créez sur votre ordinateur un nouveau dossier que vous allez utiliser pour stocker le site existant.

2. En utilisant les fonctions de configuration de site de Dreamweaver décrites à la section "Définir un site", plus haut dans ce chapitre, spécifiez ce dossier comme dossier racine local pour le site.

3. Dans la page Infos distantes de la boîte de dialogue Définition du site, spécifiez les paramètres comme nous l'avons expliqué à la section "Paramétrer l'accès au serveur Web", plus haut dans ce chapitre.

4. Connectez-vous au site distant en cliquant sur le bouton Connecter à un hôte distant dans la fenêtre Site (qui est située dans le panneau Fichiers, dans la partie droite de l'espace de travail de Dreamweaver).

5. Cliquez sur Actualiser pour télécharger tout le site sur votre disque dur local.

Si vous ne voulez télécharger que certains fichiers ou dossiers du site, sélectionnez Affichage distant dans la deuxième liste déroulante du panneau Site, sélectionnez les fichiers voulus parmi ceux qui apparaissent, et cliquez sur Acquérir les fichiers. Dreamweaver télécharge les éléments sélectionnés et les place aux endroits appropriés dans la hiérarchie du site. Il est important que la structure dossier du site soit recréée sur votre ordinateur, car Dreamweaver a besoin de connaître l'emplacement des fichiers qui sont en relation avec d'autres éléments du site afin d'établir les liens correctement.

Créer de nouvelles pages

Lorsque Dreamweaver s'ouvre, il crée automatiquement une nouvelle page. Pour créer une autre page, sélectionnez Fichier/Nouveau, puis, dans la boîte de dialogue Nouveau document qui apparaît, la catégorie Page de base, et enfin HTML dans la liste Page de base. Pour le moment, ne vous préoccupez pas des autres options de cette boîte de dialogue. Dans ce chapitre, vous allez commencer par créer un simple fichier HTML.

Il est nécessaire d'organiser vos pages avant de définir les liens qui les unissent. Il est difficile de créer sereinement un lien vers une page qui n'existe pas. Donc, si vous décidez que votre page d'accueil doit contenir cinq liens, je vous encourage à créer cinq pages vierges, ne serait-ce que pour valider les liens en question.

Dreamweaver MX contient une abondance de composants Web prêts à l'emploi. Vous les trouverez dans la boîte de dialogue Nouveau document, en sélectionnant Fichier/Nouveau.

Quand je crée un site Web, je mets en place un ensemble de pages dont le contenu se résume à une simple ligne de texte placée en haut de chaque page. Grâce à cette mise en place initiale, je dispose déjà d'une organisation de mon site, et je peux commencer aussitôt à définir des liens entre les pages principales.

Concevoir votre première page

Placez-vous sur une page entièrement vide. Cliquez dedans pour y placer le point d'insertion (c'est une petite barre verticale qui clignote). Saisissez alors tout ce qui vous passe par la tête. Une fois le texte "opérationnel", lisez les sections suivantes pour le mettre en forme.

Créer un en-tête

Pour commencer, créez une nouvelle page : sélectionnez Fichier/Nouveau, puis la catégorie Page de base dans la boîte de dialogue Nouveau site, et HTML dans la liste Page de base.

Pour créer un titre, suivez ces étapes :

1. **Sélectionnez le texte que vous souhaitez mettre en forme.**

   Le texte passe en surbrillance.

2. **Choisissez Texte/Style/Gras.**

   Le titre est mis en gras.

3. **Le texte étant sélectionné, choisissez Texte/Aligner/Centrer.**

   Le texte est automatiquement centré. Vous pouvez aussi utiliser l'Inspecteur de propriétés en bas de la page, et cliquer sur le bouton Centrer.

4. **Le texte étant sélectionné, choisissez Texte/Taille/6.**

   Le texte prend la taille de police HTML 6. Vous pouvez aussi utiliser l'Inspecteur de propriétés en bas de la page, et sélectionner 6 dans le menu déroulant Taille.

Mettre le texte en retrait

Saisissez du texte supplémentaire après votre en-tête. Une simple phrase suffit. Pour la mettre en retrait, conformez-vous aux étapes suivantes :

1. **Sélectionnez le texte que vous désirez placer en retrait.**
2. **Choisissez Texte/Retrait.**

   Le texte est automatiquement placé en retrait. Vous pouvez aussi utiliser les boutons Retrait du texte et Retrait négatif du texte de l'Inspecteur de propriétés.

Si vous voulez seulement mettre en retrait une ligne ou deux, sélectionnez l'option Retrait du menu texte.

Ajouter des images

Avant d'insérer une image dans une page Web, commencez par enregistrer votre page HTML dans le dossier de votre site défini sur votre disque dur.

Assurez-vous également que le fichier image se trouve bien dans votre site Web. Le mieux est de créer un dossier appelé Images, et d'y placer toutes les images du site. Si vous travaillez sur un très gros site, vous pouvez définir un dossier Images dans chaque dossier principal du site. Il est important de savoir que si vous déplacez la page ou l'image vers un autre dossier après avoir placé l'image sur votre page, vous brisez le lien entre ces deux éléments. Dreamweaver est alors incapable d'afficher l'image requise. Une icône y est substituée. Si vous déplacez des fichiers ou des dossiers dans le panneau Site de Dreamweaver, les liens sont automatiquement reconstitués en fonction de ce déplacement, mais si vous déplacez des éléments du site en dehors de Dreamweaver, les liens sont brisés. Si, pour une raison ou une autre vous brisez un lien d'image, cliquez sur l'icône de lien brisé qui apparaît à la place, et utilisez le bouton Parcourir pour naviguer jusqu'à l'emplacement du fichier de l'image et la remplacer.

Pour placer une image dans une page Web, suivez ces étapes :

1. **Cliquez sur le bouton Image dans le panneau Commun situé en haut de l'espace de travail (il contient un arbre sur fond de ciel bleu).**

La boîte de dialogue Sélectionner source de l'image apparaît.

2. **Cliquez sur le bouton Sélectionner.**

   Une boîte de dialogue apparaît, affichant la liste des fichiers et dossiers de votre disque dur.

3. **Parcourez les lecteurs de votre ordinateur pour trouver l'image à insérer.**

4. **Double-cliquez sur l'image pour la sélectionner.**

   L'image apparaît automatiquement sur votre page Web.

   ATTENTION ! Si vous n'avez pas encore enregistré votre page, un message vous invite à établir le lien entre la page et l'image, c'est-à-dire à copier l'image dans le dossier racine de votre site. La raison d'être de ce message est que Dreamweaver a besoin de connaître l'emplacement de la page HTML par rapport à l'image pour créer le lien. Si vous voyez ce message, annulez cette étape, enregistrez votre page en sélectionnant Fichier/Enregistrer, puis répétez les étapes ci-dessus. De même, si l'image ne se trouve pas dans le dossier racine que vous avez défini pour le site, une boîte de dialogue apparaît, vous demandant si vous voulez copier l'image dans ce dossier. Cliquez sur Oui si vous voulez que Dreamweaver copie automatiquement l'image dans votre dossier racine (cette opération garantit que l'image sera correctement transférée sur le serveur lorsque vous téléchargerez votre site sur celui-ci).

5. **Cliquez sur l'image ainsi insérée dans votre page Web pour afficher les options de l'Inspecteur de propriétés.**

   Utilisez l'Inspecteur de propriétés, montré Figure 2.5, pour définir les attributs de l'image.

   Le Tableau 2.1 donne la liste des attributs d'une image. Si vous ne voyez pas tous les attributs de ce tableau, cliquez sur le triangle dans le coin inférieur droit de l'Inspecteur de propriétés pour faire apparaître les options pour les images.

TRUC Bien que vous puissiez redimensionner une image dans Dreamweaver, il vous sera le plus souvent plus pratique d'utiliser un éditeur graphique pour changer la taille physique d'une image.

Figure 2.5 : L'Inspecteur de propriétés donne accès aux attributs communs des images comme l'alignement et l'espacement.

Tableau 2.1 : Attributs des images.

Abréviation	Attribut	Fonction
Image	N/A	Spécifie la taille du fichier.
Nom de l'image	Nom	Identifie l'image dans les scripts.
Carte	Nom de la carte	Utilise le nom saisi dans ce champ pour assigner un nom à une carte graphique. (Rien à voir avec ce périphérique que vous insérez dans votre ordinateur pour afficher des images sur votre moniteur !)
Outils zone réactive	N/A	Les trois boutons qui se trouvent au-dessous du champ Carte vous permettent de dessiner les zones d'une carte graphique que vous allez associer à des liens (vous trouverez au Chapitre 5 les instructions qui vous permettront de créer des cartes graphiques).
Outils zones réactives	Coordonnées des zones réactives	Utilisez le Rectangle, l'Ovale ou le Polygone afin de créer des zones réactives sur une image. (Voir le Chapitre 8 pour apprendre à créer des zones réactives.)

Tableau 2.1 : Attributs des images (suite).

Abréviation	Attribut	Fonction
L	Largeur	Dreamweaver spécifie automatiquement la largeur d'une image en se basant sur sa taille réelle.
H	Hauteur	Dreamweaver spécifie automatiquement la hauteur d'une image en se basant sur sa taille réelle.
Src	Source	La *source* est le lien ou le chemin d'accès au nom du fichier image. Dreamweaver définit automatiquement ce chemin quand vous insérez l'image.
Lien	Hyperlien	Ce champ affiche l'adresse ou le chemin d'accès de la page à laquelle renvoie éventuellement l'image. (Pour plus d'informations sur les liens, lisez la section "Définir des liens" plus loin dans ce chapitre.)
Aligner	Alignement	Cette option permet d'aligner l'image. Le texte "encadre" automatiquement les images qui sont alignées à droite ou à gauche.
Sec	Texte de substitution	Les mots que vous saisissez ici s'affichent si l'image n'apparaît pas dans le navigateur de l'internaute. Cela se produit si l'utilisateur a désactivé l'option d'affichage des images dans les préférences de son navigateur.
Espace V	Espace vertical	Mesuré en pixels, ce paramètre insère un espace vierge au-dessus et en dessous de l'image.
Espace H	Espace horizontal	Mesuré en pixels, ce paramètre insère un espace vierge à gauche et à droite de l'image.
Cible	Cadre cible	Utilisez cette option quand l'image apparaît sur une page qui est un élément d'un jeu de cadres HTML. La cible spécifie le cadre dans lequel la page liée doit s'ouvrir.
Src faible	Source faible	Cette option permet de lier deux images à la même place sur une même page. L'image Source faible se charge en premier. Elle est ensuite remplacée par l'image prioritaire. Cette option est très utile quand vous avez une image de taille importante qui prend du temps à se télécharger. L'internaute voit alors un équivalent dont la taille est plus réduite, et pourquoi pas en niveaux de gris. La combinaison de ces deux images donne l'illusion d'une animation.

Tableau 2.1 : Attributs des images (suite).

Abréviation	Attribut	Fonction
Bordure	Bordure de l'image	Exprimé en pixels, cet attribut permet de définir un contour autour de l'image. Quand j'utilise l'image comme lien, je fixe généralement une valeur de 0 pour me débarrasser de la bordure colorée qui apparaît automatiquement autour d'une image liée.
Rétablir la taille?	N/A	Ce bouton rétablit automatiquement la taille de l'image. Utilisez-le si vous avez modifié les dimensions de l'image après l'avoir liée à la page et si vous voulez lui restituer ses dimensions initiales.
Modifier	N/A	Le bouton Modifier permet de lancer un éditeur graphique, comme Fireworks, mais vous devez commencer par spécifier dans la boîte de dialogue Préférences de Dreamweaver l'éditeur que vous voulez utiliser. Pour cela, sélectionnez Édition/Préférences, puis cliquez sur la catégorie Types de fichiers/Éditeurs.

Définir des liens

La chose la plus importante à garder à l'esprit est qu'un lien est essentiellement une adresse (URL) indiquant au navigateur de l'internaute la page qu'il doit atteindre quand on clique sur un lien textuel ou graphique. Si cette page se trouve dans votre site Web, vous créerez un *lien relatif*. Il inclut le chemin d'accès qui décrit comment passer de la page en cours à la page liée. Un lien relatif n'inclura pas le nom de domaine du serveur. Voici un exemple de lien relatif :

```
<A HREF="equipe/patron.html">Le patron</A>
```

Si vous créez un lien vers une page appartenant à un autre site, c'est un *lien absolu*. Il inclut l'adresse Internet complète de l'autre site :

```
<A HREF="http://www.tiburce.com/videos">Les vidéos de Tiburce</A>
```

La section suivante montre comment Dreamweaver facilite le paramétrage des liens sans écrire une seule ligne de code. Le Chapitre 4 dispose d'une section consacrée à la définition des liens.

Lier des pages au sein de votre site Web

Un *lien interne* renvoie d'une page de votre site à une autre page de ce même site. N'oubliez pas d'enregistrer vos pages dans des dossiers dont vous ne modifierez pas le chemin d'accès, tout au moins dans un premier temps, et de vous assurer que tous vos fichiers sont bien dans le dossier racine du site, comme nous l'avons dit dans la section "Définir un site", plus haut dans ce chapitre.

Voici comment créer un lien interne :

1. **Dans Dreamweaver, ouvrez la page dans laquelle vous désirez créer un lien.**
2. **Sélectionnez le texte ou l'image qui réagira comme un lien (c'est-à-dire le texte ou l'image sur laquelle devra cliquer l'utilisateur pour ouvrir la page voulue).**
3. **Cliquez sur l'icône du dossier située à droite du champ Lien dans l'Inspecteur de propriétés.**

   La boîte de dialogue Sélectionner un fichier apparaît.
4. **Dans cette boîte de dialogue, cliquez sur la page à laquelle vous voulez lier l'image ou le texte préalablement sélectionné, puis cliquez sur le bouton OK.**

   Le lien est automatiquement défini, et la fenêtre se ferme.

TRUC

Si la page fait partie d'un jeu de cadres, utilisez le champ Cible de l'Inspecteur de propriétés pour spécifier le cadre dans lequel doit s'ouvrir la page liée.

Définir des liens vers des ancres nommées à l'intérieur d'une page

Un *lien d'ancre nommée* permet de passer directement à une partie spécifique d'une page Web. Supposons qu'un lien doive être créé à partir du mot *Décapotables* qui se trouve en haut de la page. Le fait de cliquer sur ce terme renvoie à l'en-tête de paragraphe *Voitures de sport décapotables*. Vous devez préalablement définir l'ancre sur cet en-tête pour ensuite paramétrer le lien vers cette ancre nommée.

Voici comment parvenir à vos fins :

1. **Ouvrez la page sur laquelle vous voulez insérer une ancre.**
2. **Cliquez à côté du mot ou de l'image que vous désirez lier.**

Inutile de sélectionner le mot ou l'image. Pour cet exemple, vous placerez le point d'insertion à gauche de l'en-tête *Voitures de sport décapotables*.

3. **Choisissez Insertion/Ancre nommée.**

   La boîte de dialogue Ancre nommée apparaît.

4. **Saisissez un nom d'identification de l'ancre.**

   Vous pouvez assigner le nom qui vous convient, à condition que ce ne soit pas le nom d'une ancre existante. Souvenez-vous du nom ainsi attribué, car il faudra l'indiquer au moment de la définition du lien. Dans cet exemple, je choisirai le nom *Décapotables*, car il évoque sans ambiguïté l'en-tête auquel l'ancre est attachée.

5. **Cliquez sur OK.**

   La boîte de dialogue se ferme ; une icône représentant une ancre marine apparaît sur la page Web à l'endroit du point d'insertion.

6. **Pour définir un lien qui renvoie à l'ancre nommée, sélectionnez le texte ou l'image qui servira de lien hypertexte.**

   Vous pouvez lier vers une ancre nommée qui se trouve n'importe où sur la même page ou sur une autre page. Dans mon exemple, je crée un lien depuis le mot *Décapotables* qui apparaît en haut de la page, vers l'ancre que j'ai définie à côté de l'en-tête de paragraphe.

7. **Dans le champ Lien de l'Inspecteur de propriétés, saisissez le signe # suivi du nom de l'ancre.**

   Vous pouvez aussi sélectionner le texte et tirer un trait à partir de l'icône "Pointer vers un fichier" (qui se trouve à côté du champ Lien) jusqu'à l'icône de l'ancre. Le nom de l'ancre apparaît alors automatiquement dans le champ Lien.

   Dans mon exemple, je saisis **#décapotables** dans le champ en question. Si vous voulez lier une ancre nommée *décapotables* à une autre page qui se nomme voitures.html, saisissez dans le champ Lien **voitures.html#décapotables**.

Lier à des pages situées sur d'autres sites Web

Établir un lien vers une page d'un autre site Web se fait par la définition d'un *lien externe*. Il vous suffit pour cela d'indiquer l'URL exacte de la page vers laquelle vous souhaitez créer le lien.

Voici comment procéder :

1. **Dans Dreamweaver, ouvrez la page dans laquelle vous voulez créer le lien.**
2. **Sélectionnez le texte ou l'image qui servira de lien.**
3. **Dans le champ Lien de l'Inspecteur de propriétés, saisissez l'URL de la page à atteindre (voir la Figure 2.6).**

   Le lien est automatiquement défini.

TRUC

Bien que dans la plupart des navigateurs Web il ne soit pas nécessaire de taper la partie http:// de l'adresse de la page que l'on veut charger, vous devez saisir l'URL complète.

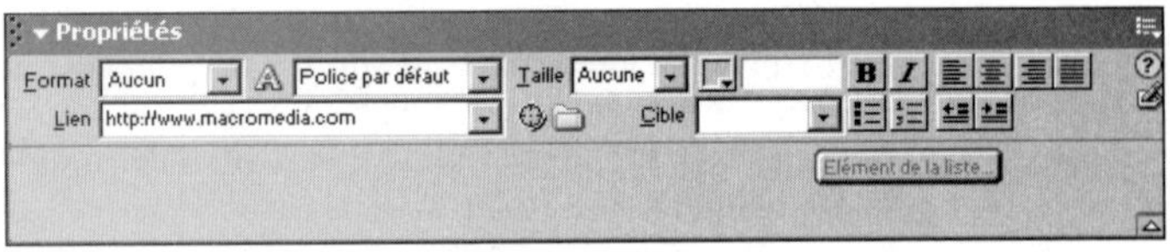

Figure 2.6 : Pour définir un lien vers un autre site Web, sélectionnez un texte ou une image, puis saisissez l'URL dans le champ Lien de l'Inspecteur de propriétés.

Définir un lien vers une adresse e-mail

Un lien de messagerie permet aux visiteurs d'envoyer rapidement et facilement un courrier électronique à l'adresse où renvoie le lien ainsi défini. Avant de définir un tel lien, vous devez connaître l'adresse e-mail de destination. Un lien de type e-mail commence toujours par le code `mailto:`.

Voici comment créer un lien de ce type dans Dreamweaver :

1. **Ouvrez la page sur laquelle vous désirez créer un lien.**

2. **Sélectionnez l'image ou le texte qui servira de lien.**
3. **Choisissez Fenêtre/Propriétés pour ouvrir l'Inspecteur de propriétés s'il n'est pas déjà ouvert.**
4. **Dans le champ Lien, saisissez** mailto:, **suivi de l'adresse e-mail du destinataire des futurs messages.**

   Le lien est automatiquement défini. Quand un visiteur clique sur un lien de type e-mail, le navigateur ouvre automatiquement l'application qui gère ses messages électroniques. Il n'y a plus qu'à saisir l'objet et le message pour l'envoyer vers ce destinataire.

Changer les propriétés de la page

Dreamweaver donne accès par la boîte de dialogue Propriétés de la page à un bon nombre des éléments qu'il est possible de changer pour la totalité d'une page, notamment la couleur d'arrière-plan, les couleurs des liens et du texte, et le titre de la page (le texte qui apparaît dans la barre de titre du navigateur Web).

Pour changer la couleur d'arrière-plan et la couleur du texte sur une page, suivez ces étapes :

1. **Sélectionnez Modifier/Propriétés de la page.**

   La boîte de dialogue Propriétés de la page apparaît.

2. **Cliquez sur la case d'échantillon de couleur à côté de Couleur d'arrière-plan pour faire apparaître la palette des couleurs, et sélectionnez dans celle-ci la couleur qui vous convient pour l'arrière-plan.**

   La couleur sélectionnée ne sera appliquée à l'arrière-plan de la page que lorsque vous aurez cliqué sur le bouton Appliquer ou sur le bouton OK.

3. **Cliquez sur la case d'échantillon de couleur à côté de Couleur du texte pour faire apparaître la palette des couleurs, et sélectionnez dans celle-ci la couleur qui vous convient pour le texte.**
4. **Cliquez sur le bouton Appliquer pour voir le résultat des couleurs sélectionnées sur la page. Cliquez sur OK pour terminer.**

Placer votre site Web en ligne

Dans cette section, j'explique comment publier des pages sur un serveur distant, et comment les récupérer en utilisant le programme FTP intégré à Dreamweaver.

Pour transférer les fichiers de votre disque dur local à celui du serveur, conformez-vous aux étapes suivantes :

1. **Assurez-vous que vous avez bien défini votre site conformément aux indications de la section "Paramétrer un nouveau site ou un site existant" au début de ce chapitre. Ouvrez ce site en sélectionnant Site/Ouvrir un site, puis en choisissant le nom du site dans le sous-menu qui apparaît.**

   Si vous avez bien paramétré votre site, les fichiers et les dossiers qui le composent seront visibles dans l'onglet Site du panneau Fichiers, dans la partie droite de l'espace de travail, comme le montre la Figure 2.7.

Figure 2.7 : Les fonctions de la boîte de dialogue Site permettent de contrôler les accès FTP.

2. **Cliquez sur le bouton Connecter à un hôte distant.**

   Si vous n'êtes pas déjà connecté, votre numéroteur téléphonique établit la connexion à distance avec votre serveur. Si cela ne se produit pas, connectez-vous comme vous avez l'habitude de le faire. Ensuite, revenez dans Dreamweaver et cliquez sur Connecter à un hôte distant. Dès que vous êtes en ligne, il n'y a plus aucun problème pour établir une connexion FTP depuis Dreamweaver.

Si vous ne parvenez pas à établir une connexion avec le serveur distant, relisez la section "Paramétrer l'accès au serveur Web", en début de chapitre. Vérifiez que les informations mentionnées sont correctes. Si vous n'arrivez toujours pas à établir la connexion, contactez votre fournisseur de services Internet ou votre administrateur système pour vous assurer que les informations dont vous disposez sont les bonnes. Il peut y avoir des différences entre les nombreux fournisseurs de services Internet, et il n'est pas forcément évident de paramétrer correctement ces informations du premier coup. Une fois que vous avez fait tout cela, Dreamweaver conserve vos paramètres pour se connecter automatiquement chaque fois que nécessaire.

Une fois la connexion établie, les répertoires de votre serveur apparaissent dans la partie gauche de la boîte de dialogue Site, ce qu'indique le titre Site distant. Pour savoir si les fichiers affichés dans ce panneau sont ceux de votre serveur ou ceux de votre disque dur local, regardez le titre de ce panneau.

3. **Pour télécharger des fichiers (*upload*) de votre disque dur à votre serveur Web, faites-les glisser du panneau Fichiers locaux (qui contient des fichiers stockés sur votre disque dur local), et cliquez sur le bouton Placer les fichiers (la flèche pointant vers le haut) dans le panneau Site.**

   Les fichiers sont automatiquement copiés sur le serveur lors de ce transfert. Vous pouvez sélectionner tous les fichiers et dossiers que vous voulez pour qu'ils soient transférés simultanément. Une fois les fichiers transférés, vous pouvez utiliser un navigateur Web pour tester le résultat en vous connectant au site sur le serveur.

4. **Pour acquérir des fichiers, c'est-à-dire les transférer du serveur vers votre disque dur, sélectionnez les fichiers et dossiers voulus dans le panneau Site distant (qui contient les fichiers situés sur le serveur), et cliquez sur le bouton Acquérir les fichiers (la flèche pointant vers le bas) dans le panneau Site.**

   Les fichiers sont automatiquement copiés sur votre disque dur local lors de ce transfert. Une fois les fichiers transférés, vous pouvez les ouvrir sur votre disque dur.

Deuxième partie

Des moyens de millionnaire

"Les jeux sont très importants dans mon site Web. Ils provoquent de la fatigue visuelle."

Dans cette partie...

Peu importe la pertinence de votre propos sur le Web ! Tout ce que veut l'internaute pour poursuivre sa visite est une conception et des images attractives. Cette partie présente les règles de conception à respecter sur les autoroutes de l'information, qui exigent une espèce d'uniformité de la présentation des données. En très peu de temps, vous serez capable d'élaborer un site comme si vous aviez cinq années d'expérience en la matière.

Chapitre 3

Planifier correctement un site Web

Dans ce chapitre :

- Créer un nouveau site.
- Modifier et réparer des liens.
- Synchroniser votre site.
- Définir la tonalité de votre site.
- Tester votre site avec la fonction Rapport de Dreamweaver.

La plus grosse erreur faite par les concepteurs Web en herbe est de foncer tête baissée dans la création d'un site sans en définir préalablement les objectifs, les priorités, le budget et les axes esthétiques. Faites l'effort de commencer par définir une planification précise. Dans ce chapitre, vous allez découvrir de nombreux aspects de la planification d'un site Web, comment Dreamweaver facilite la direction d'une équipe de développeurs, et comment tirer le meilleur parti des fonctions de gestion de site comme la synchronisation et l'intégration du courrier électronique.

Se préparer au développement

Je recommande la réunion de quelques têtes pensantes qui sauront définir les objectifs de votre site Web. Le but ici est d'envisager les fonctions et les éléments qui lui sont nécessaires. Toutes les suggestions sont bonnes à faire, même les plus audacieuses et les plus fantaisistes. Elles peuvent ouvrir de multiples horizons !

Développer un nouveau site

Concevoir un site Web revient à créer des pages individuelles que vous liez les unes aux autres. Ces pages, à leur tour, peuvent être liées à des sous-sections qui gèrent d'autres sous-sections. Dreamweaver facilite la création des pages et leur liaison, mais leur organisation vous incombe entièrement.

TRUC

Pensez toujours votre site en termes d'expansion de ses pages et de son contenu. De nombreux créateurs novices conçoivent une page d'accueil, ajoutent quelques pages et puis d'autres, et encore d'autres, les regroupant dans un seul répertoire. Bientôt, ils se rendent compte que le site est ingérable.

Gérer la structure de votre site

La gestion de la structure d'un site Web a deux aspects : ce que les utilisateurs voient, et sa face cachée dont dépend l'organisation des fichiers et des dossiers.

Ce que voit l'utilisateur

L'utilisateur voit la navigation. Lors de la planification du site, assurez-vous que les utilisateurs peuvent accéder facilement aux informations clés où qu'ils se trouvent dans le site. Soyez sûr qu'ils peuvent avancer et reculer de page en page, et revenir d'un clic à la page d'accueil.

Ce que vous voyez

L'autre aspect de la structure d'un site est ce qui se trouve en coulisses. En concevant un site dans Dreamweaver, pensez à la question du suivi des fichiers, c'est-à-dire toutes les images, les pages HTML, les animations, les fichiers audio et tout ce qui prend place sur votre site. Organisez vos pages dans des dossiers séparés.

C'est une erreur de créer 20 ou 30 pages dont les fichiers résident dans un même dossier. Et si vous commencez à réorganiser vos fichiers en les répartissant dans de nouveaux dossiers, vous brisez tous les liens préalablement définis. Heureusement, Dreamweaver inclut des outils de gestion de site qui mettent à jour automatiquement les liens lorsque vous déplacez des pages.

Dès que vous possédez une liste des éléments clés de votre site, vous pouvez définir un scénarimage ou un organigramme. Ils permettent d'implémenter des sections logiques d'un site pour mieux anticiper sa croissance. Lorsque vous ajoutez de nouvelles sections à votre site, créez de nouveaux sous-répertoires pour y stocker leurs fichiers respectifs. Créer des sous-répertoires facilite la gestion d'un site conçu par plusieurs intervenants. Si chaque sous-section dispose d'un dossier séparé, chaque développeur peut gérer plus facilement son ou ses nouveaux fichiers.

Nommer votre site

Avec Dreamweaver, vous pouvez assigner à vos fichiers n'importe quel nom supporté par votre système d'exploitation, mais assurez-vous toujours que le serveur Web reconnaîtra les noms choisis. La plupart des serveurs Web fonctionnent sous le système d'exploitation UNIX, qui n'interprète pas les majuscules et les minuscules de la même manière que Windows et Mac OS, et n'admet ni les espaces ni les caractères spéciaux, à l'exception du soulignement (_). Utilisez des noms compatibles avec tous les systèmes d'exploitation, et surtout qui soient compréhensibles pour les divers intervenants dans la conception de votre site.

Garder une trace tangible des informations présentes sur vos pages est bien plus facile lorsque vous développez une structure nominative qui a un sens pour tous les intervenants sur le projet. Avant de mettre en place un système de classement des pages HTML, discutez-en avec vos collaborateurs. Dès que vous êtes d'accord sur le système de classification, imprimez la liste de tous les noms de fichiers de votre site pour disposer d'une référence sur papier permettant de trouver rapidement chaque fichier.

Organiser les images et gérer des liens

De nombreux enseignants du langage HTML et autres consultants prônent le stockage des images dans un dossier unique, nommé Images ou Graphiques, situé au plus haut niveau hiérarchique de votre structure. Dreamweaver n'impose pas que vous ayez un dossier spécialement réservé à vos images, mais il vous permet d'en définir un lors du paramétrage de votre site (pour en savoir plus à ce sujet, voyez le Chapitre 2). L'avantage est que toutes les images ont le même chemin d'accès. L'inconvénient est qu'à terme vous risquez d'être confronté à un dossier surchargé d'images et de graphiques dans lequel vous pourrez avoir du mal à retrouver une image si vous voulez la modifier par la suite.

Une excellente alternative consiste à stocker vos images dans plusieurs dossiers *Images* dont les sous-dossiers contiendront les fichiers HTML utilisant les images en question.

Gérer des liens

Dans la boîte de dialogue Site de Dreamweaver, vous pouvez déplacer ou renommer des fichiers locaux. Dreamweaver rétablit automatiquement les liens. Cette fonction ne marche toutefois qu'avec des fichiers locaux, c'est-à-dire des fichiers qui se trouvent sur votre disque dur et non sur le serveur Web. Vous comprenez pourquoi la totalité de votre site doit se trouver sur votre disque dur. Si ce n'est pas le cas, récupérez votre site grâce aux fonctions FTP de Dreamweaver. Pour que tout cela fonctionne bien, vous devez activer une fonction de gestion des liens de Dreamweaver, en suivant les étapes ci-dessous :

1. **Dans Dreamweaver, choisissez Édition/Préférences.**

   La boîte de dialogue Préférences apparaît.

2. **Dans la liste Catégorie, cliquez sur Général.**

3. **Dans la liste Mettre à jour les liens lors de la suppression de fichiers, choisissez Toujours, Jamais ou Demander.**

   L'option Toujours actualise automatiquement tous les liens d'un document sélectionné, que vous le déplaciez ou le renommiez. "Demander" affiche une boîte de dialogue qui liste les fichiers affectés par vos modifications.

   Si vous choisissez l'option Demander, les options Mettre à jour ou Pas mettre à jour apparaissent lorsque vous renommez ou déplacez un fichier.

4. **Cliquez sur OK pour enregistrer vos modifications et quitter la boîte de dialogue Préférences.**

Modifier et déplacer des liens

Maintenant que les options de gestion des liens sont définies, vous pouvez utiliser la fenêtre Site pour renommer et réorganiser les fichiers et dossiers avec la technique du glisser-déposer.

Voici comment procéder :

1. **Dans le panneau Site, sélectionnez le site sur lequel vous désirez travailler.**

2. **Utilisez les signes "+" et "-" pour ouvrir et fermer des dossiers du site dans le panneau Site.**
3. **Cliquez pour sélectionner un fichier ou un dossier à modifier.**
4. **Faites glisser le fichier ou le dossier n'importe où dans la fenêtre pour le déplacer.**
5. **Pour renommer un fichier dans la boîte de dialogue Site, sélectionnez-le, et cliquez dessus avec le bouton droit de la souris (Windows) ou en maintenant la touche Commande enfoncée (Mac). Saisissez ensuite le nouveau nom.**

Faire des modifications globales dans les liens

Pour changer globalement un lien qui pointera alors vers une nouvelle URL ou une autre page du site, vous pouvez sélectionner Modifier le lien au niveau du site dans le menu Site. La boîte de dialogue qui apparaît permet de modifier n'importe quel type de lien.

Pour modifier tous les liens d'une page de votre site vers une autre à l'aide de la fonction Modifier le lien au niveau du site, procédez comme suit :

1. **Dans le panneau Site, sélectionnez le site dans lequel vous voulez modifier un lien globalement.**

   Il n'est pas nécessaire de sélectionner une page ni de l'ouvrir pour faire des modifications globales.

2. **Dans les menus situés en haut de la boîte de dialogue Site, choisissez Site/Modifier le lien au niveau du site.**
3. **Dans la boîte de dialogue Modifier le lien au niveau du site qui apparaît, cliquez sur le bouton Parcourir pour naviguer jusqu'au fichier voulu, ou saisissez l'URL à modifier dans le champ Modifier tous les liens à.**
4. **Dans le champ "En liens à", saisissez la nouvelle URL, comme le montre la Figure 3.1.**

   Vous pouvez aussi utiliser le bouton Parcourir pour naviguer jusqu'au fichier qui est la nouvelle destination du lien.

5. **Cliquez sur OK.**

   Dreamweaver met à jour tous les liens de votre site correspondant à ce que vous venez de spécifier.

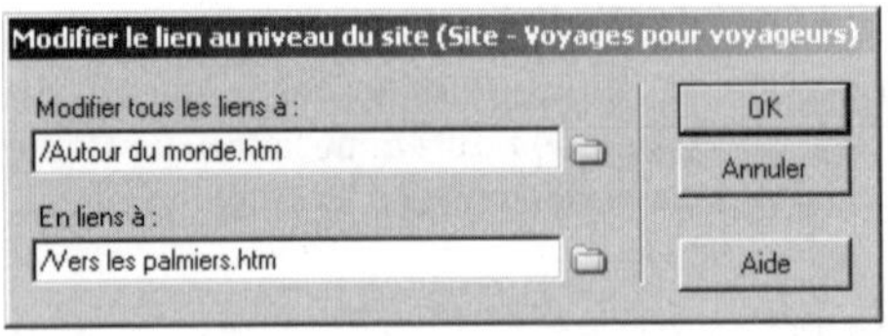

Figure 3.1 : La boîte de dialogue Modifier le lien au niveau du site vous permet de saisir l'URL ou l'adresse de messagerie que vous voulez pour apporter rapidement une modification globale à votre site.

Pour modifier à l'échelle de votre site un lien externe ou un lien de messagerie, suivez ces étapes :

1. **Dans le panneau Site, sélectionnez le site dans lequel vous voulez modifier un lien globalement.**

2. **Dans les menus situés en haut de la boîte de dialogue Site, choisissez Site/Modifier le lien au niveau du site.**

3. **Dans la boîte de dialogue Modifier le lien au niveau du site qui apparaît, saisissez dans le champ Modifier tous les liens à, l'URL ou l'adresse de messagerie à modifier.**

4. **Dans le champ "En liens à", saisissez la nouvelle URL (ou la nouvelle adresse électronique précédée de"*mailto:*").**

5. **Cliquez sur OK.**

   Si vous avez défini les préférences de mise à jour des liens supprimés sur "Demander", Dreamweaver affiche la boîte de dialogue Mettre à jour les fichiers. Vous y voyez l'ensemble des liens altérés. À vous de décider de Mettre à jour ou de ne Pas mettre à jour, en cliquant sur le bouton adéquat. Si, dans ces mêmes préférences, vous avez opté pour Toujours, Dreamweaver met automatiquement à jour les liens brisés.

N'oubliez pas que ces modifications ne se refléteront en ligne qu'après téléchargement du site sur le serveur. Pour cela, utilisez la fonction Synchroniser de Dreamweaver que je décris un peu plus loin dans ce chapitre.

Déloger et réparer les liens brisés

Pour vérifier les liens d'un fichier unique ou d'un site entier, utilisez la fonction Vérifier tous les liens du site. Vous corrigerez alors tous les liens, automatiquement et en une seule opération.

Supposons qu'un membre de votre équipe modifie le nom d'un fichier. Ce qui se nommait nouvelle.html se nomme ancienne.html. Tous les liens se rapportant à nouvelle.html s'en trouvent brisés. Si le lien ne concernait qu'une seule page, il est facile de le rétablir manuellement. Ouvrez l'Inspecteur de propriétés et réinitialisez le lien en définissant le chemin d'accès dans le champ Lien.

Mais, bien souvent, on peut accéder à une seule page Web par différents liens disséminés dans toutes les autres pages du site. Rétablir tous les liens peut s'avérer un véritable pensum. C'est ici que Vérifier tous les liens du site peut être d'une aide extrêmement appréciable. Tout d'abord, cette fonction sert à établir un diagnostic pour identifier l'ensemble des liens brisés, ensuite, elle demande à Dreamweaver de rétablir les liens en fonction des pages ainsi référencées. La section suivante montre le déroulement de cette procédure.

Vérifier les liens brisés

Voici comment vérifier les liens brisés d'un site :

1. **Dans le panneau Site, sélectionnez le site sur lequel vous souhaitez travailler.**

   La vérification des liens ne peut se faire que pour les sites présents dans le panneau Site de Dreamweaver.

2. **Dans le panneau Site, sélectionnez Site/Vérifier tous les liens du site.**

   Le panneau Résultats, avec au premier plan l'onglet Vérificateur de liens, apparaît en bas de la page, juste au-dessous de l'Inspecteur de propriétés. Il affiche les noms des fichiers dont les liens sont brisés, ainsi que toutes les pages, images ou autres éléments qui ne sont pas liés à une autre page du site.

La plupart des fournisseurs de services Internet imposent une limite à l'espace dont vous pouvez disposer sur leur serveur, et font payer un supplément si vous la dépassez. Supprimer les fichiers que vous n'utilisez plus peut vous permettre d'éviter cette situation, surtout s'il s'agit d'images ou de fichiers multimédias.

Si des liens sont brisés, la section suivante montre comment Dreamweaver actualise automatiquement les multiples références à ces liens brisés.

Réparer des liens brisés

Dreamweaver simplifie la procédure de réparation des liens en fournissant un accès rapide aux fichiers dont les liens sont corrompus. Après avoir utilisé le Vérificateur de lien pour identifier tous ceux qui sont brisés, conformez-vous aux étapes suivantes :

1. **Le panneau Vérificateur de lien étant ouvert, double-cliquez sur un des noms de fichiers pour lesquels Dreamweaver a identifié un lien brisé.**

   La page et l'Inspecteur de propriétés correspondant s'ouvrent. Le panneau Vérificateur de lien reste ouvert.

2. **Dans la page ainsi ouverte, sélectionnez le lien brisé ou l'image.**

   Sur la Figure 3.2, j'ai sélectionné une image brisée, et je répare le lien qui se réfère à une image JPEG.

Figure 3.2 : Utilisez la boîte de dialogue Sélectionner un fichier pour rétablir le lien brisé.

3. **Dans l'Inspecteur de propriétés, cliquez sur l'icône du dossier qui se trouve à droite du champ Lien pour réparer un problème de lien renvoyant à une autre page, ou cliquez sur**

l'icône du dossier qui se trouve à droite du champ Src pour réparer un lien renvoyant à une image (c'est-à-dire devant afficher une image là où vous découvrez une icône brisée sur votre page).

La boîte de dialogue Sélectionner un fichier apparaît.

Si vous connaissez parfaitement le chemin d'accès à l'image ou à la page, saisissez-le dans le champ adéquat de l'Inspecteur de propriétés.

4. **Parcourez votre disque dur pour identifier le fichier qui doit être lié, et cliquez sur le nom du fichier, puis sur le bouton Sélectionner.**

   Le lien change automatiquement pour refléter le nouveau nom de fichier et son emplacement.

Si le lien corrigé s'affiche sur plusieurs pages, Dreamweaver vous invite à réparer tous les autres liens faisant référence au fichier manquant.

Utiliser la nouvelle fonction Rapport de Dreamweaver pour tester votre travail

Avant de publier votre site Web pour le porter à quelques clics de souris des internautes, utilisez la nouvelle fonction Rapport de Dreamweaver. Vous pouvez créer une multitude de rapports, personnalisés ou non, qui font état des problèmes de liens externes, de balises vides ou redondantes, de documents sans titre et de texte alternatif manquant. Les étapes suivantes expliquent comment réaliser un rapport :

1. **Dans le panneau Site, sélectionnez le site voulu.**
2. **Dans le panneau Site, sélectionnez Site/Rapports.**

   La boîte de dialogue Rapports apparaît.

3. **Dans la liste Rapport sur, choisissez Site local en cours entier.**

   Rien ne vous empêche de vérifier une page. Il suffit de l'ouvrir dans Dreamweaver. Ensuite, dans la liste Rapport sur, choisissez "document courant". La vérification peut également être lancée sur des fichiers sélectionnés ou sur un répertoire particulier. Il suffit de sélectionner l'option de vérification adéquate dans la liste Rapport sur.

4. **Sélectionnez le type de rapport à générer. Il suffit pour cela de cocher les options du rapport dans la zone Sélectionner les rapports de la boîte de dialogue Rapports.**

   Le Tableau 3.1 présente les différents types de rapports générés par chaque option. Vous pouvez en sélectionner autant que vous le souhaitez.

TRUC

Les options Déroulement du travail ne sont disponibles que si vous avez coché la case Archiver/Extraire dans la section Infos distantes de la boîte de dialogue Définition du site, et la case Gérer Design Notes dans la section Design Notes de la boîte de dialogue Définition du site.

Tableau 3.1 : Les options de la boîte de dialogue Rapports.

Nom du rapport	Résultats
Balises de polices imbriquées combinables	Génère une liste de toutes les occurrences où des balises imbriquées peuvent être combinées. Par exemple, <font color="#00000"><font size="2">Visitez le plus grand des sites Web</font></font> sera identifié dans le rapport, car vous pouvez plus simplement écrire : <font color="#00000" size="2">Visitez le plus grand des sites Web</font>.
Texte de légende manquant	Génère une liste de toutes les balises images qui n'incluent pas de texte alternatif. Ce type de texte s'affiche lorsqu'un navigateur Web ne peut pas ou ne veut pas afficher une image. Cela procède généralement d'un acte volontaire de l'internaute.
Balises imbriquées redondantes	Génère une liste de tous les emplacements où il y a des balises imbriquées redondantes. Par exemple, <center>Des en-têtes géniaux<center>sont plus difficiles à élaborer</center>que vous ne le pensez</center> sera identifié, car il est plus simple de l'écrire comme ceci : <center>Des en-têtes géniaux sont plus difficiles à élaborer que vous ne le pensez</center>.
Balises vides amovibles	Génère une liste de toutes les balises vides de votre site. Elles existent notamment lorsque vous supprimez une image ou du texte sans effacer les balises qui lui sont associées.

Tableau 3.1 : Les options de la boîte de dialogue Rapports (suite).

Nom du rapport	Résultats
Documents sans titre	Génère une liste des noms de fichiers qui n'ont pas de titre ou dont les titres sont dupliqués. Il est très facile d'oublier une balise Title (titre), car son contenu ne s'affiche pas sur la page. La balise Title contient un texte qui apparaît dans la barre de titre de la fenêtre des navigateurs. C'est sous ce nom que l'internaute peut ajouter la page à ses favoris. En plus, la balise de titre (Title) est la clé pour être correctement répertorié par les moteurs de recherche.
Extrait par	Génère une liste des fichiers qui ont été extraits du site, et identifie le nom des personnes qui ont procédé à cette extraction.
Design Notes	Génère une liste de notes de conception (voyez le Chapitre 4 pour plus d'informations sur l'utilisation des Design Notes).

5. **Cliquez sur Exécuter pour créer le(s) rapport(s).**

   Un message vous invite à enregistrer votre travail si vous ne l'avez pas encore fait. Il peut aussi vous être demandé de définir votre site ou de sélectionner un répertoire.

   La boîte de dialogue Résultats apparaît, comme le montre la Figure 3.3.

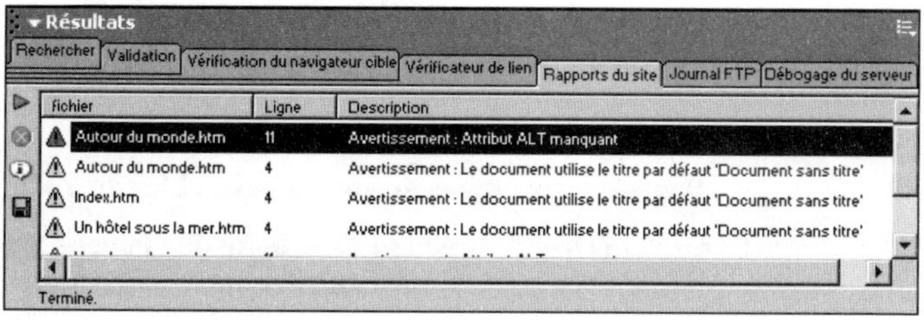

Figure 3.3 : La boîte de dialogue Résultats affiche une liste des problèmes trouvés sur votre site.

6. **Sélectionnez n'importe quel élément de la boîte de dialogue Résultats pour lire une description détaillée du problème, comme cela est illustré sur la Figure 3.3.**

7. **Double-cliquez sur n'importe quel élément pour ouvrir le fichier correspondant dans la fenêtre Document.**

8. **Grâce à l'Inspecteur de propriétés ou toute autre fonction de Dreamweaver, réglez le problème ainsi identifié dans le rapport, puis enregistrez le fichier.**

   N'oubliez pas que ces modifications ne prendront effet en ligne qu'après avoir actualisé les fichiers qui se trouvent sur le serveur. Utilisez la fonction Synchroniser décrite dans la prochaine section pour que vos modifications locales soient prises en compte par le serveur.

Synchronisation des sites locaux et distants

Une fois votre site nettoyé, il reste à "transférer" ces modifications au site publié sur le serveur distant. Dreamweaver facilite la procédure de mise à jour d'un site modifié localement, c'est-à-dire sur votre ordinateur. C'est la fonction de synchronisation qui remplit cet office. Avant de synchroniser vos sites, servez-vous de la boîte de dialogue FTP pour identifier les fichiers que vous souhaitez placer sur le serveur distant ou récupérer depuis ce serveur. Dreamweaver confirme les fichiers actualisés une fois la synchronisation terminée.

Pour synchroniser votre site Web, suivez ces étapes :

1. **Dans le panneau Site, sélectionnez le site avec lequel vous voulez travailler.**

2. **Cliquez sur le bouton Connecter à un hôte distant pour établir la connexion au site distant (ou serveur distant).**

3. **Choisissez Site/Synchroniser.**

   Un menu déroulant apparaît.

4. **Dans ce menu, faites de votre site local le site maître.**

5. **Dans le champ Direction de la boîte de dialogue Synchroniser les fichiers, sélectionnez une des options suivantes :**

   - **Placer les fichiers les plus récents sur l'hôte distant :** Cette option copie les fichiers les plus récemment modifiés de votre site local vers votre site distant.

- **Obtenir les fichiers les plus récents depuis l'hôte distant :** Cette option copie les fichiers les plus récemment modifiés de votre site distant vers votre site local.

- **Placer et obtenir les fichiers les plus récents :** Cette option actualise à la fois le site distant et le site local en copiant les versions les plus récentes de tous les fichiers.

6. **Choisissez de supprimer ou non les fichiers de votre site local ou distant.**

Si vous ne spécifiez pas que Dreamweaver doit laisser les fichiers intacts, ils seront automatiquement effacés s'ils ne se trouvent pas sur le site désigné comme maître. Cela signifie que, si vous définissez le site local comme maître, Dreamweaver efface tous les fichiers du site distant qui ne sont pas sur le site local. Si vous désignez le site distant comme site maître, Dreamweaver supprime tous les fichiers de votre site local qui n'existent pas sur le site distant.

7. **Cliquez sur OK.**

La boîte de dialogue FTP affiche les fichiers qui sont sur le point d'être modifiés.

C'est votre dernière chance avant effacement de certains fichiers ! Dans la boîte de dialogue FTP, vous pouvez vérifier les fichiers que vous désirez effacer, les placer et les extraire. Si vous ne souhaitez pas que Dreamweaver altère un fichier, désélectionnez-le maintenant ou jamais.

8. **Cliquez sur OK.**

Tous les changements approuvés sont automatiquement effectués, et Dreamweaver actualise l'état de la boîte de dialogue FTP.

9. **Une boîte de dialogue apparaît, vous permettant d'enregistrer les informations de vérification dans un fichier local.**

L'enregistrement de telles informations est salutaire pour revoir ultérieurement vos modifications.

Chapitre 4

Coordonner votre travail de création

Dans ce chapitre :

- Accélérer le développement avec les fonctions de modèle avancées.
- Enregistrer des éléments dans la Bibliothèque de Dreamweaver pour y accéder rapidement.
- Concevoir une page Web avec la fonction Tracé de l'image de Dreamweaver.
- Présentation de Design Notes (notes de conception).
- Utiliser le panneau Historique et Quick Tag Editor.

Dans ce chapitre, je présente trois de mes fonctions Dreamweaver préférées : les modèles, les éléments de la Bibliothèque et le Tracé de l'image. Vous verrez comme il est facile de les combiner pour travailler rapidement sur un site et d'en assurer la gestion efficace en toute simplicité. Je vous présente aussi Design Notes (notes de conception), le panneau Historique et Quick Tag Editor.

Vous avez un style ? Faites-en un modèle

La plupart des éditeurs Web proposent des modèles HTML. Dreamweaver va plus loin en fournissant des fonctions de création de modèles. Elles permettent de créer l'aspect générique d'une page, et de décider ensuite quelles sections peuvent ou non être modifiées par d'autres développeurs.

Un *modèle* est essentiellement la maquette d'une page, c'est-à-dire le schéma général de sa présentation, mais sans véritable contenu. Vous pouvez utiliser des modèles pour créer pour votre site des documents qui auront une structure et une présentation communes. Si vous voulez appliquer une modification globale à votre site, il vous suffit alors de modifier ce modèle et de l'appliquer à nouveau à toutes les pages (par exemple, si vous voulez ajouter un nouvel élément de navigation qui doit apparaître sur toutes les pages du site).

Dreamweaver MX contient une abondance de composants Web prêts à l'emploi. Vous les trouverez dans la boîte de dialogue Nouveau document qui apparaît lorsque vous sélectionnez Fichier/Nouveau.

Définir votre modèle

Dans un modèle, Dreamweaver permet de spécifier des zones modifiables (éditables) ou non. Employez des *zones éditables* pour tout contenu devant être régulièrement actualisé, comme la description d'un produit ou une information qui suit le rythme de l'actualité. Verrouillez les zones contenant des éléments qui ne doivent surtout pas être modifiés, comme un logo ou les éléments de navigation d'un site.

Par défaut, les modèles sont verrouillés. Vous pouvez ajouter un contenu au modèle, mais quand vous l'enregistrez, le contenu est automatiquement signalé comme non modifiable. Pour créer des zones modifiables ou non, reportez-vous aux étapes de la section "Créer des modèles", un peu plus loin dans ce chapitre.

Lors de la modification d'un modèle, vous pouvez apporter des modifications à n'importe quelle partie du fichier, qu'elle soit ou non verrouillée. Cependant, lorsque vous modifiez un document créé avec un modèle, vous ne pouvez effectuer de modifications que dans les zones éditables du document. Si vous modifiez un modèle après sa création, Dreamweaver vous donne l'opportunité de répercuter toutes ces modifications sur chacune des pages qui ont été créées avec ce modèle ou uniquement sur la page en cours d'édition.

Créer des modèles

Il est facile de créer un modèle à partir de n'importe quel document HTML existant, et de le modifier ensuite pour qu'il s'accorde à vos besoins. Vous pouvez également créer un document totalement nouveau. Quand vous enregistrez un fichier sous forme de modèle, il est stocké automatiquement dans le dossier Modèles du répertoire principal de votre site Web. Si le répertoire principal de votre site Web ne contient pas de dossier Modèles, Dreamweaver le crée automatiquement quand vous enregistrez votre premier modèle.

TRUC

Les fonctions Modèle ne sont effectives que si vous avez défini votre site Web dans Dreamweaver.

Par défaut, tous les éléments d'un modèle sont verrouillés, à l'exception de la section réservée au titre qui est contenu entre les balises `<TITLE></TITLE>`. Pour que le modèle serve à la création de nouvelles pages, vous devez créer d'autres zones modifiables. Voici comment créer un modèle avec des zones modifiables :

1. **Dans le panneau Actifs (l'onglet Actifs du panneau Fichiers), cliquez sur le bouton Modèles.**

   Le panneau Modèles apparaît dans le panneau Actifs.

2. **Dans le panneau Fichiers, cliquez sur la flèche d'accès au menu (dans le coin supérieur droit du panneau), et sélectionnez l'option Nouveau modèle.**

   Un nouveau modèle, sans titre, apparaît dans la liste des modèles du panneau.

3. **Saisissez un nom pour le modèle.**

   Le nouveau modèle est ajouté à la liste des modèles de site, comme le montre la Figure 4.1.

4. **Une fois le nouveau modèle nommé, double-cliquez sur son nom pour l'ouvrir.**

   La page du modèle s'ouvre dans Dreamweaver comme n'importe quelle page HTML. Vous pouvez maintenant la modifier comme s'il s'agissait d'une page HTML classique.

5. **Sélectionnez Modifier/Propriétés de la page pour spécifier une couleur d'arrière-plan, de texte et de liens.**

6. **Pour faire d'une image ou d'un texte une zone modifiable, sélectionnez l'image ou le texte, puis sélectionnez Insertion/Objets de modèle/Région modifiable.**

   La boîte de dialogue Nouvelle région modifiable apparaît. L'image ou le texte sélectionné comme modifiable devient une zone qui pourra subir des modifications dans n'importe quelle page créée à partir de ce modèle.

7. **Dans le champ Nom, assignez un nom à la région modifiable.**

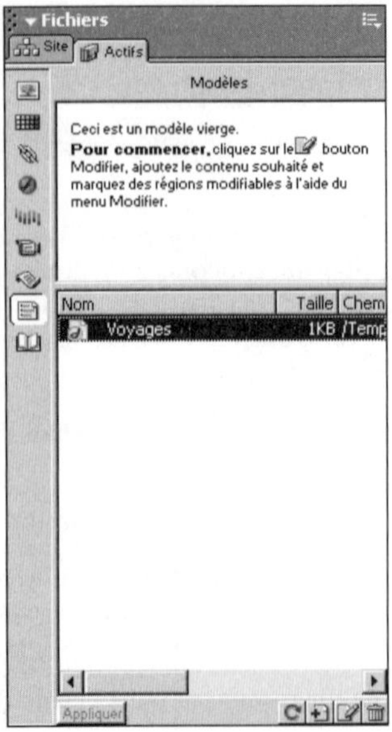

Figure 4.1 : Le modèle que vous venez de créer apparaît dans la liste des modèles du site.

8. **Pour créer d'autres images ou textes modifiables, répétez les étapes 6 et 7.**

9. **Dès que vous avez terminé, enregistrez votre modèle et fermez le fichier.**

Vous pouvez rendre modifiable un tableau entier ou des cellules individuelles d'un tableau, mais il est impossible de rendre modifiable plusieurs cellules d'un tableau sans les fusionner préalablement. Vous devez sélectionner chaque cellule individuellement pour en faire des zones modifiables.

Enregistrer n'importe quelle page comme modèle

Il est très facile de créer un modèle à partir d'une page existante. Pour enregistrer une page en tant que modèle, conformez-vous aux étapes suivantes :

1. **Ouvrez la page que vous désirez convertir en modèle.**

2. **Choisissez Fichier/Enregistrer comme modèle.**

3. **Dans la boîte de dialogue Enregistrer comme modèle qui apparaît, utilisez la liste Site pour sélectionner un site.**

4. **Dans le champ Enregistrer sous, saisissez le nom du modèle.**

5. **Cliquez sur le bouton Enregistrer de la boîte de dialogue pour sauvegarder le fichier en tant que modèle.**

6. **Effectuez toutes les modifications voulues, puis choisissez Fichier/Enregistrer. Suivez les étapes de la section "Créer des modèles" pour définir des régions modifiables.**

   Notez que le fichier porte l'extension .dwt, l'identifiant comme un modèle Dreamweaver. Vous pouvez maintenant apporter les modifications que vous voulez à ce modèle.

7. **Choisissez Fichier/Fermer pour fermer le fichier.**

Utiliser des modèles

Une fois que vous aurez défini des modèles, vous voudrez certainement les utiliser. Vous pouvez choisir des modèles pour créer ou modifier toutes les pages de votre site Web, ou uniquement certaines régions ou sections. Recourir à un modèle pour créer une nouvelle page ressemble à la création de n'importe quelle page HTML.

Voici comment se servir d'un modèle pour créer une page :

1. **Choisissez Fichier/Nouveau.**

2. **Dans la boîte de dialogue Nouveau document qui apparaît, cliquez sur l'onglet Modèles, puis sélectionnez dans la liste Modèles le site dont vous voulez utiliser un modèle.**

3. **Ouvrez le modèle que vous voulez utiliser en double-cliquant sur son nom.**

4. **Choisissez Fichier/Enregistrer. Assignez un nom comme vous le feriez pour n'importe quelle page HTML.**

5. **Vous pouvez maintenant modifier la page à l'aide des fonctions de Dreamweaver.**

   Note : Certaines fonctions, comme la conversion des calques en tableaux, ne sont pas disponibles pour les pages créées avec un modèle.

Souvenez-vous que seules les régions modifiables du modèle peuvent être altérées quand vous employez un modèle pour créer une page.

Pour supprimer l'association existant entre le fichier et le modèle, choisissez Modifier/Modèles/Détacher du modèle. Cette action rend le fichier totalement modifiable. Cependant, toutes les modifications apportées au modèle ne se reflètent pas sur la page que vous venez de détacher. Pour modifier le modèle, choisissez Modifier/Modèles/Ouvrir le modèle joint. Vous pouvez aussi sélectionner Modifier/Modèles/Supprimer le marqueur de modèle pour supprimer d'une page tout le code de modèle qu'elle contient.

Vous pouvez aussi appliquer un modèle à une page existante. Dans ce cas, le contenu du modèle s'ajoute à celui du document.

Vous pouvez appliquer un modèle à une page existante grâce à l'une des techniques suivantes :

- Choisissez Modifier/Modèles/Appliquer le modèle à la page puis, dans la boîte de dialogue Sélectionner le modèle, double-cliquez sur le nom du modèle pour l'appliquer à la page.
- Faites glisser le modèle depuis le panneau Modèle jusqu'à la fenêtre Document.
- Sélectionnez le modèle dans le panneau Modèle, et choisissez Appliquer dans le menu du panneau (en haut à droite).

Apporter des modifications globales aux modèles

Le grand avantage des modèles est de pouvoir appliquer, en une opération, des modifications à toutes les pages qui sont attachées au modèle.

Pour modifier un modèle et actualiser la page en cours, suivez les étapes ci-dessous :

1. **Ouvrez un document qui utilise le modèle à modifier.**
2. **Choisissez Modifier/Modèles/Ouvrir le modèle joint.**

   Le modèle s'ouvre.
3. **Modifiez le modèle comme s'il s'agissait d'un nouveau modèle.**
4. **Une fois vos modifications effectuées, choisissez Modifier/Modèles/Mettre à jour la page en cours.**

   La page que vous avez ouverte reflète les modifications apportées au modèle.

Pour modifier un modèle et actualiser tous les fichiers de votre site qui l'utilisent, conformez-vous aux étapes suivantes :

1. **Ouvrez un modèle existant et faites les modifications nécessaires.**
2. **Choisissez Modifier/Modèles/Mettre à jour les pages.**

   La boîte de dialogue Mettre à jour les pages apparaît.
3. **Dans la liste Regarder dans, choisissez une de ces deux options :**
   - **Site entier :** Sélectionnez le nom du site pour actualiser toutes les pages du site créé d'après le modèle modifié.
   - **Fichiers utilisant :** Sélectionnez le nom du modèle pour actualiser toutes les pages du site en cours qui ont recours à ce modèle.

   Dans la zone Mettre à jour de la boîte de dialogue, assurez-vous que la case Modèles est cochée.
4. **Cliquez sur Démarrer pour lancer la procédure d'actualisation.**

   Une fois la mise à jour terminée, la boîte de dialogue Mettre à jour les pages affiche un journal (rapport) des modifications apportées.

Réutiliser les éléments avec la fonction Bibliothèque

La fonction Bibliothèque de Dreamweaver a été conçue pour automatiser la procédure d'insertion et de modification des éléments qui apparaissent sur plusieurs pages d'un site Web. Vous pouvez enregistrer divers éléments dans la Bibliothèque comme un logo ou une rangée d'images d'un système de navigation et de liens. Ensuite, vous pouvez insérer un élément ou une série d'éléments sur n'importe quelle page en le faisant glisser depuis la Bibliothèque. Mieux : vous pouvez modifier un élément dans la Bibliothèque et demander à Dreamweaver de mettre à jour automatiquement ses occurrences sur tout le site. Comme les bibliothèques ne sont pas partagées entre les sites, vous devez définir une bibliothèque pour chaque site Web.

Un *élément de la Bibliothèque* est un minuscule code qui contient les références à une image et à des liens. Il peut être n'importe quel objet du corps du document, comme le texte, les tableaux, les formulaires, les appliquettes (applets) Java, les images et les modules (plug-in). Les éléments de la Bibliothèque sont très efficaces, car Dreamweaver stocke le code comme un document du dossier Bibliothèque. Ensuite, il actualise les liens définis pour l'élément, ce qui facilite le stockage d'une image dans plusieurs zones du site. Les éléments de la Bibliothèque peuvent aussi contenir des comportements, mais il existe des conditions spécifiques pour éditer les comportements dans les éléments de la Bibliothèque.

Créer et utiliser des éléments de la Bibliothèque

Les sections suivantes montrent comment créer un élément de la Bibliothèque, l'ajouter à une page et le modifier quand un élément change. Avant toute chose, vous devez définir un site ou ouvrir un site existant.

Créer un élément de la Bibliothèque

Pour créer un élément utilisable sur plusieurs pages d'un site, conformez-vous aux étapes suivantes :

1. **Ouvrez n'importe quel fichier qui dispose d'images, de texte ou de tout autre élément.**

2. **Dans cette page, sélectionnez un élément que vous désirez utiliser comme élément de la Bibliothèque, par exemple une image.**

3. **Dans le panneau Actifs, cliquez sur le bouton Bibliothèque pour faire apparaître le panneau Bibliothèque, puis faites glisser l'élément sélectionné jusqu'à celui-ci.**

   Vous pouvez également cliquer sur le bouton Nouvel élément de la Bibliothèque dans le coin inférieur droit du panneau.

4. **Assignez un nom à l'élément comme vous avez l'habitude de le faire avec l'Explorateur de Windows ou le Finder de Mac OS.**

   Lorsque vous nommez un élément de la Bibliothèque, vous l'enregistrez automatiquement dans la Bibliothèque. Il devient facile de l'appliquer à n'importe quelle page de votre site. Tous les éléments de la Bibliothèque sont listés dans la boîte de dialogue Actifs du site comme en témoigne la Figure 4.2.

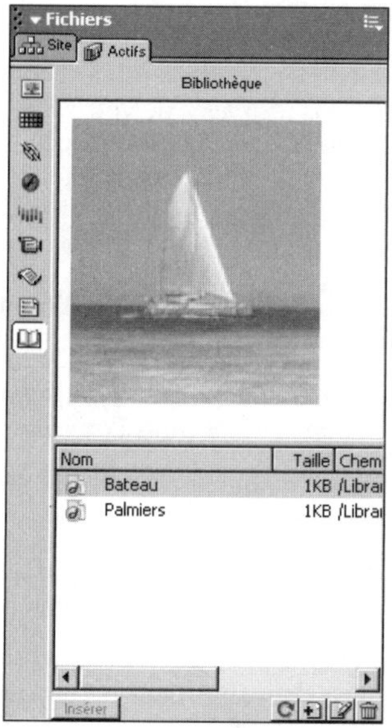

Figure 4.2 : La boîte de dialogue Bibliothèque du site permet d'accéder rapidement aux éléments de la Bibliothèque.

Ajouter un élément de la Bibliothèque à une page

Quand vous ajoutez un élément de la Bibliothèque à une page, son contenu (ou un de ses liens) est inséré dans le document.

Voici comment ajouter un élément de la Bibliothèque à une page :

1. **Créez un nouveau document dans Dreamweaver ou ouvrez un fichier existant.**
2. **Dans le panneau Actifs, cliquez sur le bouton Bibliothèque pour faire apparaître le panneau Bibliothèque.**

   Le panneau Bibliothèque apparaît dans le panneau Actifs, du côté droit de l'espace de travail.
3. **Faites glisser un élément à partir du panneau Bibliothèque pour le déposer dans la fenêtre du document.**

   Vous pouvez aussi sélectionner l'élément dans le panneau Bibliothèque et cliquer sur le bouton Insérer (tout en bas du panneau).

   L'élément apparaît automatiquement sur la page.

Modifier un élément de la Bibliothèque

Toute modification apportée à un élément de la Bibliothèque se répercute sur ses occurrences dans les pages de votre site. Commencez par modifier l'élément d'origine ; vous pourrez ensuite actualiser l'élément modifié sur un ou plusieurs documents du site. Pour modifier un élément de la Bibliothèque, puis le mettre à jour sur une ou plusieurs pages du site, suivez les étapes ci-dessous :

1. **Dans le panneau Actifs, cliquez sur le bouton Bibliothèque pour faire apparaître le panneau Bibliothèque.**
2. **Sélectionnez n'importe quel élément listé dans le panneau Bibliothèque. Double-cliquez dessus pour l'ouvrir.**

   Dreamweaver ouvre une fenêtre qui porte le titre Élément de Bibliothèque, suivi du nom de l'élément.
3. **En utilisant les fonctions d'édition, effectuez tous les changements nécessaires sur l'élément de la Bibliothèque.**
4. **Choisissez Fichier/Enregistrer pour sauvegarder l'élément d'origine ou Fichier/Enregistrer sous pour lui assigner un nouveau nom et ainsi créer un nouvel élément de la Bibliothèque.**
5. **Sélectionnez la ou les pages à actualiser, puis cliquez sur Mettre à jour. Pour annuler la procédure, choisissez Pas mettre à jour.**

Créer des éléments de Bibliothèque modifiables

Si vous souhaitez qu'un élément de la Bibliothèque ne soit altéré que dans une section du site, vous pouvez briser le lien existant entre la Bibliothèque et cet élément.

N'oubliez pas qu'après avoir brisé ce lien vous ne pouvez plus actualiser automatiquement l'élément de la Bibliothèque.

Pour rendre modifiable un élément de la Bibliothèque, conformez-vous aux étapes suivantes :

1. **Ouvrez n'importe quel fichier contenant un élément de la Bibliothèque. Cliquez sur cet élément.**

   L'Inspecteur de propriétés apparaît, affichant les options de l'élément de la Bibliothèque.

2. **Cliquez sur le bouton Détacher de l'original.**

   Un message vous avertit que, si vous détachez cet élément de l'original, il ne sera plus possible de le mettre à jour automatiquement quand l'original sera modifié.

3. **Cliquez sur OK pour détacher l'élément de la Bibliothèque.**

Utiliser un Tracé de l'image pour guider votre mise en page

La fonction Tracé de l'image permet d'utiliser un graphique comme guide de votre mise en page, un peu comme si vous placiez un papier transparent sur une image existante pour le recopier en suivant ses contours.

Le Tracé de l'image est idéal pour tous ceux qui préfèrent créer l'aspect d'un site dans un programme comme Photoshop ou Fireworks, pour modéliser ensuite leur page Web. Avec la fonction Tracé de l'image, vous pouvez insérer une image dans l'arrière-plan de votre page pour "tracer" dessus. Vous pouvez ensuite placer des calques ou créer des cellules d'un tableau sur l'image tracée, afin de recréer votre création en HTML. Vous pouvez choisir des images au format JPEG, GIF ou PNG comme source du tracé. Il est parfaitement possible de les créer dans n'importe quelle application graphique qui supporte ces formats.

Bien que le tracé apparaisse dans l'arrière-plan de la page, il ne s'y impose pas définitivement, et ne sera jamais affiché dans un navigateur.

Voici comment ajouter un Tracé de l'image à votre page :

1. **Créez une nouvelle page ou ouvrez une page existante dans Dreamweaver.**

2. **Choisissez Affichage/Tracé de l'image/Charger.**

   La boîte de dialogue Sélectionner source de l'image apparaît.

3. **Double-cliquez sur le nom du fichier, ou sélectionnez l'image à utiliser pour le Tracé de l'image et cliquez sur Sélectionner.**

   La boîte de dialogue Propriétés de la page apparaît, et le chemin d'accès à l'image sélectionnée est affiché dans le champ Tracé de l'image.

Vous pouvez aussi choisir Modifier/Propriétés de la page. Cliquez ensuite sur le bouton Parcourir qui se trouve à droite du champ Tracé de l'image pour sélectionner l'image à tracer.

4. **Utilisez le curseur Transparence de l'image pour fixer l'opacité de l'image à tracer.**

   Plus vous baissez le niveau de transparence de l'image à tracer, moins elle est opaque, facilitant ainsi la distinction entre l'image à tracer et les éléments modifiables de la page. La valeur la plus pratique se situe généralement aux alentours de 50 %.

5. **Cliquez sur OK.**

   Une image à tracer apparaît dans la fenêtre du document.

Si l'image à tracer n'apparaît pas, vérifiez que vous avez bien sélectionné l'option Afficher du sous-menu Tracé de l'image du menu Affichage.

Une image à tracer ne se substitue pas à une image d'arrière-plan. L'image à tracer elle-même n'est visible que lorsque vous êtes en train de modifier la page dans la fenêtre du document. Elle n'apparaît jamais lorsque la page est chargée dans un navigateur Web.

Garder le contact avec les notes de conception (Design Notes)

Les notes de conception (Design Notes) sont idéales pour communiquer avec d'autres développeurs qui travaillent sur votre site. Cette fonction de Dreamweaver ressemble à la balise de commentaires que l'on saisit dans un code HTML. Mais si la balise *comment* d'un code HTML est affichable par la commande Source d'un navigateur, les notes de conception, quant à elles, restent totalement confidentielles.

Voici comment créer et utiliser des Design Notes :

1. **Choisissez Site/Modifier les sites.**

   La boîte de dialogue Modifier les sites apparaît.

2. **Cliquez pour sélectionner le site sur lequel vous désirez travailler, puis cliquez sur le bouton Modifier.**

   Cette action ouvre la boîte de dialogue Définition du site pour.

3. **Dans la liste Catégorie (à gauche), sélectionnez Design Notes.**

La page Design Notes apparaît.

4. **Activez l'option Gérer Design Notes si elle ne l'est pas déjà.**

   Quand cette option est active, chaque fois qu'un fichier est copié, déplacé, renommé ou supprimé, le fichier Design Notes qui lui est associé est également copié, déplacé, renommé ou supprimé.

5. **Si vous désirez que votre note de conception soit envoyée avec vos fichiers vers le serveur distant, cliquez sur l'option Télécharger les Design Notes pour le partage.**

6. **Cliquez sur OK dans la boîte de dialogue Définition du site pour. Ensuite, dans la boîte de dialogue Définir les sites, cliquez sur Terminé.**

7. **Vous pouvez désormais ajouter des Design Notes à vos fichiers en choisissant Fichier/Design Notes dans le panneau Site.**

Pour ajouter des notes de conception à un document, suivez les étapes ci-dessous :

1. **Ouvrez le fichier auquel vous désirez ajouter une note de conception, et choisissez Fichier/Design Notes.**

   La boîte de dialogue Design Notes apparaît (Figure 4.3).

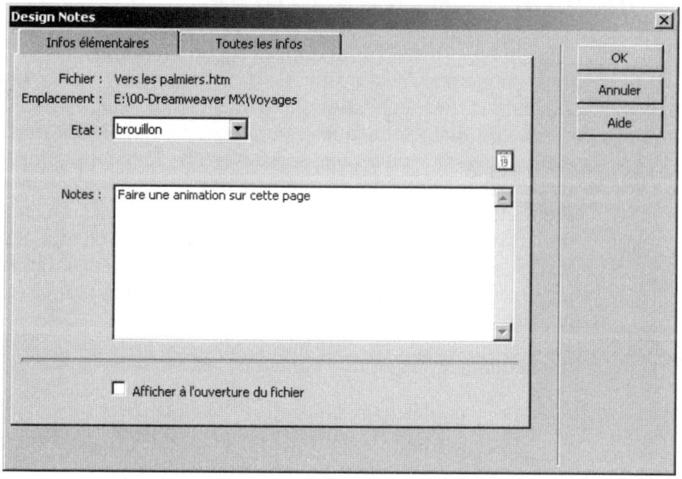

Figure 4.3 : La fonction Design Notes permet d'associer facilement des messages aux fichiers images ou HTML d'autres intervenants sur votre site.

2. **Choisissez l'état du document dans la liste État de cette boîte de dialogue.**
3. **Dans le champ Notes, tapez votre commentaire.**
4. **Cliquez sur l'icône de date. Elle est située au-dessus du coin supérieur droit du champ Notes, et insère la date dans votre texte.**
5. **L'onglet Toutes les infos permet d'ajouter d'autres commentaires utiles aux développeurs du site. Par exemple, dans le champ Nom, saisissez le nom du développeur intéressé par la note de conception, puis définissez la priorité d'intervention dans le champ Valeur.**

   Pour ajouter une nouvelle Info, cliquez sur le bouton "+" ; pour en supprimer une, cliquez sur le bouton "-".

6. **Cliquez sur OK pour enregistrer les notes.**

   Les notes saisies sont sauvegardées dans un dossier nommé *notes*. Il se trouve dans le même répertoire que le fichier en cours. Le nom du fichier est celui du document avec une extension .mno. Les notes sont visibles dans le répertoire correspondant à leur stockage sur votre disque dur.

La mémoire de l'Historique

Vous pouvez suivre vos actions et répéter des étapes fastidieuses grâce au panneau Historique. Ce panneau permet d'annuler une ou plusieurs étapes, et d'automatiser des tâches répétitives. Pour ouvrir le panneau Historique, que vous pouvez voir sur la Figure 4.4, choisissez Fenêtre/Historique. Dès son ouverture, le panneau enregistre toutes vos actions. Vous ne pouvez pas réorganiser l'ordre de vos interventions, mais vous pouvez les répéter ou les annuler. C'est un outil idéal pour laisser Dreamweaver prendre en charge des étapes qui se répètent. En plus, l'Historique sera votre sauveur lorsque vous ferez une erreur, et que vous voudrez revenir plusieurs étapes en arrière dans la conception de votre site.

Voici comment asservir le panneau Historique à vos besoins propres :

- **Pour copier des étapes que vous avez déjà exécutées :** Recourez à l'option Copier des étapes pour répéter les actions sélectionnées dans le panneau Historique.
- **Pour reproduire n'importe quelles étapes affichées dans le panneau Historique :** Sélectionnez les étapes à reproduire, puis

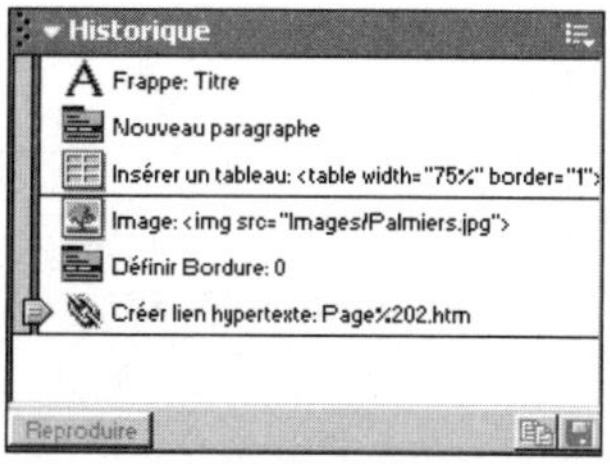

Figure 4.4 : Le panneau Historique conserve une trace de toutes vos actions, facilitant leur annulation et leur répétition.

cliquez sur le bouton Reproduire situé dans le coin inférieur gauche du panneau.

- **Pour annuler les résultats des actions répétées :** Choisissez Édition/Annuler.
- **Pour appliquer des étapes à un élément spécifique d'une page :** Sélectionnez l'élément en question dans la fenêtre du document. Sélectionnez ensuite les étapes à reproduire. Par exemple, si vous formatez quelques mots d'une page en italique gras, vous pouvez reproduire cette mise en forme sur le texte sélectionné.

Vous pouvez également définir le nombre d'étapes gérées par le panneau Historique. Choisissez Édition/Préférences et, dans la catégorie Général, modifiez le nombre d'étapes par défaut fixé à 50.

Utiliser Quick Tag Editor

Quick Tag Editor, comme son nom anglais l'indique, permet de modifier, ajouter ou supprimer une balise HTML sans ouvrir la fenêtre HTML Source. Quick Tag Editor permet d'insérer des balises HTML, de modifier des balises existantes ou de définir de nouvelles balises autour d'un bloc de texte ou d'un élément sélectionné.

Quick Tag Editor s'ouvre dans l'un des trois modes suivants : insérer, modifier ou envelopper, selon l'élément sélectionné sur la page. Utilisez le raccourci Ctrl+T (Windows) ou Commande+T (Mac) pour basculer d'un mode à l'autre quand Quick Tag Editor est ouvert.

Pour saisir ou modifier des balises dans Quick Tag Editor, conformez-vous aux étapes suivantes :

1. **Le document à modifier étant ouvert, sélectionnez un élément ou un bloc de texte.**

   Pour ajouter du code, cliquez sur le fichier sans sélectionner de texte ou d'élément.

2. **Choisissez Modifier/Quick Tag Editor.**

   Vous pouvez également appuyer sur Ctrl+T (Windows) ou Commande+T (Mac).

   Quick Tag Editor s'ouvre dans le mode approprié à la sélection.

   Pour modifier une balise existante, passez à l'étape 3. Si vous désirez ajouter une nouvelle balise, passez à l'étape 4.

3. **Si vous sélectionnez un élément dont la mise en forme dépend de plusieurs balises HTML ou d'une balise contenant plusieurs attributs, appuyez sur la touche Tab pour vous déplacer d'une balise, d'un attribut ou d'une valeur d'attribut. Appuyez sur Maj+Tab pour revenir en arrière pas à pas.**

   Si vous n'êtes pas sûr d'une balise ou d'un attribut, une liste s'affiche après quelques secondes. Elle contient toutes les balises ou attributs utilisables pour l'élément en cours de modification. Si cette liste n'apparaît pas, choisissez Édition/Préférences, puis Quick Tag Editor. Cochez l'option Activer le menu contextuel de balises.

4. **Pour ajouter une nouvelle balise ou un attribut, saisissez le code dans Quick Tag Editor.**

   Employez la touche Tab et les flèches du pavé directionnel de votre clavier pour déplacer le point d'insertion à l'endroit où vous souhaitez ajouter du code.

5. **Pour fermer Quick Tag Editor et appliquer vos modifications, appuyez sur la touche Entrée (Windows) ou Return (Mac).**

Chapitre 5

Ajouter des images

Dans ce chapitre :

- Créer des images.
- Utiliser des images libres de droits.
- Choisir un programme graphique.
- Faire des fichiers de petite taille.
- Insérer des images.
- Utiliser des images références ou images réactives.

Si vous utilisez régulièrement un programme d'édition graphique, vous possédez une longueur d'avance sur les autres. Si ce n'est pas le cas, je vais vous apprendre à implémenter des images existantes sur votre site Web. Dans ce chapitre, vous découvrirez comment placer des images dans Dreamweaver, et comment travailler avec les programmes d'édition d'images numériques les plus répandus. Vous trouverez également des informations sur les éditeurs graphiques, les cliparts, la taille des images, et sur la manière de travailler avec des images destinées au Web.

Trouver les images qu'il vous faut

Vous désirez de belles images pour renforcer l'attrait de votre site, mais vous vous demandez où en trouver. Si vous avez une âme d'artiste, créez vos propres images dans un programme comme Fireworks, Photoshop ou tout autre éditeur graphique. Dans le cas contraire, vous tirerez profit des collections de cliparts que l'on peut trouver sur des CD-ROM spécialisés ou sur le Web. Si vous possédez un scanner, numérisez des photographies ou des logos que vous optimiserez ensuite pour le Web.

Malheureusement, Dreamweaver ne permet pas de créer des images ou d'en modifier, comme l'autorisent des programmes dédiés. Si vous achetez Dreamweaver/Fireworks Studio, vous disposerez d'un éditeur graphique de bonne facture qui se nomme Fireworks. Sinon, investissez quelques dizaines ou centaines d'euros dans un logiciel de création et de retouche d'images. Dreamweaver travaille en bonne intelligence avec presque tous les éditeurs graphiques existants.

Acheter des cliparts et des photos libres de droits

Il existe de nombreuses sources de cliparts. Les images libres de droits (cliparts et photos) sont généralement proposées pour un simple prix d'achat qui vous en accorde tous les droits d'utilisation ou presque (lisez soigneusement les indications contractuelles qui accompagnent toutes les images que vous achetez pour bien savoir quels sont vos droits à leur utilisation et leurs limites). Vous trouverez dans le commerce un large choix de CD-ROM, et sur Internet de nombreux sites Web, proposant une abondance de cliparts et de photos, et même des animations que vous pourrez utiliser sur votre site Web. Voici quelques sites sur lesquels vous pourrez trouver des cliparts :

- **Artville** (`www.artville.com`) : Vous y trouverez des dessins artistiques et des images créées par ordinateur.
- **Eyewire** (`www.eyewire.com`) : Vous y trouverez des illustrations et des photographies.
- **PhotoDisc, Inc.** (`www.photodisc.com`) : Leader incontesté de l'image numérique sur le Web, spécialisé dans les photographies embrassant les sujets les plus vastes.
- **Stockbyte** (`www.stockbyte.com`) : Stockbyte est une source de photos libres de droits absolument époustouflante.

Créer vos propres images

Ces dernières années ont vu une avancée spectaculaire des fonctions et des possibilités des programmes graphiques spécialisés pour le Web, ainsi qu'une concurrence accrue entre les éditeurs de ces logiciels. La première place (pour la qualité) ne peut guère se décider qu'à pile ou face entre Fireworks de Macromedia et Photoshop d'Adobe. Si vous abordez avec sérieux la question des éléments graphiques pour le Web, je ne saurais trop vous recommander de vous procurer l'un de ces deux logiciels.

Si vous ne disposez ni du budget ni du temps nécessaire à l'apprentissage d'un programme compliqué, il vaudra sans doute mieux vous contenter d'un programme plus limité, par exemple PhotoDeluxe d'Adobe, qui n'en est pas moins tout à fait valable. Si vous avez simplement besoin de créer des boutons, des bandeaux et autres éléments graphiques ordinaires pour une dépense minimale, vous pouvez envisager Paint Shop Pro de Jasc, Color It! de MicroFrontier ou Image Composer de Microsoft.

Sauf indication contraire, tous les programmes suivants sont disponibles pour Macintosh comme sous Windows :

- **Macromedia Fireworks** (`www.macromedia.com/fr/software/fireworks/`) : Fireworks est l'un des tout premiers programmes d'édition graphique destinés au Web. Il met à votre disposition tout ce dont vous avez besoin pour créer, modifier et imprimer des graphiques Web. Il partage une interface commune avec Dreamweaver et, en plus, ces deux produits sont parfaitement intégrés.
- **Adobe Photoshop** (`www.adobe.fr/products/photoshop/main.html`) : Voici le programme d'édition graphique le plus répandu chez les professionnels de la création et de la retouche d'images. Avec Photoshop, vous pouvez créer des œuvres originales, corriger les couleurs d'une photographie, numériser et retoucher des images, et la suite est bien trop longue pour être énumérée ici. La dernière version de Photoshop dispose d'outils de dessin vectoriel et d'édition de texte qui en font un rival de Fireworks.
- **Adobe Photoshop Elements** (`www.adobe.fr/print/main.html`) : Pour les utilisateurs novices qui n'ont pas besoin de la montagne de fonctions offerte par la version complète de Photoshop..
- **Adobe Illustrator** (`www.adobe.fr/products/illustrator/main.html`) : Illustrator est un standard de la création d'illustrations vectorielles. Vous pouvez déposer, dans les programmes d'Adobe comme Photoshop et PageMaker, des illustrations créées dans Illustrator.
- **Corel Photo-Paint** (`www.corel.fr`) : Largement utilisé, bien que ce ne soit pas un standard, ce programme offre pratiquement les mêmes fonctions et possibilités que Photoshop, pour

une fraction de son prix. Il est accompagné d'une généreuse collection de cliparts et de photos libres de droits.

- **Equilibrium DeBabelizer** (`www.equilibrium.com`) : DeBabelizer est un programme de traitement graphique capable de gérer (y compris de convertir par lot) presque tous les formats d'images utilisés dans l'univers informatique. Ce n'est certainement pas le meilleur programme de création d'images, mais il excelle dans des tâches spécialisées de préparation et d'optimisation des images pour le Web.
- **Jasc Paint Shop Pro** (`www.jasc.com`) : Paint Shop Pro est un logiciel de création et de retouche d'images très complet et peu cher, uniquement disponible sur PC. Vous pouvez aussi en télécharger une version d'essai sur le site de Jasc.
- **Macromedia Freehand** (`www.macromedia.com/fr/software/freehand/`) : Il s'agit d'un programme d'illustration utilisé aussi bien pour le Web que pour l'impression. Il supporte les formats de fichier Web GIF89a, PNG et JPEG, ainsi que les formats vectoriels comme Flash (.SWF) et Shockwave FreeHand (.FHC). Une version d'évaluation est disponible sur le site de Macromedia.
- **MicroFrontier Color It!** (`www.microfrontier.com`) : Ce programme bon marché et facile à utiliser n'est disponible que pour Macintosh. Il permet de créer des bandeaux et des boutons pour un site Web de petite entreprise. Une version de démonstration est disponible sur le site Web de MicroFrontier.

Comprendre les règles qui régissent les images sur le Web

N'OUBLIEZ PAS

Le plus important est de comprendre que plus la taille d'un fichier graphique est petite, moins le téléchargement de votre page sera pénalisé. À partir de combien peut-on dire "petit" ? La seule donnée objective est le temps de téléchargement des images placées sur une page Web. En régle générale, une page ne doit pas peser, tout compris, plus de 60 Ko. Vous devez donc optimiser les images de vos pages afin que leur poids total n'excède pas cette limite. Dreamweaver affiche pour cela des informations salutaires dans la barre d'état de la fenêtre de document. Le chiffre affiché indique la taille totale de toutes les images présentes dans votre page, ainsi que la durée du téléchargement en fonction d'une vitesse de connexion donnée (que vous définissez via Édition/Préférences/Barre d'état/Vitesse de connexion).

Pour réduire la taille des fichiers graphiques, vous devez mettre en œuvre des techniques de compression et de réduction des couleurs. Ces tâches peuvent être accomplies par les programmes d'édition graphique mentionnés dans la section précédente.

Une des questions récurrentes sur les images est de savoir quand employer le format GIF ou JPEG. La réponse est simple :

Utiliser	Pour
GIF	Les dessins comme les logos contenant une ou deux couleurs, les images contenant un faible nombre de couleurs.
JPEG	Les images complexes affichant des millions de couleurs (comme les photographies).

Cela dit, la meilleure chose à faire avant de choisir un de ces deux formats est de tester l'apparence et le gain de poids d'une image en GIF et en JPEG.

Insérer des images dans vos pages

Dreamweaver facilite le placement des images sur vos pages Web.

Avant d'insérer des images dans votre page, je vous conseille d'enregistrer celle-ci dans un répertoire regroupant tous les éléments du site, notamment les images. Les liens en seront d'autant plus faciles à gérer.

Voici comment insérer une image dans un nouveau fichier :

1. **Choisissez Fichier/Nouveau pour créer une nouvelle page.**
2. **Choisissez Fichier/Enregistrer pour nommer et sauvegarder le nouveau fichier HTML dans le dossier de votre choix.**
3. **Si le panneau Insertion et l'Inspecteur de propriétés ne sont pas affichés, sélectionnez Fenêtre/Insertion et Fenêtre/Propriétés.**
4. **Cliquez sur l'icône Image qui se trouve dans le coin supérieur gauche du panneau Commun.**

   La boîte de dialogue Sélectionner source de l'image apparaît, comme l'illustre la Figure 5.1.

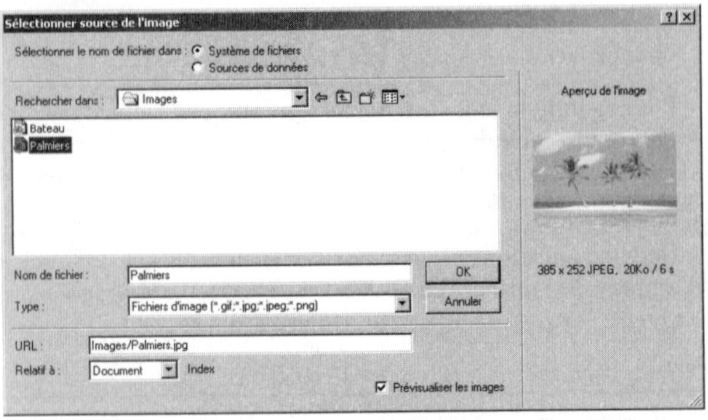

Figure 5.1 : Cliquer sur l'icône Image ouvre une boîte de dialogue dans laquelle vous localisez et prévisualisez l'image à importer.

5. **Dans la boîte de dialogue Sélectionner source de l'image, parcourez les différents lecteurs de votre disque dur pour localiser l'image à placer sur votre page.**

Souvenez-vous qu'il est bon de maintenir la même structure de répertoire sur votre disque dur local et sur votre serveur. Cette cohérence entre votre disque dur et le serveur simplifie le téléchargement des éléments, ainsi que le suivi et la maintenance de la structure du site pendant tout le cycle de développement. La mise à jour du site s'en trouve également simplifiée.

6. **Sélectionnez l'image à insérer. Double-cliquez dessus pour valider votre choix ou bien cliquez sur le bouton Sélectionner (ou Ouvrir).**

L'image apparaît automatiquement sur votre page.

Aligner des images sur une page

Après avoir placé une image sur votre page Web, vous voudrez certainement la centrer ou l'aligner de manière que le texte "épouse" ses contours.

Centrer une image

Voici comment centrer une image sur une page :

1. **Cliquez pour sélectionner l'image que vous désirez centrer.**

L'Inspecteur de propriétés affiche alors les propriétés de l'image.

2. **Parmi les icônes d'alignement de l'Inspecteur de propriétés, cliquez sur Centrer.**

   L'image se place automatiquement au centre de la page.

Aligner une image et l'habiller avec du texte

Pour aligner une image sur le bord gauche de la page et l'habiller avec le texte du côté droit, suivez ces étapes :

1. **Insérez l'image immédiatement à gauche de la première ligne de texte (voir la Figure 5.2).**

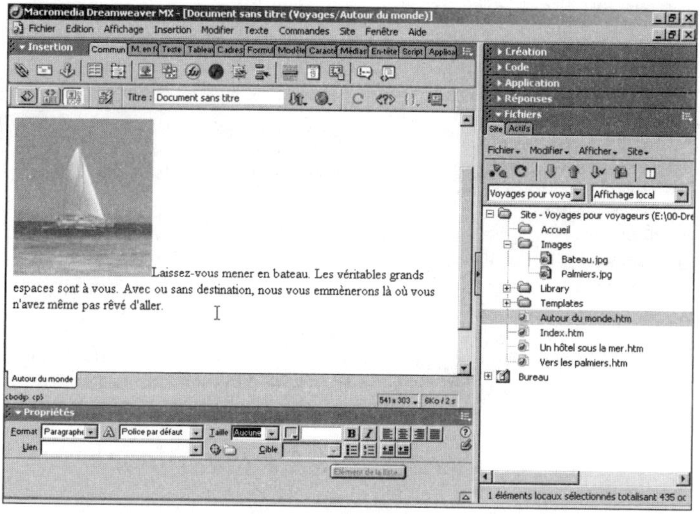

Figure 5.2 : Pour que le texte "habille" une image, commencez par placer l'image immédiatement à gauche du texte, sans espaces entre le texte et l'image.

   La méthode la plus simple consiste à placer le point d'insertion avant la première lettre du texte, et à choisir ensuite Insertion/Image. Ne placez pas d'espaces ou de sauts de ligne entre l'image et le texte.

2. **Sélectionnez l'image.**

L'Inspecteur de propriétés affiche les attributs actuels de l'image.

3. **Choisissez Gauche dans la liste Aligner de l'Inspecteur de propriétés.**

   L'image s'aligne sur le bord gauche de la page et le texte se place correctement autour d'elle (Figure 5.3).

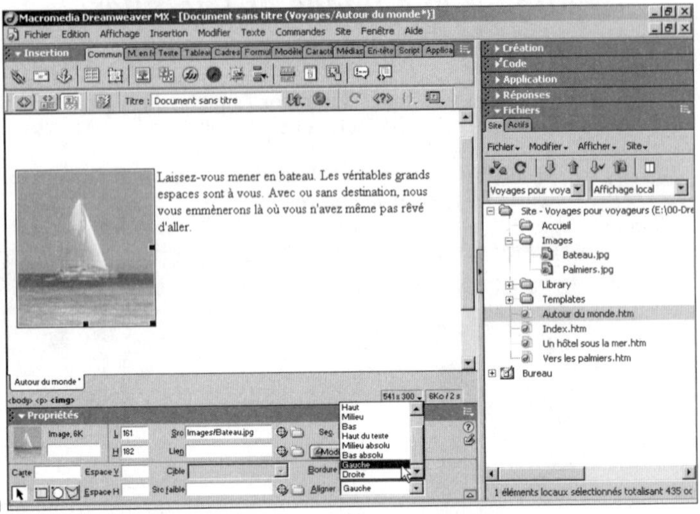

Figure 5.3 : Utilisez les options d'alignement de l'Inspecteur de propriétés pour aligner une image.

Pour aligner l'image sur le bord droit de la page et l'habiller avec le texte du côté gauche, reprenez les étapes 1 et 2, et à l'étape 3 choisissez Droite dans la liste Aligner de l'Inspecteur de propriétés.

Créer des structures complexes avec des images

Les options d'alignement de HTML permettent d'aligner les images horizontalement ou verticalement, mais pas les deux à la fois. Le meilleur moyen d'y remédier est de créer des tableaux HTML dont vous utiliserez les cellules pour contrôler le placement de vos images, comme le montre la Figure 5.4.

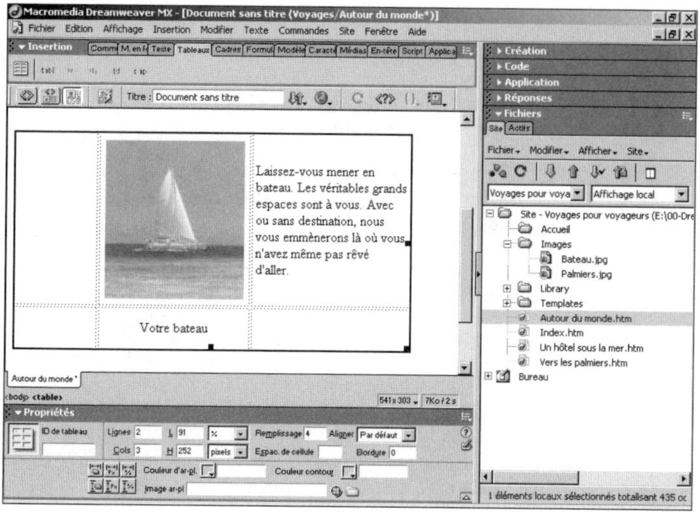

Figure 5.4 : En utilisant des tableaux HTML, vous placez plus précisément les éléments de votre page.

Utiliser des images GIF transparentes

Une petite image GIF transparente est un élément très puissant de la conception Web, car elle permet de contrôler exactement la position des autres éléments de la page. Les images GIF sont automatiquement générées et reconnaissables à leur nom de fichier, par exemple vide.gif ou transparent.gif.

FIREWORKS

Pour créer une image GIF entièrement transparente, donc totalement invisible, créez simplement une image dont la couleur est unie. Enregistrez-la au format GIF en précisant que la couleur utilisée est transparente. Des programmes comme Adobe Photoshop ou Fireworks permettent de créer à merveille ce type d'image.

Une image GIF totalement transparente s'utilise comme n'importe quelle autre image. Vous pouvez redimensionner votre GIF transparent en fonction des besoins de votre mise en page. Grâce à l'Inspecteur de propriétés, Dreamweaver facilite l'utilisation des images GIF transparentes. Vous pouvez également vous servir de l'astuce du GIF transparent pour contrôler l'espace autour des textes. Cette méthode est très pratique quand vous désirez davantage qu'un simple saut de ligne pour séparer du texte ou tout autre élément.

Voici comment insérer une image GIF transparente entre des images, du texte ou d'autres éléments d'une page Web :

1. **Insérez l'image à l'endroit où vous en avez besoin.**

2. **Cliquez sur OK.**

   L'image GIF transparente est insérée dans la page et automatiquement sélectionnée.

3. **L'image transparente étant sélectionnée, utilisez l'Inspecteur de propriétés pour en modifier les dimensions. Dans les champs L et H, saisissez** 20.

   Cela modifie l'image originale qui a désormais une taille de 20 x 20 pixels.

   La valeur 20 est choisie à titre indicatif. Définissez la taille qui sert vos objectifs de mise en page.

Lorsque l'image transparente est sélectionnée dans la page, vous en voyez les contours. Notez qu'une fois désélectionnée, elle devient invisible. Pour la sélectionner à nouveau, cliquez dans la zone où elle se trouve jusqu'à ce que ses contours apparaissent.

Créer un arrière-plan

Une image d'arrière-plan donne de la vie à une page Web, en ajoutant de la couleur et en remplissant entièrement le fond. Une utilisation intelligente d'une telle image donne l'illusion que la page est constituée d'une immense image qui met très peu de temps à se télécharger. L'astuce consiste à utiliser une image de petite taille qui crée un effet global lorsqu'elle est répétée un grand nombre de fois, sous forme de mosaïque, sur la page.

Sachez toutefois que certains arrière-plans gênent la lecture du texte qui est placé dessus. Choisissez vos images d'arrière-plan avec soin, et faites en sorte que le contraste entre l'arrière-plan et le texte soit suffisant.

Lorsque vous définissez une image en tant qu'arrière-plan d'une page Web, le navigateur la répète de haut en bas sur toute la page. C'est pour cela que cette disposition est souvent appelée *en mosaïque*, car l'image se répète comme dans un carrelage.

Si vous ne désirez pas un arrière-plan composé d'une image en mosaïque, la seule solution est de choisir une image plus grande que la taille maximale du moniteur le plus grand que votre auditoire est susceptible d'utiliser. Parfois, je crée une image d'arrière-plan de 1 200 x 1 600 pixels. La clé de votre succès réside dans la faculté de conserver une image d'un poids acceptable pour le Web. Limitez alors le nombre de couleurs à l'aide du format GIF ou compressez énormément l'image au format JPEG.

Voici comment définir l'arrière-plan d'une page Web :

1. **Choisissez Modifier/Propriétés de la page.**

   La boîte de dialogue du même nom apparaît.

2. **Cliquez sur le bouton Parcourir, à droite du champ Image d'arrière-plan.**

   La boîte de dialogue Sélectionner source de l'image apparaît.

3. **Parcourez vos lecteurs pour dénicher l'image à utiliser comme arrière-plan.**

4. **Double-cliquez sur le nom de fichier de votre image d'arrière-plan.**

   La boîte de dialogue Sélectionner source de l'image se ferme.

5. **Cliquez sur le bouton OK de la boîte de dialogue Propriétés de l'image pour en terminer.**

   Si vous cliquez sur le bouton Appliquer, vous voyez immédiatement apparaître l'image à l'arrière-plan de la page en cours. C'est un moyen de prévisualisation très utile. Si l'arrière-plan est correct, validez-le en cliquant sur OK.

Créer des images réactives

Les images réactives sont très répandues sur le Web. Elles modifient l'âme intrinsèque d'une image en la définissant comme un lien sur lequel il est possible de cliquer dans le but d'atteindre une nouvelle URL. Les images réactives sont souvent représentées sous formes de zones. L'exemple type est une carte d'un pays dont les différentes régions sont "découpées" en zones réactives. Chaque zone renvoie à une URL spécifique.

Voici comment créer une image réactive :

1. **Placez sur votre page l'image dont vous voulez faire une image réactive.**

2. **Choisissez Fenêtre/Propriétés pour accéder à l'Inspecteur de propriétés. Sélectionnez ensuite l'image.**

3. **Dessinez votre zone réactive avec un outil Zone réactive qui se trouve dans la partie inférieure gauche de l'Inspecteur de propriétés quand l'image est sélectionnée (Figure 5.5).**

Figure 5.5 : Sélectionnez n'importe quelle zone de l'image pour afficher les outils de zone réactive de l'Inspecteur de propriétés.

Parmi ces outils, vous disposez d'un rectangle, d'un ovale et d'un polygone. Ils vous permettent de définir sur votre image des régions que l'on appelle "points chauds", chacune d'elles pouvant être associée à un lien qui lui est propre. Pour cet exemple, sélectionnez le rectangle.

4. **L'outil Zone réactive rectangulaire étant sélectionné, dessinez les contours de la partie de l'image qui deviendra réactive.**

Au fur et à mesure que vous tracez la zone, un rectangle bleu clair apparaît. Il indique la région réactive de l'image. Placez cette région de façon qu'elle couvre la zone de l'image devant réagir au pointeur de la souris. Ce positionnement se fait à l'aide de l'outil Flèche ou des touches du pavé directionnel de votre clavier. Vous pouvez également redimensionner la zone en agissant sur ses poignées.

L'outil Polygone est très utile pour définir une zone réactive irrégulière, comme un département sur une carte géographique.

5. **Pour lier une zone réactive, cliquez sur l'icône de dossier qui se situe à droite du champ Lien.**

La boîte de dialogue Sélectionner un fichier apparaît.

6. **Parcourez vos lecteurs pour trouver le fichier HTML vers lequel vous voulez faire pointer le lien de la zone réactive.**

7. **Double-cliquez sur le nom du fichier à lier.**

   La zone réactive est liée à la page ainsi sélectionnée et la boîte de dialogue Sélectionner un fichier se ferme automatiquement. Vous pouvez également saisir le chemin d'accès dans le champ Lien.

8. **Si vous voulez ajouter d'autres zones réactives, choisissez un outil de forme, et répétez les étapes 4 à 7.**

9. **Pour donner un nom à votre zone, saisissez-le dans le champ Carte de l'Inspecteur de propriétés.**

   Attribuer un nom permet de distinguer les événements lorsque plusieurs images réactives se trouvent sur une même page Web. Assignez le nom que vous désirez.

   Dès que vous avez terminé, les zones réactives de vos images sont reconnaissables, car elles apparaissent en surbrillance, avec un bleu clair comme couleur de surbrillance.

TRUC

Vous pouvez modifier vos zones réactives en les sélectionnant. Redimensionnez-les, ou saisissez une nouvelle URL pour modifier le lien.

Troisième partie

Un site avancé

"Donnez-lui de l'air ! ça va aller. Il a juste été exposé à du code HTML."

Dans cette partie...

Pour créer des mises en pages complexes aux confins des règles HTML, vous aurez besoin de tableaux, de cadres et de feuilles de style en cascade (CSS). Cette partie traverse sans encombre les arcanes des tableaux imbriqués et des cellules fusionnées, des pages fractionnées encadrées par des liens, et la puissance de contrôle que vous obtenez avec les CSS.

Chapitre 6

Bienvenue dans les tableaux HTML !

Dans ce chapitre :

- Présentation des tableaux HTML.
- Au-delà des feuilles de calcul.
- Personnaliser la structure d'un tableau.
- Créer des mises en pages complexes.

Au fur et à mesure de l'évolution du langage HTML, il devient possible de créer des mises en pages conformes à ce que l'on veut en utilisant les fonctionnalités de DHTML (comme les calques), qui permettent de placer un élément à un endroit quelconque sur une page. L'inconvénient est que DHTML n'est pas universellement reconnu par les navigateurs Web. Dans l'immédiat, le meilleur conseil que je puisse vous donner pour bien maîtriser ce que vous faites avec les fonctionnalités HTML les plus universellement reconnues est d'utiliser les tableaux HTML. Cette astuce, employée depuis des années par les créateurs de sites Web, est toujours d'actualité.

Ce chapitre est conçu pour vous montrer comment utiliser les tableaux HTML afin de placer des éléments, depuis la réalisation de texte en colonnes jusqu'aux mises en pages les plus complexes.

Créer des tableaux simples en mode Mise en forme

Les tableaux sont composés de trois éléments de base : des lignes, des colonnes et des cellules, comme dans un tableur. Cependant, les tableaux HTML diffèrent de ceux des tableurs, en ce sens que leur mise en place est plus simple. Le code qui se cache derrière un tableau HTML est constitué des balises <TR> et <TD> qui définissent les lignes et les cellules d'un tableau de données. À l'origine, ces balises créaient une série de petites boîtes sur une page Web, et n'entraient pas dans un processus de création très intuitif.

Avec le mode Mise en forme de Dreamweaver, c'est-à-dire l'affichage le mieux adapté à la création de tableaux, vous pouvez implémenter des structures complexes en cliquant et déplaçant des cellules sur l'écran. Une fois la structure générale du tableau établie, utilisez l'Inspecteur de propriétés pour en définir les attributs. Dreamweaver permet également de déplacer des cellules d'un tableau sur toute la surface de la page. En faisant la navette entre l'affichage Standard et l'affichage Mise en forme, vous constaterez que certaines des fonctions de modification des tableaux ne sont pas disponibles dans l'affichage Mise en forme. Vous y verrez plus clair sur le choix de l'affichage qui convient après avoir lu la section "Comprendre les options d'un tableau", un peu plus loin dans ce chapitre.

Avec Dreamweaver, il est possible de modifier aussi bien la présentation que la structure d'un tableau. Vous pouvez mettre dans chaque cellule le type de contenu que vous voulez, qu'il s'agisse de texte, d'images ou de fichiers multimédias. Vous pouvez aussi donner une couleur à l'arrière-plan, définir des bordures et donner au contenu des cellules l'alignement de votre choix.

La manière la plus simple de travailler avec des tableaux dans Dreamweaver est de basculer dans le mode Mise en forme (Figure 6.1) qui vous donne accès à de nombreux outils.

Pour créer en mode Mise en forme un tableau comportant en haut une longue cellule, avec deux cellules plus petites au-dessous (comme celui que montre la Figure 6.1), commencez par créer une nouvelle page HTML, et suivez ces étapes :

1. **Passez en mode Mise en forme en sélectionnant l'onglet Mise en forme dans le panneau Insertion, puis en cliquant sur le bouton Mode Mise en forme dans ce dernier.**

2. **Cliquez sur le bouton Dessiner la cellule de Mise en forme.**

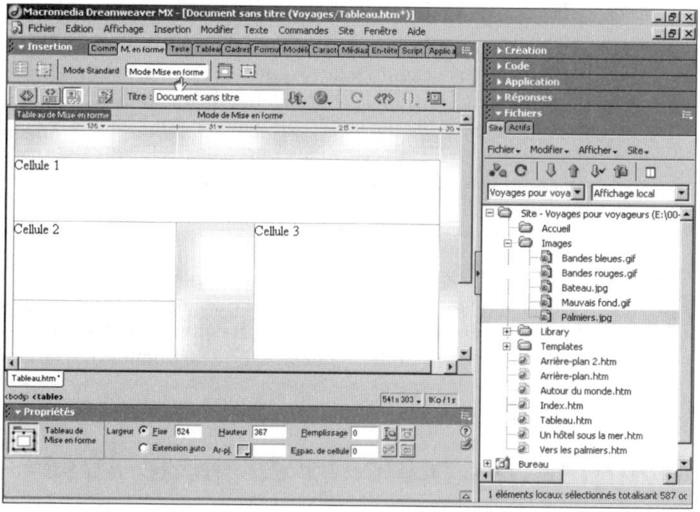

Figure 6.1 : L'affichage en mode Mise en forme de Dreamweaver permet de créer et de modifier des tableaux avec une facilité déconcertante.

Le pointeur de la souris prend la forme d'une croix, indiquant qu'il est prêt à dessiner une cellule d'un tableau.

3. **Cliquez dans le document et, tout en maintenant enfoncé le bouton de la souris, dessinez une forme rectangulaire pour créer la première cellule du tableau (voyez la Figure 6.1).**

   La cellule est dessinée et la structure générale du tableau automatiquement générée.

4. **Au-dessous de la cellule que vous venez de dessiner, tracez une autre cellule, approximativement deux fois plus petite. Pour cela, cliquez sur le même bouton Dessiner la cellule de Mise en forme et faites glisser le pointeur pour définir les contours de la nouvelle cellule.**

5. **Dessinez maintenant une troisième cellule, à droite de la deuxième.**

6. **Cliquez sur la première cellule et saisissez du texte ; répétez cette opération avec les deux autres cellules.**

7. **Basculez en mode Standard en cliquant sur le bouton Mode Standard ou en sélectionnant Affichage/Mode Tableau/Mode Standard pour voir à quoi ressemble le tableau que vous venez de créer.**

En fonction de l'emplacement où vous avez dessiné vos cellules, Dreamweaver peut créer d'autres cellules autour de celles ainsi définies. Dans l'exemple des Figures 6.1 et 6.2, le tableau contient finalement sept cellules. Normalement, la première cellule d'un tableau se trouve dans le coin supérieur gauche. Pour conserver cette cohérence HTML, Dreamweaver crée des cellules qui préservent la position des cellules utiles de votre tableau, mais le navigateur n'affichera pas ce vide sous forme de cellule. L'utilisateur ne peut pas remarquer la supercherie.

TRUC

Je vous conseille de réaliser vos pages pour une résolution d'écran de 800 x 600, car c'est la taille la plus couramment utilisée aujourd'hui sur le Web. Si vous créez un tableau qui couvre la totalité de l'espace d'affichage disponible, le mieux est de lui donner une largeur de 760 pixels et de le centrer sur la page.

Modifier des tableaux en mode Mise en forme

En mode Mise en forme, vous pouvez modifier, déplacer et redimensionner n'importe quelle ligne, colonne ou cellule d'un tableau. Vous pouvez déplacer les cellules sur la grille avec la technique du glisser-déposer. Votre texte et vos images sont alors placés comme vous le souhaitez sans que vous soyez obligé de créer manuellement des cellules de séparation. Vous disposez également d'une grande flexibilité pour créer des tableaux *imbriqués* (c'est-à-dire des tableaux dessinés dans des tableaux), et ce afin de disposer de plus de contrôle dans la mise en page. Pour créer des tableaux imbriqués, cliquez sur le bouton Dessiner le tableau de mise en forme, et commencez à tracer un tableau dans un tableau existant.

Comprendre les options d'un tableau

En mode Mise en forme, vous pouvez modifier certains des attributs du tableau ; mais en mode Standard, vous pouvez en changer tous les attributs HTML. Lorsque vous sélectionnez un tableau ou une cellule, ses attributs sont affichés dans l'Inspecteur de propriétés. Cliquez sur la bordure du tableau pour le sélectionner. L'Inspecteur de propriétés affiche immédiatement les options applicables au tableau comme le montre la Figure 6.2. Pour accéder à toutes les options, cliquez sur la flèche d'expansion située dans le coin inférieur droit de l'Inspecteur.

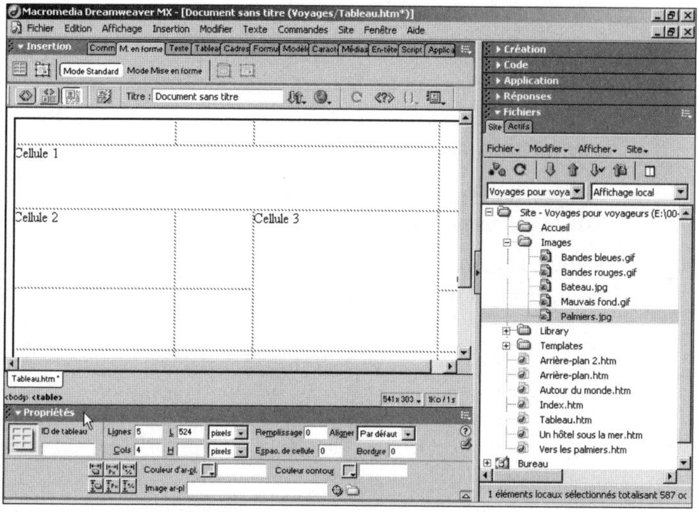

Figure 6.2 : L'Inspecteur de propriétés donne accès aux attributs de la cellule ou du tableau sélectionné.

TRUC

Il est quelquefois un peu difficile de sélectionner un tableau avec la souris. En mode Standard, vous pouvez cliquer directement sur sa bordure supérieure. Dans le cas de tableaux imbriqués dont on a du mal à reconnaître les bordures respectives, essayez d'abord de cliquer du bouton droit dans une cellule dont vous êtes certain qu'elle appartient bien au tableau que vous voulez sélectionner, puis sélectionnez Tableau/Sélectionner le tableau dans le menu qui apparaît.

L'Inspecteur de propriétés donne accès aux options de tableau suivantes pour en personnaliser l'apparence :

- **Lignes :** Affiche le nombre de lignes d'un tableau. Vous pouvez changer la taille du tableau en modifiant la valeur affichée dans ce champ.
- **Colonnes :** Affiche le nombre de colonnes d'un tableau. Vous pouvez modifier la taille du tableau en changeant le nombre de colonnes.
- **L (Largeur) :** Affiche la largeur du tableau. Vous pouvez la modifier en saisissant une nouvelle valeur. La largeur peut être spécifiée en pourcentage ou en pixels.
- **H (Hauteur) :** Affiche la hauteur du tableau. Vous pouvez la modifier en saisissant une nouvelle valeur.

- **Remplissage :** Définit l'espace entre le contenu d'une cellule et sa bordure.
- **Espacement de cellules :** Spécifie l'espace entre les cellules d'un tableau.
- **Aligner :** Contrôle l'alignement du tableau.
- **Bordure :** Contrôle la taille de la bordure qui entoure le tableau. Pour ne faire apparaître aucune bordure, fixez la valeur à 0.

Voici le groupe d'icônes qui apparaît dans le coin inférieur gauche de l'Inspecteur de propriétés. Passons-les en revue, de gauche à droite et de haut en bas :

- **Effacer et convertir :** Les icônes qui apparaissent dans le coin inférieur gauche de l'Inspecteur de propriétés (si vous ne les voyez pas, cliquez sur la flèche pointant vers le bas dans le coin inférieur droit de l'Inspecteur de propriétés) offrent les options de mise en forme suivantes :
  - **Effacer les hauteurs de ligne et Effacer les largeurs de colonne :** Permettent de supprimer en une seule opération toutes les hauteurs de ligne et les largeurs de colonne, pour laisser le tableau s'ajuster automatiquement à l'espace d'affichage disponible dans la fenêtre du navigateur.
  - **Convertir les hauteurs de tableau en pixels, Convertir les hauteurs de tableau en pourcentage, Convertir les largeurs de tableau en pixels et Convertir les largeurs de tableau en pourcentage :** Ces options permettent de changer automatiquement en pixels ou en pourcentage l'expression des paramètres Largeur et Hauteur d'un tableau. L'expression de ces paramètres en pourcentage se réfère à l'espace d'affichage disponible dans la fenêtre du navigateur.

Les dimensions d'un tableau exprimées en pourcentage permettent de créer un tableau dont la taille s'accorde à celle de la fenêtre du navigateur de l'internaute. Si vous désirez qu'un tableau occupe toujours 75 % de la taille du navigateur, spécifiez les dimensions en pourcentage.

- **Couleur d'ar-pl. :** Contrôle la couleur d'arrière-plan. Cliquez sur le nuancier qui se trouve à gauche du champ pour ouvrir une palette de couleurs. Il suffit alors de cliquer sur une couleur de cette palette pour appliquer une couleur d'arrière-plan soit à une seule cellule, soit à la totalité du tableau.

- **Image ar-pl. :** Permet de sélectionner une image d'arrière-plan. Spécifiez le nom de fichier ou cliquez sur l'icône du dossier qui se trouve à droite du champ. Parcourez vos lecteurs pour sélectionner l'image à appliquer soit à une seule cellule, soit à la totalité du tableau.
- **Couleur contour :** Contrôle la couleur de la bordure. Cliquez sur le nuancier pour accéder à la palette de couleurs. Cliquez sur la couleur que vous souhaitez assigner au contour d'une cellule ou à la totalité du tableau.

Pour les puristes : si vous tenez à avoir exactement une certaine couleur, vous pouvez utiliser un programme graphique pour créer une petite image GIF de la couleur voulue, et l'utiliser comme image d'arrière-plan en mosaïque. La cellule correspondante paraîtra remplie par l'image GIF, même si elle est plus petite que celle-ci.

Contrôler les options des cellules

En mode Standard, chaque fois que vous sélectionnez une cellule en y plaçant le point d'insertion, le contenu de l'Inspecteur de propriétés change. Vous pouvez alors modifier les options des cellules. Il est possible d'appliquer les mêmes propriétés à plusieurs cellules que vous sélectionnez simultanément en maintenant la touche Maj enfoncée lorsque vous cliquez dessus. Pour sélectionner des cellules non adjacentes, maintenez la touche Ctrl enfoncée (Commande sur Mac).

Quand une ou plusieurs cellules sont sélectionnées, la moitié supérieure de l'Inspecteur de propriétés contrôle le formatage du texte et des URL présentes dans les cellules du tableau. La moitié inférieure propose les options suivantes :

- **Combiner la sélection rectangulaire des cellules :** Fusionne plusieurs cellules. Pour fusionner des cellules, vous devez commencer par les sélectionner.
- **Diviser la cellule en lignes ou en colonnes :** Divise en deux ou plus la cellule sélectionnée. Lorsque vous sélectionnez cette option, une boîte de dialogue vous permet d'indiquer si vous voulez diviser la cellule selon la ligne (horizontalement) ou selon la colonne (verticalement). Cette option ne peut être appliquée qu'à une cellule à la fois.
- **Horz :** Contrôle l'alignement horizontal du contenu des cellules.
- **Vert :** Contrôle l'alignement vertical du contenu des cellules.

- **L :** Contrôle la largeur de la cellule.
- **H :** Contrôle la hauteur de la cellule.
- **Pas de retour à la ligne auto :** Évite le retour automatique à la ligne des mots saisis dans une cellule. La cellule adapte sa largeur à la longueur du texte saisi ou collé.
- **En-tête :** Permet de formater le contenu d'une cellule en utilisant le style En-tête, c'est-à-dire gras et centré.
- **ar-pl (Image) :** Permet de spécifier une image d'arrière-plan qui s'affichera dans la cellule sélectionnée.
- **ar-pl (Couleur) :** Permet de spécifier une couleur d'arrière-plan qui s'affichera dans la cellule sélectionnée.
- **Brdre :** Permet de changer la couleur de la bordure d'une cellule.

Utiliser la fonction Formater le tableau

Les tableaux organisent les informations en lignes et en colonnes. Pour rendre cette présentation plus attrayante, il est judicieux de leur assigner des couleurs. Je vais vous présenter maintenant une fonction de Dreamweaver qui permet de sélectionner des formats de tableaux prédéfinis utilisant des modèles de couleurs originaux afin d'améliorer la présentation de vos données. La Figure 6.3 montre un exemple de tableau tel qu'il apparaît dans la boîte de dialogue Formater le tableau.

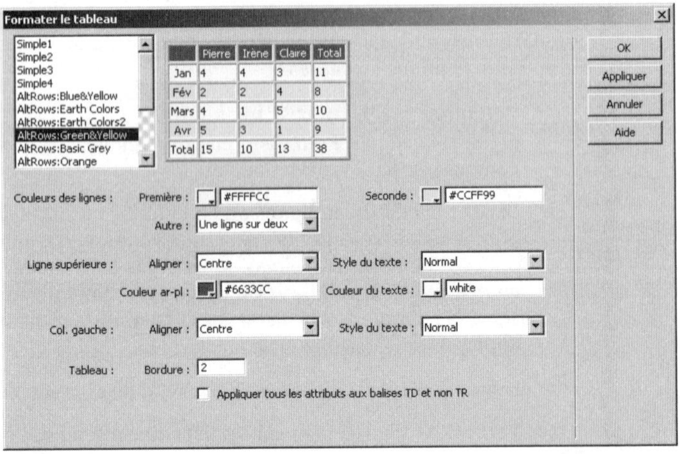

Figure 6.3 : La fonction Formater le tableau de Dreamweaver propose de nombreux modèles de couleurs qui améliorent l'aspect de vos tableaux.

Pour utiliser la fonction Formater le tableau, commencez par créer une nouvelle page HTML, insérez un tableau d'une taille quelconque, et suivez ces étapes :

1. **Dans votre document, sélectionnez le tableau.**
2. **Vérifiez que vous êtes en mode Standard. Si ce n'est pas le cas, cliquez sur l'icône adéquate du volet Mise en page du panneau Insertion.**
3. **Choisissez Commandes/Formater le tableau.**
4. **Dans la liste de la boîte de dialogue qui apparaît, choisissez un modèle en cliquant dessus, ou modifiez les paramètres pour créer le vôtre.**
5. **Cliquez sur OK.**

   Le modèle de couleurs est appliqué au tableau.

Ces modèles ont été créés par des concepteurs professionnels. Vous pouvez y modifier les attributs que vous voulez.

Un modèle de couleurs à faible contraste est considéré comme le moyen le plus efficace de présenter le contenu d'un tableau. Les modèles à contraste élevé sont généralement réservés aux menus du site et aux divers éléments sur lesquels on veut attirer l'attention.

Mettre en forme plusieurs colonnes dans un tableau

Dreamweaver permet de donner facilement la même mise en forme à plusieurs cellules. Mais sachez que HTML ne vous donne pas un aussi grand contrôle qu'un programme comme Excel qui permet d'aligner des nombres sur la virgule décimale. Vous pouvez toutefois aligner le contenu des colonnes à gauche ou à droite, ou le centrer. Aussi, si vous faites en sorte que les valeurs contenues dans les cellules de votre tableau comportent toujours le même nombre de chiffres après la virgule décimale, vous pouvez les aligner sur celle-ci. Par exemple, si vous avez un prix à 12,99 € et un autre à 14 €, exprimez ce dernier comme 14,00 €. Ils seront ainsi alignés sur la virgule.

Dans les étapes ci-dessous, je montre comment créer en mode Standard un tableau affichant des données financières, et comment aligner le contenu des cellules sur la droite de manière que les nombres soient alignés.

Pour créer un tableau de données financières parfaitement alignées dans les cellules, commencez par créer une nouvelle page HTML, et suivez ces étapes :

1. **Vérifiez que vous êtes en mode Standard. Si ce n'est pas le cas, cliquez sur l'icône adéquate du volet Mise en forme du panneau Insertion.**
2. **Cliquez pour placer le curseur où vous désirez créer un tableau.**
3. **Cliquez sur l'icône Insérer un tableau dans le panneau Mise en forme.**

   La boîte de dialogue Insérer un tableau apparaît.
4. **Dans les champs appropriés, saisissez le nombre de colonnes et de lignes devant constituer le tableau.**

   Pour cet exemple, je définis quatre lignes et quatre colonnes.
5. **Spécifiez la largeur, la bordure, le remplissage et l'espacement des cellules, puis cliquez sur OK.**

   J'ai fixé une largeur de 75 % pour qu'il ne remplisse pas entièrement la page. J'ai choisi 1 pour la bordure parce que je veux qu'elle soit visible dans ce tableau, et j'ai gardé 0 pour le remplissage et l'espacement des cellules.

   Lorsque vous cliquez sur OK, le tableau apparaît automatiquement sur la page.
6. **Cliquez dans une cellule pour y placer le point d'insertion. Saisissez ensuite les données de chaque cellule.**
7. **Sélectionnez la colonne ou la ligne dont vous souhaitez modifier l'alignement.**

   Placez votre curseur dans la première cellule de la colonne ou de la ligne à aligner. Tout en maintenant enfoncé le bouton de la souris, faites glisser le pointeur sur les colonnes et les lignes à sélectionner pour la mise en forme.
8. **Cliquez du bouton droit (sous Windows) ou faites Ctrl+Clic (Mac) sur les cellules de la ligne ou de la colonne sélectionnée.**

   Un menu contextuel apparaît. Vous pouvez aussi utiliser les options de l'Inspecteur de propriétés.

9. **Dans le menu contextuel, choisissez Aligner/Aligner à gauche, Centrer ou Aligner à droite.**

   Vous pouvez aussi appliquer de cette manière d'autres options de mise en forme aux cellules sélectionnées en choisissant l'option dans le menu contextuel ou dans l'Inspecteur de propriétés.

Utiliser la fonction Trier le tableau

Dans cette dernière version de Dreamweaver, vous pouvez maintenant trier les données, même après les avoir mises en forme en HTML (ce qui, jusqu'ici, n'était pas très facile à faire). Pour utiliser la fonction Trier le tableau, suivez ces étapes :

1. **Sélectionnez deux ou plusieurs cellules.**

   Placez le curseur dans la première cellule de la colonne ou de la ligne que vous voulez aligner, puis faites glisser le pointeur sur les autres lignes ou colonnes à modifier pour les sélectionner.

2. **Vérifiez que vous êtes en mode Standard. Si ce n'est pas le cas, cliquez sur le bouton Mode Standard du volet Mise en page du panneau Insertion.**

3. **Sélectionnez Commandes/Trier le tableau**

   La boîte de dialogue Trier le tableau apparaît (Figure 6.4).

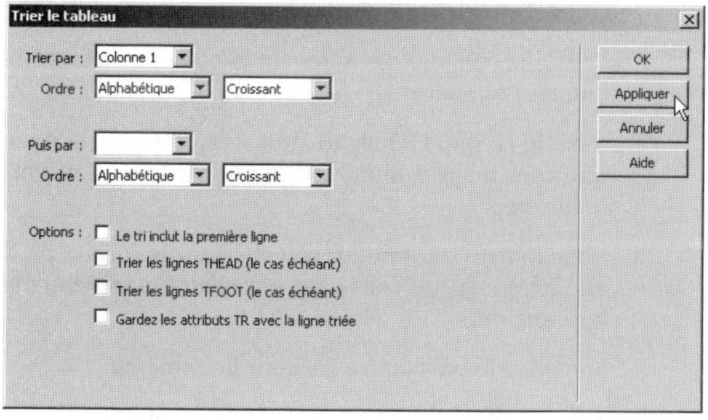

Figure 6.4 : La fonction Trier le tableau de Dreamweaver permet de trier le contenu des cellules d'un tableau, même après leur mise en forme en HTML.

4. **Spécifiez la colonne par laquelle vous voulez trier, puis sélectionnez Alphabétique ou Numérique, Croissant ou Décroissant. Vous pouvez définir deux tris à réaliser simultanément.**

5. **Cliquez sur OK.**

   Les cellules sélectionnées sont triées.

Importer un tableau créé dans un autre programme

Dreamweaver inclut une fonction spéciale qui permet d'insérer un tableau créé dans une autre application comme Microsoft Word ou Excel. Pour cela, le tableau de données doit avoir été enregistré dans un format *délimité* : les données doivent être séparées par des marques de tabulation, des virgules, des points-virgules, des points ou tout autre délimiteur. La plupart des tableurs et des programmes de base de données permettent une telle sauvegarde (que l'on appelle souvent CSV, car c'est l'extension de fichier correspondante). Consultez la documentation de votre application pour savoir comment procéder. Une fois que les données sont enregistrées dans un format délimité, elles peuvent être importées dans Dreamweaver.

Pour importer dans Dreamweaver un tableau enregistré dans un format délimité, commencez par créer une nouvelle page HTML, et suivez les étapes ci-dessous :

1. **Choisissez Fichier/Importer/Données tabulaires, ou Insertion/Objet du tableau/Importer les données tabulaires.**

   Ces deux commandes affichent la boîte de dialogue Importer des données tabulaires.

2. **Dans le champ Fichier de données, saisissez le nom du fichier que vous désirez importer ou utilisez le bouton Parcourir pour le localiser.**

3. **Dans la liste Délimiteur, sélectionnez le format de délimitation employé lorsque vous avez enregistré le tableau dans l'autre application.**

4. **Spécifiez le paramètre Largeur du tableau.**

   Si vous sélectionnez Adapter au contenu, Dreamweaver détermine automatiquement la largeur du tableau en fonction des données importées. Si vous sélectionnez Fixe, vous devez spécifier une taille en pourcentage ou en pixels.

5. **Spécifiez le remplissage et l'espacement des cellules, uniquement si vous voulez introduire un espace supplémentaire entre les données dans le tableau.**

6. **Spécifiez l'option Formatage ligne supérieure, uniquement si vous voulez mettre en forme les données de la première ligne du tableau.**

7. **Spécifiez la taille de bordure. La taille par défaut est 1, ce qui place une bordure fine autour de chaque cellule. Si vous ne voulez pas de bordure visible, sélectionnez 0.**

8. **Cliquez sur OK pour insérer le tableau avec les données importées.**

Dreamweaver vous permet aussi d'exporter vers un autre programme les données d'un tableau dans un format délimité. Pour cela, placez le curseur à un endroit quelconque dans le tableau, et sélectionnez Fichier/Exporter/Tableau. Dans la boîte de dialogue Exporter tableau, sélectionnez le délimiteur que vous voulez utiliser dans le menu déroulant Délimiteur (vous pouvez utiliser le tab, l'espace, la virgule, le point-virgule ou le deux-points). Dans la liste déroulante Sauts de ligne, spécifiez le système d'exploitation (Windows, Macintosh ou Unix) sous lequel sera lu le fichier d'exportation.

Utiliser des tableaux pour l'espacement et l'alignement

Plus vous deviendrez calé en conception Web, plus vous découvririez de vertus aux tableaux pour la mise en page de vos sites. Grâce à eux, vous pouvez dépasser les limitations HTML et obtenir les effets suivants :

- Espacer régulièrement les puces (petites images GIF qui remplacent les puces) du texte qu'elles accompagnent.
- Aligner correctement les zones et les champs de texte d'un formulaire.
- Espacer comme vous le désirez les images placées côte à côte.
- Veiller que les colonnes de texte ne s'étendent pas sur toute la page.

- Créer des mises en pages complexes impossibles à réaliser avec HTML seul.

Dans la suite de ce chapitre, je vais vous montrer comment utiliser des tableaux pour créer diverses mises en pages.

Utiliser des tableaux pour créer des formulaires

Il est très facile de créer dans Dreamweaver des formulaires HTML contenant des champs et des menus déroulants, mais il faut des tableaux pour leur donner une forme respectable. Pour le moment, je présume que vous avez déjà créé un formulaire dont vous désirez aligner les champs.

Pour aligner précisément les champs de votre formulaire, commencez par créer une nouvelle page HTML, et suivez ces étapes :

1. **Ouvrez une page contenant un formulaire HTML (ou créez un formulaire HTML).**
2. **Cliquez pour placer votre curseur où vous désirez démarrer la mise en forme de votre formulaire.**
3. **Choisissez Insertion/Tableau.**
4. **Dans la boîte de dialogue Insérer un tableau qui apparaît, saisissez le nombre de colonnes et de lignes qui doivent constituer votre tableau.**

   J'ai défini un tableau de trois lignes et deux colonnes.
5. **Fixez la largeur appropriée, puis cliquez sur OK.**

   J'ai choisi un pourcentage de 100, avec lequel le tableau envahit toute la page lorsque vous cliquez sur OK.
6. **Entrez 0 dans le champ Bordure.**

   Lorsque vous donnez la valeur 0 à la largeur de la bordure, celle-ci est représentée dans la page par un trait en pointillé qui vous permet de la voir pendant que vous travaillez sur votre tableau. Lorsque la page est affichée dans un navigateur, ce que montre la Figure 6.5, la bordure est invisible.
7. **Vous devez maintenant copier les données depuis votre formulaire dans le tableau. Copiez le texte du premier champ du formulaire et collez-le dans la cellule supérieure gauche du tableau.**

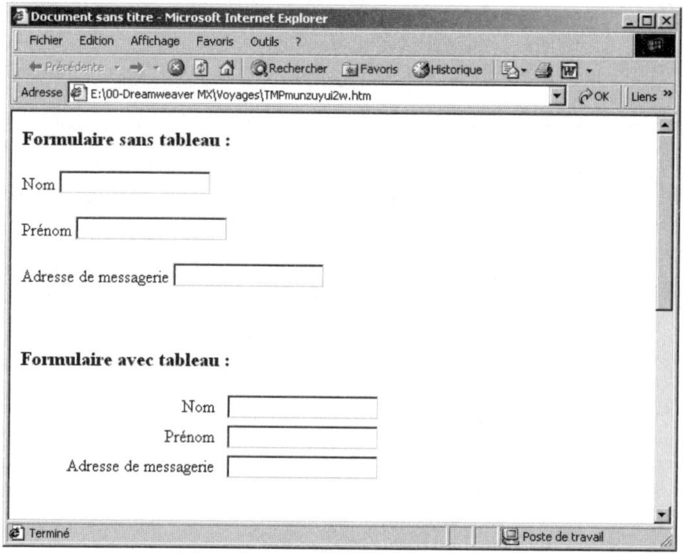

Figure 6.5 : Lorsque la page est affichée dans un navigateur, les champs du formulaire de notre tableau sont alignés sans bordure visible.

8. **Sélectionnez le premier champ (la zone vide qui se trouve à droite du premier mot), et copiez-le pour le coller (ou faites-le glisser) dans la cellule du coin supérieur droit du tableau.**

9. **Répétez les étapes 6 et 7 pour le reste du formulaire jusqu'à ce que tous les éléments soient présents dans les cellules du tableau.**

10. **Cliquez sur la ligne verticale séparant les deux colonnes, et faites-la glisser vers la gauche ou vers la droite pour obtenir l'alignement que vous désirez dans votre formulaire.**

Si vous réalisez un site en utilisant les derniers raffinements du langage HTML, vous pouvez choisir d'utiliser les calques HTML plutôt que des tableaux. Les calques permettent un placement précis des éléments sur la page, au pixel près, mais ne perdez pas de vue qu'ils ne sont pas reconnus par les versions anciennes des navigateurs Web, et pas forcément de façon cohérente par les versions récentes.

Aligner une barre de navigation

La *barre de navigation* est un élément communément rencontré sur les pages Web. Il s'agit généralement d'une ligne d'images ou de texte renvoyant à diverses sections principales du site. L'utilisateur peut y accéder facilement. Pour la réaliser, les concepteurs se servent souvent de cadres HTML, mais rien ne vous empêche de recourir à un tableau.

Voici comment créer un tableau pour placer une barre de navigation sur le côté gauche d'une page Web en mode Mise en forme. Commencez par créer une nouvelle page HTML, et suivez ces étapes :

1. **Si nécessaire, passez en mode Mise en forme en cliquant sur l'onglet Mise en forme du panneau Insertion, puis sur le bouton Mode Mise en forme.**

2. **Cliquez sur le bouton Dessinez le tableau de Mise en forme, et créez un tableau en faisant glisser le pointeur à partir du coin supérieur gauche de la page pour lui faire remplir la totalité de la page.**

3. **Cliquez sur le bouton Cellule de mise en forme pour sélectionner l'outil qui va vous permettre de dessiner les cellules de votre tableau.**

   Pour l'étape suivante, faites-vous une représentation visuelle de la structure de votre tableau pour en dessiner les cellules (voyez la Figure 6.6 pour vous faire une idée de ce que vous allez créer dans cet exercice).

4. **Cliquez et, tout en maintenant enfoncé le bouton de la souris, dessinez la taille et la forme des cellules devant contenir la barre de navigation et d'autres éléments sur votre page. La Figure 6.6 montre un tableau composé de trois grandes cellules : l'une occupe le côté gauche de la page (pour les éléments de navigation), une autre le haut de la page (elle conviendrait bien à une bannière ou à un titre), enfin la troisième est destinée à l'affichage du contenu de la page.**

   Chaque fois que vous dessinez une cellule, Dreamweaver génère automatiquement le tableau qui lui est associé. Pour dessiner plusieurs cellules sans être obligé de resélectionner l'outil Dessiner la cellule de mise en forme, maintenez la touche Ctrl/Commande enfoncée pendant toute la durée de création des cellules du tableau.

5. **Une fois le tableau terminé, cliquez sur le bouton Mode standard pour revenir en mode Standard.**

6. **Cliquez pour placer votre curseur dans la cellule du tableau où vous souhaitez insérer votre barre de navigation.**

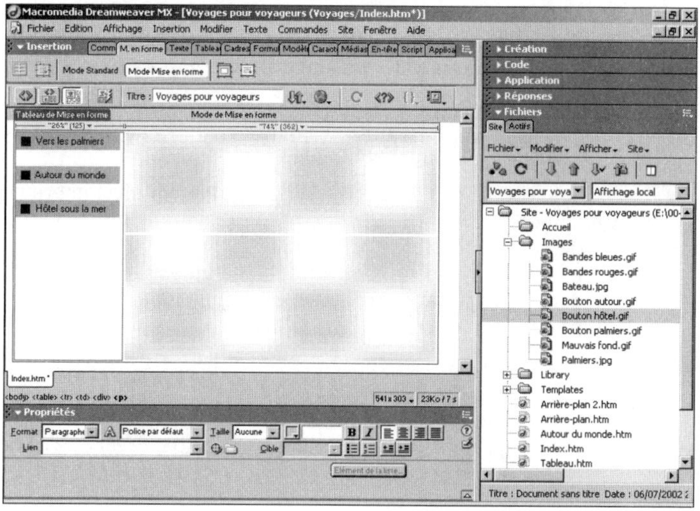

Figure 6.6 : En mode Mise en forme, vous créez l'ossature du tableau nécessaire à votre barre de navigation.

J'ai placé plusieurs images qui se combinent pour créer une barre de navigation sur le côté gauche de cette page.

7. **Cliquez dans la cellule de gauche, et sélectionnez Insertion/ Image. Utilisez la boîte de dialogue qui apparaît pour localiser les images à insérer dans la cellule du tableau.**

8. **Double-cliquez sur le nom du fichier de l'image à insérer.**

   L'image apparaît automatiquement dans la cellule du tableau. Répétez cette étape pour insérer d'autres images.

   Comme le montre la Figure 6.6, j'utilise une série d'images insérées les unes au-dessous des autres et séparées par un saut de ligne, pour obtenir une rangée de boutons verticale sur le côté gauche de la page. Vous pouvez aussi utiliser du texte en tapant simplement dans la cellule du tableau le nom de chaque élément de la barre de navigation.

N'oubliez pas le caractère de retour chariot ou de fin de ligne entre deux images consécutives, sinon vous risqueriez de les voir s'aligner l'une après l'autre dans la cellule. Vous aurez un meilleur contrôle de votre mise en pages si vous placez chaque image dans sa propre cellule.

9. **Sélectionnez le tableau. Dans l'Inspecteur de propriétés, fixez Bordure sur 0. Cela rend le tableau invisible (mais pas son contenu), car aucune bordure n'apparaît.**

Fusionner et fractionner des cellules

Souvent, la manière la plus simple de modifier le nombre de cellules d'un tableau est de les *fusionner* (combiner deux cellules en une seule) ou de les *fractionner* (diviser une cellule en plusieurs). On peut ainsi faire varier l'espace séparant les différentes sections d'un tableau. Les deux listes d'étapes suivantes montrent comment fusionner et fractionner les cellules d'un tableau.

La fusion et le fractionnement des cellules peuvent être accomplis uniquement en mode Standard.

Pour fusionner des cellules, commencez par créer une nouvelle page HTML et suivez ces étapes :

1. **Sélectionnez Insertion/Tableau et créez un tableau de quatre lignes et quatre colonnes, de largeur 75 %, et de largeur de bordure 1. Cliquez sur OK : le tableau apparaît sur la page.**
2. **Sélectionnez deux ou plusieurs cellules adjacentes en faisant glisser dessus le pointeur de la souris.**
3. **Cliquez sur le bouton Combiner la sélection rectangulaire des cellules, dans le coin inférieur gauche de l'Inspecteur de propriétés.**

   Les cellules sont fusionnées en une seule cellule utilisant l'attribut *span*. Il s'agit d'un attribut HTML qui fusionne une cellule avec les cellules adjacentes en les couplant sur des lignes ou des colonnes du tableau.

Pour fractionner une cellule :

1. **Cliquez dans la cellule à fractionner pour y placer le curseur.**
2. **Cliquez sur le bouton Diviser la cellule en lignes ou en colonnes, dans le coin inférieur gauche de l'Inspecteur de propriétés.**

   La boîte de dialogue Fractionner les cellules apparaît.
3. **Activez l'option Lignes ou Colonnes, en fonction du résultat que vous désirez obtenir.**

Une cellule peut être fractionnée en autant de nouvelles lignes ou colonnes que vous désirez.

4. **Saisissez le nombre de lignes ou de colonnes à créer.**

   La cellule sélectionnée est divisée en fonction du nombre indiqué.

Chapitre 7

Cadrer vos pages

Dans ce chapitre :

- Présentation des cadres HTML.
- Créer des pages avec des cadres.
- Savoir quand ne pas utiliser de cadres.
- Paramétrer les cibles et les liens.

Afin que vous puissiez tirer le meilleur parti des cadres HTML, nous verrons comment construire un jeu de cadres HTML dans Dreamweaver ; nous discuterons également de leur emploi plus ou moins judicieux dans certaines circonstances. Les cadres offrent de grandes perspectives d'utilisation, mais ils peuvent aussi aboutir à un système de navigation confus qui rebutera vos visiteurs.

Appréciation des cadres HTML

Les cadres donnent un moyen de contrôle de la navigation, puisqu'ils permettent d'afficher plusieurs pages HTML dans une seule fenêtre d'un navigateur et d'en contrôler individuellement le contenu. Les concepteurs recourent généralement aux cadres pour créer une page contenant deux ou trois sections. Chaque section est liée à un contenu spécifique qui s'affiche dans la même fenêtre du navigateur.

Les pages Web qui utilisent des cadres, comme celle présentée Figure 7.1, sont divisées en sections séparées ou *cadres*. L'ensemble des cadres forme le *jeu de cadres*. Chaque cadre d'un jeu est un fichier HTML séparé. L'éditeur visuel de Dreamweaver permet de voir l'ensemble des fichiers HTML entrant dans la composition du jeu de cadres. Vous pouvez alors les modifier tout en appréciant leur aspect dans un navigateur.

TRUC

En tant que fonction navigationnelle, les cadres permettent d'afficher des *informations constantes*, c'est-à-dire des informations que l'on retrouve partout sur le site. Par exemple, vous pouvez laisser une liste de liens visible dans un cadre, les informations s'affichant dans un autre.

Vous pouvez créer autant de cadres que vous le désirez, bien que certains en abusent, raison pour laquelle de nombreux internautes les détestent. Leur utilisation tend aujourd'hui à être abandonnée.

Le problème le plus important rencontré avec les cadres est leur incompatibilité avec les anciens navigateurs ou avec ceux qui n'affichent que du texte. Si un visiteur utilise un vieux navigateur (plus vieux que Netscape 2.0 ou Internet Explorer 3.0) qui ne supporte pas les cadres, rien ne s'affichera, sauf si vous utilisez une balise spéciale appelée `<NOFRAMES>`. Dreamweaver implémente une telle balise dans toutes les pages contenant un jeu de cadres, ce qui permet d'ajouter facilement un contenu de substitution qui s'affichera dans les navigateurs ne supportant pas les cadres.

Voici un guide d'utilisation des cadres :

- **N'utilisez pas de cadres pour le plaisir d'utiliser des cadres.** Il faut une raison sérieuse.
- **Limitez le nombre de cadres et faites de petits fichiers.** Un jeu de trois cadres exige du navigateur l'affichage de trois pages Web, ce qui augmente le temps de téléchargement.
- **N'affichez pas les bordures des cadres.** Si la section du cadre a besoin d'une barre de défilement, la bordure sera visible. Mais si vous pouvez "supprimer" les bordures, votre page aura meilleur aspect.
- **N'utilisez pas de cadres lorsque vous pouvez utiliser des tableaux.** Les tableaux sont souvent plus faciles à créer que des cadres, et sont d'ailleurs une solution bien plus élégante.
- **Ne placez pas de cadres dans des cadres.** Les fenêtres sont étriquées et l'écran paraît horriblement compliqué. Vous pouvez aussi rencontrer des problèmes quand le site renvoie à d'autres sites qui s'affichent dans votre jeu de cadres.
- **Placez un contenu alternatif dans la balise** `<NOFRAMES>`**.** Comme il existe toujours des navigateurs ne supportant pas les cadres, il est judicieux de permettre à leurs utilisateurs de voir s'afficher *quelque chose*. Personnellement, j'indique toujours ceci : "Ce site utilise des cadres et nécessite un navigateur capable de les afficher."

Comprendre le fonctionnement des cadres

Dreamweaver facilite la création et la mise en œuvre des cadres. Quand vous créez une page Web constituée de cadres, n'oubliez jamais que chacun d'eux correspond à un fichier HTML.

La Figure 7.1 montre un jeu de cadres simple. Chacun contient une page HTML différente et un texte distinct (*Page 1*, *Page 2* et *Page 3*) qui me permet une explication intelligible des étapes qui suivent.

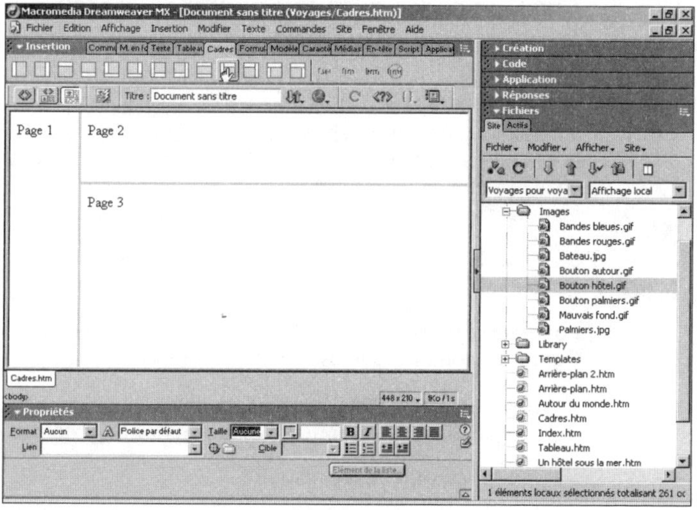

Figure 7.1 : Ce jeu de trois cadres se compose de quatre fichiers HTML : frameset.html, page1.html, page2.html et page3.html.

Pour bien comprendre le fonctionnement des cadres, regardez la Figure 7.1. Vous y voyez trois cadres affichant chacun une page HTML différente. Le quatrième fichier HTML définit la page qui réunit les autres cadres, mais qui ne s'affiche pas dans le navigateur, même si vous voyez son nom dans la barre de titre. C'est le fichier du jeu de cadres qui décrit l'affichage des cadres. Ce fichier contient d'autres informations, comme la balise `<NOFRAMES>`, et les noms assignés à chaque section de cadre. Le nom de chaque cadre sert à définir les liens. Vous pouvez alors spécifier le fichier HTML ciblé par chaque cadre ou l'ouvrir directement dedans.

Créer un cadre dans Dreamweaver

Lorsque vous éditez le *contenu* d'un cadre, vous ne modifiez pas le fichier jeu de cadres (frameset), mais les fichiers qui vont peupler les régions encadrées du jeu de cadres. Normalement, vous devez modifier les fichiers séparément, mais Dreamweaver vous permet de modifier le contenu des cadres directement dans le jeu de cadres tel qu'il apparaît visuellement.

Créer un cadre avec la commande Fractionner

Dreamweaver permet de créer des cadres de deux manières. La première consiste à fractionner un fichier HTML en deux sections, qui deviennent alors des cadres individuels. Dreamweaver génère alors automatiquement une page sans titre intégrant la balise `<FRAMESET>` et des pages supplémentaires sans titre qui sont affichées dans chaque cadre du jeu de cadres. Cela est essentiel pour enregistrer et nommer correctement les pages de ces fichiers séparés.

Sauvegardez vos fichiers HTML avant d'y insérer quoi que ce soit, sinon il deviendra fort compliqué de gérer le contenu de vos fichiers.

Pour créer un jeu de cadres dans Dreamweaver, comme celui de la Figure 7.2, conformez-vous aux étapes suivantes :

1. **Sélectionnez Fichier/Nouveau, puis sélectionnez Page de base et HTML dans la boîte de dialogue Nouveau document.**

   Une nouvelle page apparaît.

2. **Choisissez Modifier/Jeu de cadres/Fractionner le cadre à gauche.**

   La page se divise en deux sections. Vous pouvez également choisir Fractionner le cadre à droite, vers le haut ou vers le bas.

3. **Cliquez dans le cadre de droite pour l'activer.**

4. **Choisissez Modifier/Jeu de cadres/Fractionner le cadre vers le haut, vers le bas, à gauche ou à droite pour diviser de nouveau la page.**

   En sélectionnant Fractionner le cadre vers le haut, le cadre de droite est divisé en deux.

5. **Cliquez sur les barres de séparation et faites-les glisser pour définir la hauteur et la largeur de chaque cadre.**

6. **Pour modifier chaque section du jeu de cadres, cliquez dans le cadre sur lequel vous voulez travailler, mais souvenez-vous que vous devez toujours enregistrer vos fichiers avant de définir des liens ou d'insérer des images ou d'autres fichiers.**

   Vous pouvez saisir du texte, insérer des images, créer des tableaux et ajouter n'importe quelles autres fonctions comme vous le feriez avec n'importe quelle page.

Créer un cadre avec le panneau Cadres

Vous pouvez aussi créer des cadres en utilisant le panneau Cadres, montré en haut de la Figure 7.2. Ce panneau (qui apparaît lorsque vous cliquez sur l'onglet Cadres dans le panneau Insertion en haut de l'espace de travail) propose plusieurs jeux de cadres prédéfinis. Pour créer un jeu de cadres, il vous suffit de cliquer sur l'une de ces icônes, ou de la faire glisser pour la déposer sur votre document.

Voici comment créer une page à l'aide des icônes du panneau Cadres :

1. **Choisissez Fichier/Nouveau, puis sélectionnez Page de base, HTML pour créer une nouvelle page.**
2. **Dans le panneau Cadres, choisissez une des icônes qui se rapprochent le plus du jeu de cadres dont vous avez besoin, et faites-la glisser jusqu'à votre document. Vous pouvez également cliquer dessus pour l'appliquer.**
3. **Modifiez le jeu de cadres selon vos besoins.**

   Vous pouvez modifier votre jeu de cadres en faisant glisser ses bordures, en fractionnant les cadres comme cela est expliqué dans la précédente section ou en déposant une autre icône du panneau Cadres dans l'un des cadres déjà définis.

Ensuite, vous devez enregistrer le jeu de cadres et les cadres associés. Dans la prochaine section, je vous dis tout sur ce sujet.

Enregistrer les fichiers dans un jeu de cadres

Souvenez-vous qu'en HTML les cadres consistent en un ou plusieurs fichiers HTML, même si vous avez l'impression de ne travailler que sur un seul fichier. Pour les enregistrer, Dreamweaver ouvre successivement plusieurs boîtes de dialogue d'enregistrement. L'exemple de la précédente section contenait quatre fichiers, chacun devant être nommé et enregistré sur votre disque dur. Pour enregistrer tous les fichiers que vous venez de créer, suivez ces étapes :

1. **Choissez Fichier/Enregistrer tous les cadres.**

   Le nombre total de boîtes de dialogue que vous allez voir apparaître dépend du nombre de cadres définis.

2. **Donnez un nom au fichier.**

   Dreamweaver suggère un nom, mais vous pouvez y substituer celui que vous voulez. Assurez-vous qu'il porte l'extension .htm ou .html. Le premier fichier que vous enregistrez représente le fichier *jeu de cadres (frameset).*

   TRUC

   Nommez soigneusement les fichiers ainsi enregistrés pour les identifier plus facilement.

3. **Parcourez votre disque dur pour localiser le dossier où stocker le fichier, et cliquez sur Enregistrer.**

   Le premier fichier de jeu de cadres est enregistré et une nouvelle boîte de dialogue Enregistrer sous apparaît pour le suivant. Si vous voulez adopter mes habitudes, vous pouvez donner des noms comme Cadre1.htm, Cadre2.htm, Cadredroit.htm, Cadregauche.htm ou Cadremilieu.htm. Une fois que vous avez enregistré tous les cadres, la boîte de dialogue Enregistrer sous disparaît.

Après le premier enregistrement de vos documents, choisir Enregistrer tous les cadres n'affiche plus aucune boîte de dialogue vous invitant à sauvegarder séparément vos différents fichiers. Dreamweaver les identifie à votre place et actualise leur contenu.

TRUC

Pour enregistrer un seul cadre, placez-y le pointeur et choisissez Fichier/Enregistrer le cadre sous.

Définir les cibles et les liens des cadres

Une méthode très commune pour utiliser un jeu de cadres consiste à créer un cadre qui affiche une liste de liens renvoyant vers d'autres pages du site, qui s'ouvrent alors dans un autre cadre de la même page. Vous pouvez ainsi garder une liste de liens visibles sur toutes les pages de votre site, facilitant la navigation des internautes. Définir un tel lien est aussi simple que définir le lien vers une autre page. La seule différence est que vous devez indiquer dans quel cadre doit s'afficher la nouvelle page. On parle de *cible*.

Avant de définir ces liens, vous devez nommer chaque cadre. Vous pourrez ainsi spécifier dans quel cadre doit s'afficher la page liée. Si vous ne le faites pas, la page remplacera purement et simplement le jeu de cadres. Nommer un *cadre* n'est pas la même chose que nommer le *fichier* correspondant. Le *nom du cadre* permet de distinguer les cadres les uns des autres sur une même page, et de s'y référer individuellement. Le *nom de fichier* est le véritable nom du fichier HTML du cadre.

Nommer des cadres

Pour spécifier les noms des cadres de votre jeu de cadres, commencez par créer une nouvelle page HTML, et suivez ces étapes :

1. **Pour commencer, créez un jeu de cadres dans une page qui n'en comporte pas encore : dans le panneau Cadres, cliquez sur l'icône la plus à droite parmi les icônes de jeu de cadres.**

2. **Sélectionnez Fichier/Enregistrer le jeu de cadres, et enregistrez le fichier du jeu de cadres sous un nom qui lui soit propre.**

   Le nom dont il s'agit ici n'est pas la même chose que le nom d'un cadre qui servira à le définir comme cible d'un lien, ce que nous verrons dans la section suivante.

3. **Sélectionnez Fenêtre/Autres/Cadres pour ouvrir le panneau Mise en forme avancée (il apparaît à droite de l'espace de travail).**

   Le panneau Mise en forme avancée s'ouvre sur l'onglet Cadres, montré Figure 7.2. Il contient une représentation miniature des cadres de votre page, qui vous permet de sélectionner les différents cadres qu'elle comporte en cliquant dessus.

4. **Dans le panneau Mise en forme avancée, cliquez sur le cadre que vous voulez nommer.**

   Dans la Figure 7.2, vous pouvez voir le pointeur au moment où je sélectionne le cadre du haut. L'Inspecteur de propriétés affiche les propriétés du cadre sélectionné, que vous pouvez alors modifier comme vous voulez. Pour sélectionner le jeu de cadres, cliquez sur la bordure qui entoure tous les cadres dans le panneau Mise en forme.

5. **Dans le champ de texte Nom du cadre (à l'extrémité gauche dans l'Inspecteur de propriétés), entrez le nom que vous voulez donner au cadre.**

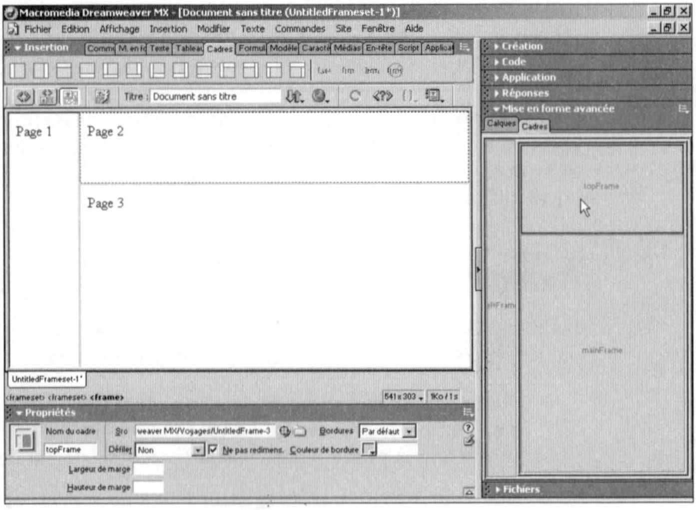

Figure 7.2 : Le volet Cadres du panneau Mise en forme avancée est une représentation miniature des cadres d'une page, qui donne accès à leurs propriétés.

Lorsque vous enregistrez les fichiers d'un jeu de cadres, Dreamweaver leur assigne des noms automatiquement. Dans l'exemple de la Figure 7.2, ces noms sont topFrame, mainFrame et rightFrame. Vous pouvez les conserver, mais vous pouvez aussi les remplacer par ceux que vous voulez dans l'Inspecteur de propriétés. Je vous conseille de donner aux cadres des noms descriptifs comme Haut, Gauche, Navigation, Contenu ou autres, de manière à pouvoir les reconnaître facilement.

6. **Après avoir changé les noms, enregistrez tous les fichiers.**

   Vous avez maintenant identifié ou modifié les noms de vos cadres, et vous êtes prêt à définir des liens ayant pour cibles des cadres. Ne fermez pas encore ces fichiers, car vous allez en avoir besoin dans la section suivante pour définir des liens.

TRUC

Rappelez-vous que chaque sauvegarde d'un travail dans des cadres nécessite l'enregistrement de chaque cadre. Choisir Fichier/Enregistrer le cadre sous ne sauvegarde que le cadre où se trouve le point d'insertion. Fichier/Enregistrer tout sauvegarde tous les fichiers cadres et le fichier jeu de cadres.

Définir des liens vers un cadre cible

Définir des liens dans un jeu de cadres est un travail semblable à celui que vous accomplissez lorsque vous liez un texte ou une image à une autre page HTML. La différence est que vous définissez ici le cadre cible, dans lequel va s'afficher la page liée. Si vous ne spécifiez pas de cible, l'élément vers lequel pointe le lien sera affiché dans le cadre dans lequel se trouve le lien. La principale raison de l'utilisation des cadres est de présenter des liens de navigation dans un cadre pour ouvrir les éléments correspondants dans un autre.

Pour cet exemple, partez du jeu de cadres que vous avez créé dans la section précédente, et suivez ces étapes :

1. **Cliquez pour placer le point d'insertion dans le cadre de droite, et tapez les mots** Premier lien, **puis un retour chariot, puis** Deuxième lien, **puis un retour chariot, puis** Troisième lien.

2. **Sélectionnez le texte dont vous voulez faire un lien.**

   Pour cet exercice, sélectionnez les mots *Premier lien*. Notez que la manière de procéder serait la même pour utiliser une image comme lien.

3. **Dans l'Inspecteur de propriétés, tapez l'URL** `http://www.macromedia.com`.

   Cela crée un lien vers le site Web de Macromedia. Si vous voulez créer un lien vers une autre page de votre site Web, cliquez sur l'icône contenant un dossier à côté du champ Lien, et naviguez jusqu'au fichier vers lequel vous voulez faire pointer le lien, comme vous le feriez pour définir n'importe quel lien dans votre site.

4. **Dans la liste Cible de l'Inspecteur de propriétés, choisissez le nom du cadre où vous désirez que s'affiche la page liée.**

   Notez que Dreamweaver vous propose ici la liste de tous les cadres que vous avez nommés dans votre document.

   Le résultat apparaît sur la Figure 7.3. Si vous cliquez sur le lien Premier lien dans le cadre de droite, la page étant affichée dans un navigateur, le site Web de Macromedia est affiché dans le cadre principal. ***Note :*** Vous devez enregistrer votre travail pour pouvoir afficher votre page dans un navigateur et en utiliser les liens. Vous pouvez utiliser le raccourci F12 pour enregistrer tous les fichiers et ouvrir votre page dans un navigateur automatiquement.

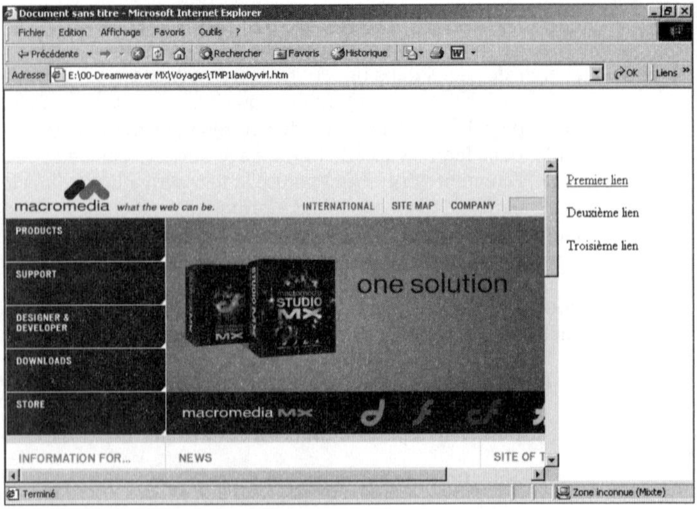

Figure 7.3 : Le lien sélectionné pointe vers le site Web de Macromedia et a pour cible le cadre principal.

Les différentes cibles

Il est donc possible d'afficher une page liée dans un cadre du jeu de cadres. Mais, dans certaines circonstances, il est judicieux de définir une cible qui ouvrira une nouvelle page, voire une nouvelle fenêtre du navigateur. Le Tableau 7.1 affiche la liste des options et leurs conséquences. Je rappelle que toutes ces options se trouvent dans la liste Cible de l'Inspecteur de propriétés.

TRUC

La liste Cible n'est active que si vous sélectionnez un texte ou une image servant de lien et si vous spécifiez dans le champ Lien la page vers laquelle pointe le lien.

Modifier les propriétés des cadres

Pour modifier les propriétés de vos cadres, choisissez Fenêtre/Cadres. Dans l'onglet Cadres du panneau Mise en forme, cliquez sur la zone qui correspond au cadre que vous désirez altérer, puis utilisez l'Inspecteur de propriétés pour effectuer vos modifications. La Figure 7.4 montre l'Inspecteur de propriétés tel qu'il apparaît quand vous sélectionnez un cadre dans l'onglet Cadres du panneau Mise en forme.

Tableau 7.1 : Les options Cible des cadres.

Nom de la cible	Action
`_blank`	Ouvre le document lié dans une nouvelle fenêtre du navigateur.
`_parent`	Ouvre le document lié dans le jeu de cadres parent de la page qui contient le lien. (Le *parent* est la fenêtre qui contient le jeu de cadres.)
`_self`	Ouvre le document lié dans le même cadre que le lien d'origine, remplaçant le contenu du cadre.
`_top`	Ouvre le document lié dans le jeu de cadres le plus extérieur du document, remplaçant tout le contenu de la fenêtre du navigateur.

Figure 7.4 : Utilisez l'onglet Cadres du panneau Mise en forme pour sélectionner des cadres ou des jeux de cadres de manière à en afficher les propriétés dans l'Inspecteur de propriétés.

TRUC

Si vous ne voyez pas les options de hauteur et de largeur des marges, assurez-vous que vous avez bien cliqué sur la petite flèche située dans le coin inférieur droit de l'Inspecteur de propriétés.

Modifier les bordures du cadre

Je pense que la meilleure chose à faire avec la bordure des cadres est de la désactiver. Il suffit pour cela de sélectionner Non dans la liste

Bordure de l'Inspecteur de propriétés. Cette définition peut se faire pour la totalité du jeu de cadres ou pour chaque cadre individuellement. Les autres options sont *Oui* et *Par défaut* (qui généralement veut dire Oui). Pour les cadres individuels, l'option Par défaut déroge au paramètre par défaut du jeu de cadres parent.

Vous pouvez définir des paramètres généraux pour les bordures à l'aide de l'Inspecteur de propriétés et les appliquer au jeu de cadres. Pour sélectionner le jeu de cadres de manière à afficher ses propriétés dans l'Inspecteur, cliquez sur la bordure qui entoure le jeu de cadres dans le panneau Cadres.

Modifier la taille des cadres

La méthode la plus simple pour modifier la taille d'un cadre est de sélectionner sa bordure et de la faire glisser jusqu'à ce que le cadre ait la taille voulue. Lorsque vous sélectionnez une bordure, l'Inspecteur de propriétés affiche la taille du cadre exprimée en pixels ou en pourcentage de la zone d'affichage. Il suffit alors de modifier cette valeur dans le champ Ligne ou Colonne.

Créer des mises en pages alternatives pour les anciens navigateurs

Les cadres permettent la mise en œuvre d'un système de navigation sophistiqué, mais les problèmes de navigation apparaissent quand les cadres ne sont pas reconnus par les navigateurs anciens ou par ceux qui ne fonctionnent qu'en mode texte. Si vous créez un jeu de cadres dans un site, et que le visiteur y accède avec un navigateur qui ne supporte pas les cadres, il ne verra pas leur contenu. En fait, si vous ne proposez pas d'alternative, ce visiteur ne verra rien du tout.

Quelle est l'alternative ? C'est la balise `<NOFRAMES>`. Elle permet de créer des pages alternatives qui s'affichent dans les navigateurs ne supportant pas les cadres. Le contenu de cette balise est stocké dans le fichier du jeu de cadres, qui est invisible pour les navigateurs. De ce fait, un navigateur qui supporte les cadres ignorera le contenu de cette balise. Un navigateur ne supportant pas les cadres affichera le contenu de la balise `<NOFRAMES>`.

Pour créer la page alternative destinée aux anciens navigateurs, ouvrez n'importe quel document utilisant des cadres, et suivez les étapes suivantes :

1. **Choisissez Modifier/Jeu de cadres/Modifier le contenu sans cadre.**

   Une nouvelle fenêtre d'un document apparaît.

2. **Modifiez cette page comme vous le feriez avec n'importe quelle autre page dans Dreamweaver. Insérez du texte, des images, et ajoutez n'importe quelles autres fonctions, à l'exception de cadres, bien entendu.**

   L'objectif est ici de créer un contenu qui s'affiche pour les navigateurs ne supportant pas les cadres. La page alternative peut indiquer tout simplement à l'internaute comment acquérir une version plus récente d'un navigateur comme Internet Explorer ou Netscape Navigator. Vous pouvez également délivrer le même contenu que votre page cadrée, mais sans cadres.

   La meilleure méthode consiste à faire en sorte que la page sans cadres soit aussi simple que possible, c'est-à-dire de n'y mettre que du texte, de manière que son contenu soit visible pour le plus grand nombre de personnes possible.

3. **Pour fermer la fenêtre et revenir à votre jeu de cadres, choisissez à nouveau Modifier/Jeu de cadres/Modifier le contenu sans cadre.**

   La coche de cette option disparaît. Le contenu sans cadre disparaît, remplacé par le contenu avec cadres de la fenêtre de votre document.

Si vous créez une page alternative, n'oubliez pas de l'actualiser lorsque vous procédez à des modifications sur le jeu de cadres.

Chapitre 8

Mettre en forme le texte avec HTML et les feuilles de style en cascade

Dans ce chapitre :

- Mettre en forme du texte sur une page Web.
- Créer des styles HTML.
- Créer des styles CSS.
- Appliquer des styles CSS.

Une fois que vous aurez compris le fonctionnement du texte dans Dreamweaver, vous constaterez que HTML n'est pas du genre à vous donner un contrôle absolu sur la typographie. Heureusement, HTML progresse régulièrement, et de nouvelles techniques permettent aujourd'hui d'aller bien plus loin. L'évolution de la mise en forme du texte avec HTML permet maintenant d'utiliser des polices particulières, d'en contrôler le style et la taille avec précision, et même de créer des feuilles de style. Les feuilles de style en cascade (CSS, Cascading Style Sheets), par exemple, sont une sorte de HTML étendu qui contrôle l'aspect général de votre page Web. Elles donnent un contrôle sur une typographie qui s'applique à la totalité d'un site, tout en faisant gagner du temps dans la conception des pages. C'est dans la seconde partie de ce chapitre que vous apprendrez à vous en servir.

Dans ce chapitre, vous découvrirez aussi les styles HTML, exclusivité de Dreamweaver, qui constituent une alternative aux CSS, et permettent d'enregistrer et d'appliquer à des documents des attributs de texte que l'on veut réutiliser (par exemple, la taille de police, la couleur ou des attributs comme gras, italique, et ainsi de suite).

Formater du texte dans Dreamweaver

Au Chapitre 2, vous avez pu découvrir les bases de la saisie et de la mise en forme du texte dans Dreamweaver. Cette section va beaucoup plus loin sur le thème de la mise en forme ; vous y trouverez les bases dont vous avez besoin avant d'aborder les aspects plus complexes des feuilles de style.

Comprendre la balise <FONT>

Chaque fois que vous modifiez une police sélectionnée, vous altérez le contenu de la balise `<FONT>` ou vous ajoutez de nouvelles balises qui contrôlent des enrichissements comme l'italique ou le gras. Modifier le contenu de la balise `<FONT>` permet de spécifier la taille, la police, la couleur, et d'indiquer au navigateur comment afficher toutes ces petites subtilités.

En ce qui concerne la taille des polices, HTML utilise une plage allant de 1 à 7. 7 représente la taille la plus grande. HTML peut également spécifier des tailles de police relativement à la taille par défaut d'un navigateur donné. Dans la plupart des navigateurs, la taille par défaut standard est la taille de police HTML 3. Les utilisateurs peuvent modifier la taille et la police dans les préférences de leur navigateur. Dans l'univers du Web, la taille 3 correspond à 12 points sur un Mac et à 14 points sur un PC. C'est pour cela que la taille par défaut affichée dans l'Inspecteur de propriétés correspond à la taille 3.

Quand la taille d'une police est définie de façon *absolue*, elle reste constante en toutes circonstances. Quand elle est définie de façon *relative*, le résultat dépend du paramétrage de l'utilisateur, sa taille relative restant constante par rapport à d'autres éléments de la page. Avec HTML, la définition d'une taille relative se fait par des valeurs allant de +1 à +7 et de -1 à -7. Par exemple, si vous fixez une taille de +2, la police est affichée avec un facteur additionnel de +2. Autrement dit, si vous ne pouvez savoir dans quelle taille votre texte sera effectivement affiché, vous pouvez être sûr que vos titres seront effectivement plus grands que le texte ordinaire.

Lorsque vous spécifiez une police de caractères dans Dreamweaver, celle-ci remplace la police par défaut du navigateur, à condition qu'elle soit présente dans l'ordinateur de votre visiteur. Pour cette raison,

HTML vous permet de spécifier plusieurs polices. Par exemple, si vous vous servez de l'Helvetica, rien ne vous empêche de spécifier, comme second choix, une police similaire telle que l'Arial. Si l'Helvetica n'est pas présente dans l'ordinateur de l'utilisateur, le navigateur cherchera l'Arial.

Dreamweaver fournit (dans l'Inspecteur de propriétés) une liste des polices et familles les plus répandues. Elles sont organisées en groupes de trois ou quatre. Vous pouvez ajouter à cette liste des polices ou des combinaisons de polices. La Figure 8.1 montre les polices proposées par l'Inspecteur. Ici, j'ai choisi l'option Arial, Helvetica, Sans-serif. Le navigateur affichant ce texte essaiera de trouver l'Arial. Si c'est un échec, il choisira l'Helvetica ou, au pire, une police sans sérif.

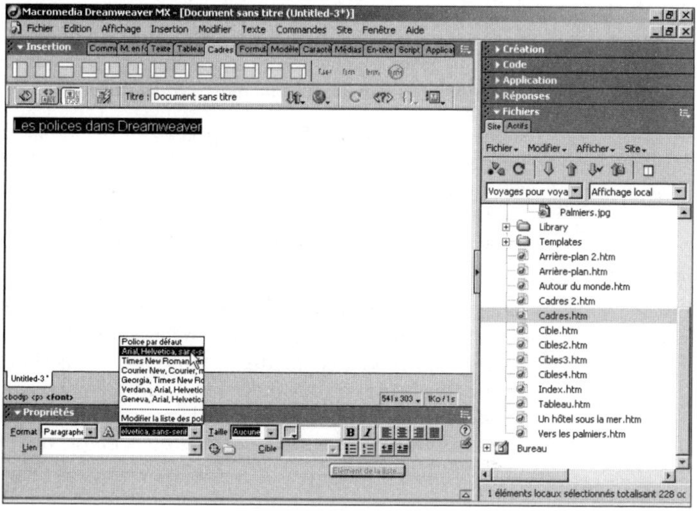

Figure 8.1 : Cliquez sur la flèche de la liste des polices pour découvrir son contenu.

ATTENTION !

Les tailles de police HTML peuvent différer entre un Mac et un PC. Généralement, le Mac affiche la police en la réduisant de deux points quand le site a été conçu sur un PC. Le mieux est de tester.

Appliquer des attributs de police

Dans Dreamweaver, il est très facile d'appliquer une police ou une combinaison de polices, et d'en paramétrer la taille et la couleur.

Voici comment appliquer des attributs de police à un texte :

1. **Sélectionnez le texte à modifier.**
2. **Dans l'Inspecteur de propriétés, choisissez un jeu de polices dans la liste des polices. (Cliquez sur la flèche à côté de Police par défaut.)**

   La police est automatiquement appliquée au texte. Vous pouvez aussi créer votre propre jeu en choisissant (dans cette même liste) l'option Modifier la liste des polices.
3. **Le texte étant toujours sélectionné, choisissez une taille dans la liste Taille de l'Inspecteur.**
4. **Le texte étant toujours sélectionné, cliquez sur le carré de couleur (nuancier) qui se trouve au centre de l'Inspecteur de propriétés.**
5. **Dans la palette de couleurs qui apparaît, choisissez une couleur en cliquant dessus avec la pipette.**

   Cette palette est la palette compatible Web, c'est-à-dire les nuances qui s'affichent de façon satisfaisante sur le Web. La flèche qui se trouve dans le coin supérieur droit de la palette donne accès aux autres options de couleurs, celles qui conviennent le mieux pour Macintosh, celles qui conviennent le mieux sous Windows, et les niveaux de gris.

   Si vous voulez créer une couleur personnalisée, cliquez sur le bouton qui représente un disque multicolore dans le coin supérieur droit de la palette. Si vous cliquez sur la première icône (le carré avec une diagonale rouge), vous revenez à la couleur du texte par défaut pour la page. Vous pouvez aussi capturer une couleur en un endroit quelconque de l'écran en utilisant l'outil Pipette et en cliquant sur la couleur que vous voulez.
6. **Vous pouvez également cliquer sur Gras (B) ou Italique (I) dans l'Inspecteur de propriétés pour modifier le style de la police.**

Créer vos propres styles HTML

La modification des polices sur la totalité d'un site est une tâche fastidieuse. Pour gagner du temps, vous pouvez utiliser les styles HTML (à ne pas confondre avec les feuilles de style en cascade ou CSS). Les styles HTML ne sont qu'une collection de balises `<FONT>` et autres attributs de style que vous pouvez sauvegarder dans Dreamweaver et employer à loisir. Ils ne s'appliquent qu'aux attributs de police soumis aux restrictions de HTML.

Voici comment créer un nouveau style HTML :

1. **Choisissez Texte/Styles HTML.**

   Un sous-menu apparaît avec une option Nouveau style.

2. **Choisissez Nouveau style.**

   La boîte de dialogue Définir style HTML s'affiche comme sur la Figure 8.2.

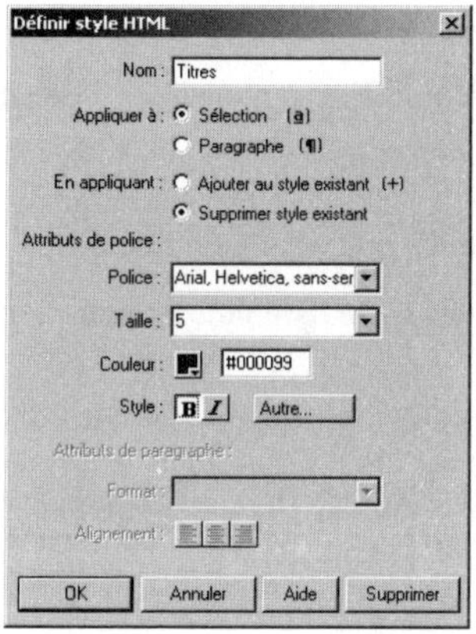

Figure 8.2 : Dreamweaver permet de définir et de nommer des styles personnalisés que vous utiliserez sur votre page ou dans un site Web.

3. **Dans le champ Nom, saisissez le nom que vous voulez donner à votre style.**

   Ce nom apparaîtra dans le menu Texte/Styles HTML une fois que le nouveau style sera enregistré.

4. **Spécifiez si le style doit être appliqué uniquement au texte sélectionné ou à tous les éléments de la même balise de Paragraphe.**

5. **Spécifiez le comportement du style lorsqu'il est appliqué.**

   Si vous voulez que le style que vous créez s'ajoute aux attributs de mise en forme déjà appliqués au texte sélectionné, sélectionnez Ajouter au style existant (+). Si vous voulez que le style soit appliqué en faisant disparaître les attributs de mise en forme déjà appliqués au texte sélectionné, sélectionnez Supprimer style existant.

6. **Dans la section Appliquer à (en haut de la boîte de dialogue), sélectionnez Paragraphe, et Définissez tous les attributs de mise en forme de paragraphe comme la police, la taille, la couleur, le style et l'alignement.**

7. **Cliquez sur OK pour enregistrer le style.**

   Votre nouveau style apparaît maintenant dans la liste des styles HTML accessible via Texte/Styles HTML. Chaque fois que vous souhaitez appliquer ce style à une zone de texte sélectionnée, il suffit de le choisir dans cette liste.

Pour appliquer un style HTML existant, suivez ces étapes :

1. **Sélectionnez le texte à modifier et choisissez Texte/Styles HTML.**

   Un menu apparaît avec la liste des styles prédéfinis de Dreamweaver et des styles que vous avez définis.

2. **Cliquez sur un des styles de la liste pour l'appliquer au texte sélectionné.**

Les styles HTML sont stockés sur votre disque dur dans un fichier appelé styles.xml. Ce dossier est localisé soit dans le dossier du site, soit dans le dossier de configuration de Dreamweaver si le dossier racine du site n'a pas été défini.

Travailler avec des feuilles de style en cascade

Si la notion de *feuille de style* ne vous est pas encore familière, vous en apprécierez les bénéfices. Les feuilles de style en cascade (*Cascading Style Sheets*, ou CSS) représentent un type HTML étendu qui vous donne un contrôle "absolu" sur l'apparence de vos pages Web, et garantissent une cohérence de style sur l'ensemble de votre site. Elles font gagner beaucoup de temps pendant la phase de développement d'un site et sa mise à jour.

Sachez toutefois qu'une bonne partie des navigateurs en usage aujourd'hui sur le Web ne reconnaissent pas les feuilles de style en cascade. Les versions anciennes de navigateurs comme Netscape Navigator et Internet Explorer n'afficheront pas la mise en pages définie par une feuille CSS, et même les versions récentes ne l'afficheront pas toutes de la même manière. En conséquence, la plupart des sites Web actuels utilisent toujours les possibilités ordinaires de mise en forme de HTML, qui sont décrites plus haut dans ce chapitre. D'ici peu cependant vous pourrez sans doute vous reposer en toute quiétude sur les CSS vis-à-vis de la plupart de vos utilisateurs.

De plus, les feuilles de style en cascade sont beaucoup plus complexes à réaliser qu'une mise en forme HTML ordinaire. Dreamweaver rend la chose beaucoup plus facile à réaliser que d'écrire à la main le code correspondant, mais il vous faudra tout de même prendre un peu de temps pour vous familiariser avec la création des CSS.

Comprendre les différences entre les navigateurs Web

Les feuilles de style sont idéales pour donner une cohérence et appliquer des modifications à une page ou à la totalité d'un site. Leur inconvénient est qu'il s'agit d'ajouts HTML récents que les anciens navigateurs ne supportent pas. Pis, même si vos visiteurs utilisent la dernière version du navigateur, ils ne verront pas nécessairement tous la même mise en forme, car Netscape et Microsoft ne se sont pas mis d'accord sur l'implémentation et le support des feuilles de style en cascade. Plus ironiquement, même Microsoft n'a pas été capable de faire fonctionner les CSS de façon cohérente entre les versions Macintosh et PC d'Internet Explorer.

Dreamweaver travaille dur pour assurer une compatibilité entre les différents navigateurs. Lorsque vous travaillez avec HTML dynamique, Dreamweaver crée un code complexe en tâche de fond qui est destiné à tirer le meilleur des fonctions supportées par chaque navigateur. Si vous regardez soigneusement le code, vous verrez que Dreamweaver crée de nombreuses balises pour permettre à ces deux types de navigateurs d'interpréter correctement votre mise en pages.

Appréciation des feuilles de style en cascade

Les feuilles de style en cascade donnent un excellent contrôle sur la mise en pages. Elles permettent aussi de faire des choses amusantes avec HTML dynamique (DHTML). Pour ne pas vous perturber avec une somme d'informations indigestes, je vais concentrer mon propos sur le contrôle de la police, de la taille, de l'espacement et du positionnement exact des éléments d'une page.

Une *feuille de style en cascade* est une liste de règles définies par HTML. HTML contient déjà une série de règles de comportements que vous pouvez ne jamais remarquer, et que vous ne pouvez pas altérer. Le terme *en cascade* se réfère à la manière dont les règles générales des CSS s'effacent devant les règles locales. Avec les CSS, vous pouvez définir des règles générales ou locales. Comme les règles locales l'emportent toujours sur les règles générales, on s'y réfère en tant que *cascade*.

La caractéristique la plus puissante des feuilles de style en cascade est de permettre d'appliquer globalement une modification de style à un site tout entier. Par exemple, vous pouvez définir un style d'en-tête en gras, de couleur bleue et centré. Ensuite, vous appliquez facilement ce style à tous les en-têtes de votre page Web. Au lieu de procéder en trois étapes pour appliquer chaque style, vous y parvenez en une seule opération. Il suffit ensuite de modifier le style de l'en-tête pour que les changements se répercutent sur tous les en-têtes utilisant le style en question.

Créer des feuilles de style en cascade dans Dreamweaver

Les CSS comportent un code qui se rapproche bien plus de la programmation que de l'implémentation de balises HTML, mais Dreamweaver contourne cette difficulté en écrivant le code à votre place. Pour vous aider à créer des feuilles de style en cascade, nous verrons comment maîtriser les écrans qui définissent les styles ; je vous donnerai également un aperçu des options qui se manifestent quand vous créez un style. Une fois la théorie assimilée, des étapes pratiques vous guideront dans la procédure de création et d'application de vos propres CSS.

Comprendre les types de styles des CSS

Vous pouvez créer deux types de CSS : interne et externe. Une *feuille de style interne* stocke ses données dans le code HTML d'une page et n'applique de styles qu'à cette page. Une *feuille de style externe* est un fichier texte que vous créez et stockez en dehors de votre page HTML. Vous pouvez vous y référer ensuite à l'aide de liens, comme vous le faites avec d'autres pages HTML du Web. De cette manière, vous pouvez appliquer des feuilles de style sur la totalité d'un site ou sur les pages qui sont liées à cette feuille de style externe.

Vous pouvez définir deux types de styles pour une CSS, et les utiliser soit en interne, soit en externe : les styles personnalisés et les styles de balises HTML redéfinis. Un *style personnalisé* est un nouveau jeu d'attributs que vous pouvez appliquer à n'importe quelle sélection de texte. Les styles personnalisés des CSS sont appelés *classes*. Pour l'instant, sachez simplement que, lorsque vous définissez un style personnalisé, vous lui donnez un nom de classe que vous utilisez pour appliquer le style à n'importe quel bloc de texte de la page.

En revanche, vous créez des styles de balises HTML en redéfinissant la manière dont des balises *existantes* vont être interprétées par le navigateur. Le résultat est que si vous redéfinissez une balise, comme la balise `<BLOCKQUOTE>`, tout le texte déjà mis en forme avec cette balise est automatiquement actualisé pour refléter la nouvelle définition du style.

Supposons que vous redéfinissiez la balise `<BLOCKQUOTE>` afin d'obtenir un texte en bleu d'une taille de 12 points et en italique. Normalement, le texte contenu dans cette balise est simplement placé en retrait. Le fait de redéfinir la balise `<BLOCKQUOTE>` ajoute de nouveaux attributs que sont la couleur bleue, l'italique et la taille de 12 points. Mais il y a plus : puisque les feuilles de style sont en cascade, tout style appliqué aux balises *au sein* de la balise `<BLOCKQUOTE>` écrase les balises `<BLOCKQUOTE>` qui l'enferment. Par conséquent, si vous avez placé un jeu de balises `<B>` (qui met le texte en gras) dans la balise `<BLOCKQUOTE>`, et que vous avez spécifié que le texte de la balise `<B>` est rouge, tout texte tombant dans cette balise sera rouge et non pas bleu, en plus d'être mis en gras. La balise `<B>` écrase le contenu des balises `<BLOCKQUOTE>` qui ont pourtant la gentillesse de l'accueillir. Cela est vrai pour n'importe quelle balise modifiée à l'aide des CSS.

Créer un nouveau style CSS

Pour créer un nouveau style CSS, commencez par ouvrir un document HTML ou par en créer un nouveau, et sélectionnez Fenêtre/Styles CSS pour ouvrir le panneau Styles CSS (qui est un onglet du panneau Création, à droite de l'espace de travail). Dans le coin inférieur droit de ce panneau, vous découvrez quatre petites icônes : Attacher une feuille de style, Nouveau style CSS, Modifier une feuille de style et Supprimer style. Cliquez sur l'icône Nouveau style CSS (vous pouvez aussi sélectionner Texte/Styles CSS/Nouveau style CSS).

La boîte de dialogue Nouveau style CSS apparaît, vous proposant les options suivantes :

- **Nom :** Le titre de ce premier champ dépend du type de CSS que vous sélectionnez dans la zone Type. Lisez la description qui apparaît pour chaque type de CSS.
- **Créer un style personnalisé (classe) :** Permet de définir un nouveau style que vous appliquez à n'importe quelle section de texte sur une page à l'aide de l'attribut de classe.
- **Redéfinir la balise HTML :** Permet de créer un style qui change la mise en forme associée à une balise HTML existante. Pour en savoir plus sur cette option, reportez-vous à la section "Redéfinir des balises HTML", plus loin dans ce chapitre.
- **Utiliser le sélecteur CSS :** Permet de définir une sorte de pseudo-classe qui combine un style personnalisé avec une balise HTML redéfinie. Les styles Sélecteur CSS s'appliquent uniquement à la balise `<A>`. Ils permettent de modifier la couleur d'un lien quand le pointeur de la souris de l'internaute passe dessus. Quand vous sélectionnez cette option, le premier champ vous demande d'indiquer le nom du Sélecteur. Choisissez-le dans la liste :

  `a:active` affecte un lien actif, qui est déclenché lorsque quelqu'un clique dessus.

  `a:hover` est déclenché quand la souris se trouve sur le lien.

  `a:link` est appliqué à n'importe quel lien textuel.

  `a:visited` affecte des liens qui ont déjà été visités par l'utilisateur.

  Notez que Sélecteur CSS ne fonctionne qu'à partir de la version 4 d'Internet Explorer.

- **Définir dans :** Cette option permet de décider si votre feuille de style existe dans la page en cours ou dans un fichier séparé.

Définir des styles

La boîte de dialogue Définition du style CSS vous permet de définir l'aspect de votre style en sélectionnant certains attributs. Vous n'êtes pas obligé de définir chaque option des catégories proposées. Toute option laissée vierge utilisera les paramètres par défaut du navigateur. Par exemple, si vous ne spécifiez pas de couleur de texte, le texte s'affichera en noir ou en fonction de la couleur par défaut employée pour cette page.

La catégorie Type

Après avoir nommé votre style et entré les informations nécessaires dans les champs que nous avons décrits plus haut, cliquez sur OK pour faire apparaître la boîte de dialogue Définition du style CSS, montrée Figure 8.3. Quand vous sélectionnez la catégorie Type de cette boîte de dialogue, son contenu est affiché dans la partie droite et offre les options de mise en forme suivantes :

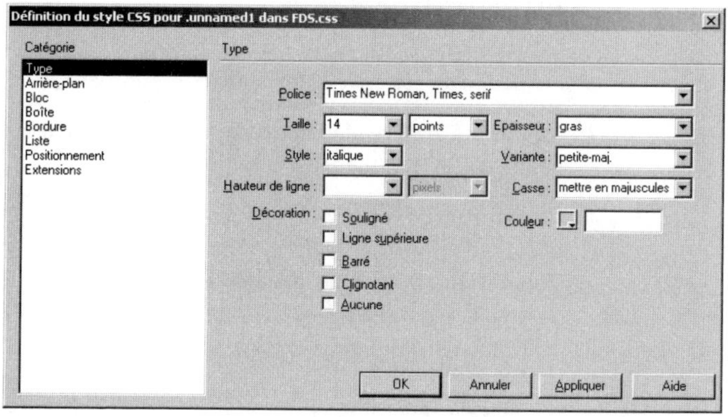

Figure 8.3 : La catégorie Type de la boîte de dialogue Définition du style CSS.

- **Police :** Spécifie une police, une famille de polices ou des séries de familles. Vous pouvez ajouter des polices à la liste en sélectionnant Modifier la liste des polices.
- **Taille :** Définit la taille du texte. Vous pouvez choisir une taille spécifique exprimée en points ou utiliser une taille relative exprimée en petit, moyen, grand, etc.
- **Style :** Permet de définir un éventuel enrichissement de la police pour qu'elle apparaisse en Normal, Italique ou Oblique.
- **Hauteur de ligne :** Permet de spécifier la hauteur de la ligne où le texte est placé. Les navigateurs 4.0 ne supportent pas cette fonction, et elle peut causer des problèmes dans les anciens navigateurs. Pour le moment, ne l'utilisez pas.
- **Décoration :** Permet de souligner, barrer ou encore faire clignoter le texte.

- **Épaisseur :** Permet de contrôler l'aspect d'un texte en gras.
- **Variante :** Permet de sélectionner une variante de la police, comme petite maj. (petite majuscule). Malheureusement, cet attribut n'est pas encore supporté.
- **Casse :** Permet de modifier globalement la casse des mots sélectionnés, en les plaçant en majuscules, en minuscules ou en conservant les lettres initiales. Malheureusement, cet attribut n'est pas encore supporté.
- **Couleur :** Définit la couleur du texte.

La catégorie Arrière-plan

La catégorie Arrière-plan permet de spécifier la couleur ou l'image d'arrière-plan d'un style. Voici les options proposées :

- **Couleur d'arrière-plan :** Spécifie la couleur d'arrière-plan d'un élément, par exemple un tableau.
- **Image d'arrière-plan :** Permet de sélectionner une image comme arrière-plan.
- **Répétition :** Détermine la manière dont l'image d'arrière-plan se "répand" sur la page. Dans tous les cas, l'image est coupée si elle dépasse l'élément qui se trouve derrière elle. Vous disposez des options suivantes :

  Pas de répétition : L'arrière-plan est affiché une seule fois au début de l'élément.

  Répéter : L'arrière-plan est répété en mosaïque verticalement et horizontalement derrière l'élément.

  Répéter-x : L'arrière-plan se répète horizontalement, mais pas verticalement, derrière l'élément.

  Répéter-y : L'arrière-plan se répète verticalement, mais pas horizontalement, derrière l'élément.

- **Fixation, Position horizontale et Position verticale :** Ces options permettent de contrôler l'alignement et le positionnement de l'image d'arrière-plan.

La catégorie Bloc

La catégorie Bloc (voir la Figure 8.4) définit l'espacement et l'alignement des balises et des attributs. Vous pouvez choisir les options suivantes :

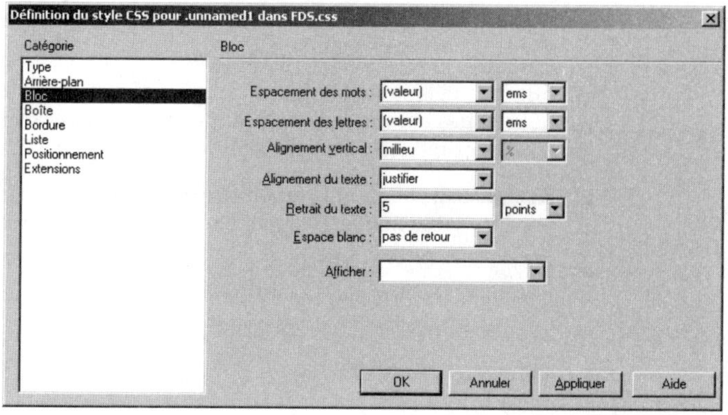

Figure 8.4 : La catégorie Bloc de la boîte de dialogue Définition du style CSS.

- **Espacement des mots :** Peut être spécifié en points, en millimètres (mm), en centimètres (cm), en points pica, en pixels, en ems et en exs.
- **Espacement des lettres :** Peut être spécifié en points, en millimètres (mm), en centimètres (cm), en points pica, en pixels, en ems et en exs.
- **Alignement vertical :** Fonctionne uniquement avec la balise <IMAGE>. Cette option spécifie l'alignement vertical d'une image, généralement par rapport à son parent.
- **Alignement du texte :** Spécifie la manière dont le texte s'aligne avec un autre élément d'une page.
- **Retrait du texte :** Spécifie le retrait de la première ligne d'un texte.
- **Espace blanc :** Vous avez le choix entre Normal, Pre et Pas de retour.

La catégorie Boîte

La catégorie Boîte définit les paramètres des balises et des attributs qui contrôlent la position des éléments d'une page. Voici les options que vous pouvez spécifier :

- **Largeur, Hauteur :** Permet de spécifier une largeur et une hauteur qui peuvent être utilisées dans un style que vous appliquez à des images ou à des calques.

- **Flottante :** Permet d'aligner une image à gauche ou à droite d'autres éléments, comme du texte, de manière à les habiller.
- **Effacer :** Définit le côté (droit ou gauche) sur lequel les calques ne sont pas autorisés. L'élément possédant cet attribut passe sous le calque. (Ne s'affiche pas dans Dreamweaver.)
- **Remplissage :** Définit la quantité d'espace entre l'élément et sa bordure ou sa marge. (Ne s'affiche pas dans Dreamweaver.)
- **Marge :** Permet de définir la quantité d'espace entre la bordure d'un élément et les autres éléments d'une page.

La catégorie Bordure

La catégorie Bordure définit des paramètres comme la largeur, la couleur et le style des bordures des éléments d'une page. Ses options, montrées Figure 8.5, sont Style, Largeur et Couleur.

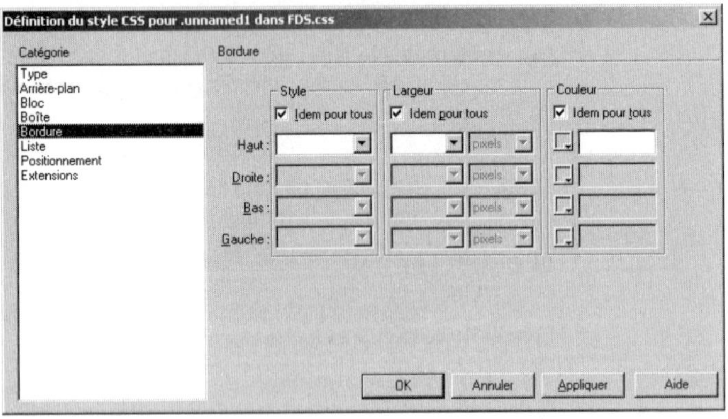

Figure 8.5 : La catégorie Bordure de la boîte de dialogue Définition du style CSS.

La catégorie Liste

La catégorie Liste définit des paramètres comme la taille et le type des puces pour les balises de liste. Si vous voulez utiliser une puce, vous pouvez employer le bouton Parcourir pour naviguer jusqu'à une image à utiliser comme telle. Vous pouvez aussi en spécifier la position.

La catégorie Positionnement

La catégorie Positionnement (voir la Figure 8.6) permet de modifier une balise ou un bloc de texte dans un nouveau calque, et d'en spécifier les attributs. Ce style utilise la balise spécifiée dans les préférences de calques. La balise `<DIV>` est la balise par défaut des calques dans Dreamweaver. Vous pouvez la modifier dans les préférences des calques, mais comme `<DIV>` est presque universellement supportée, il vaut mieux la conserver. Voici les options qui vous sont proposées :

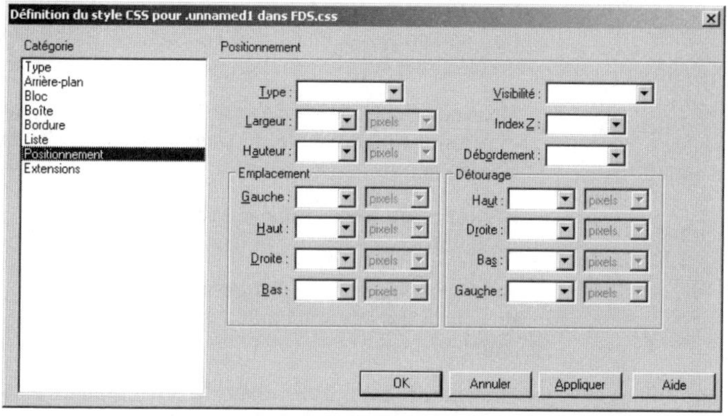

Figure 8.6 : La catégorie Positionnement de la boîte de dialogue Définition du style CSS.

- **Type :** Permet de spécifier la position d'un calque. Vous avez le choix entre Relatif, Absolu et Statique.

  Absolu : Ce positionnement utilise les coordonnées supérieures gauches saisies dans les listes Emplacement pour contrôler la position du calque relativement au coin supérieur gauche de la page Web.

  Relative : Ce positionnement utilise une position relative à la position courante du calque plutôt qu'à la position du coin supérieur gauche de la page.

  Statique : Le positionnement conserve le calque à l'endroit où vous l'insérez sur la page.

- **Visibilité :** Permet de contrôler la capacité des navigateurs à afficher le calque. Vous pouvez employer cette fonction en conjonction avec un langage de script comme JavaScript pour modifier dynamiquement l'affichage des calques.

  Hériter : Le calque possède la visibilité de son parent.

  Visible : Le calque est affiché.

  Masqué : Le calque n'est pas affiché.

- **Index Z :** Contrôle la position du calque sur la coordonnée Z. Plus la valeur est élevée, plus le calque est placé au-dessus des autres.
- **Débordement :** Indique au navigateur la manière d'afficher le contenu d'un calque qui excède sa taille. (N'est pas affiché dans Dreamweaver.)

  Visible : Force le calque à augmenter sa taille pour afficher tout son contenu. Le calque s'étend vers le bas et vers la droite.

  Masqué : Coupe le contenu du calque qui ne s'ajuste pas aux dimensions du navigateur. Aucune barre de défilement n'apparaît.

  Défiler : Ajoute des barres de défilement sans se préoccuper de savoir si le contenu du calque excède sa taille.

  Auto : Fait apparaître des barres de défilement si le contenu du calque excède ses limites. (Ne sont pas affichées dans Dreamweaver.)
- **Emplacement :** Définit la taille et la position d'un calque en se référant au paramétrage de Type. Les valeurs sont en pixels par défaut, mais vous pouvez choisir d'autres unités.
- **Détourage :** Permet de spécifier quelle partie du calque est visible en contrôlant la partie coupée quand elle ne s'ajuste pas à la zone d'affichage.

La catégorie Extensions

Les extensions comportent des filtres et des curseurs. La plupart d'entre eux ne sont pas supportés par les navigateurs ou ne sont supportés que par Internet Explorer 4.0 et supérieur :

- **Saut de page :** Insère un point dans une page indiquant à l'imprimante qu'il s'agit d'un saut de page.
- **Curseur :** Définit le type de curseur qui apparaît quand un utilisateur déplace le pointeur sur un élément.
- **Filtre :** Permet d'appliquer des effets spéciaux aux éléments comme des ombres portées et des flous de mouvement.

Créer un style personnalisé

Les étapes suivantes montrent comment créer un style personnalisé dans Dreamweaver.

Si vous ne souhaitez pas spécifier des attributs, ne saisissez aucune valeur. Dans ce cas, les navigateurs utilisent leurs propres valeurs par défaut.

Voici comment définir un style d'en-tête :

1. **Choisissez Texte/Styles CSS/Nouveau style CSS.**

   La boîte de dialogue Nouveau style CSS apparaît. Le nouveau style est automatiquement nommé .unnamed1.

2. **Dans le champ Nom, donnez un nouveau nom à votre style.**

   Dreamweaver donne un nom par défaut commençant par un point (.), car un nom de classe doit commencer par un point. Utilisez le nom que vous voulez, sans espace ni signe de ponctuation. Dreamweaver ajoute le point initial au nom de la classe si vous oubliez de le faire.

3. **Dans les options de Type, sélectionnez Créer un style personnalisé (classe).**

4. **Dans les options Définir dans, activez l'option Seulement ce document, car vous créez une feuille de style interne.**

5. **Cliquez sur OK.**

   La boîte de dialogue Définition du style CSS apparaît.

6. **Dans la liste Police, choisissez un jeu de polices.**

7. **Dans la liste Taille, choisissez une taille pour votre en-tête.**

8. **Dans la liste Style, choisissez un style.**

9. **Dans la liste Épaisseur, choisissez Gras.**

10. **Ignorez Variante et Casse, car ces attributs ne sont pas encore correctement supportés par les navigateurs.**

11. **Cliquez sur le nuancier Couleur pour sélectionner une couleur d'en-tête.**

12. **Cliquez sur OK une fois que vous avez terminé.**

    Votre style est automatiquement ajouté à la liste des styles.

Vous pouvez appliquer des styles de la liste Style à n'importe quelle page Web ou à n'importe quel bloc de texte sélectionné. Après avoir créé votre style, il apparaît dans le sous-menu Texte/Styles CSS.

Redéfinir des balises HTML

Pour redéfinir une balise, commencez par créer un nouveau style CSS, et sélectionnez l'option Redéfinir la balise HTML dans la boîte de dialogue Nouveau style CSS. Dans la liste des balises (Figure 8.7) qui apparaît, sélectionnez la balise à modifier, puis définissez les modifications que vous voulez lui appliquer en spécifiant les attributs correspondants dans la boîte de dialogue Définition du style CSS. Lorsque vous redéfinissez une balise HTML existante, tout le texte que vous avez déjà mis en forme avec cette balise reçoit la nouvelle mise en forme correspondante.

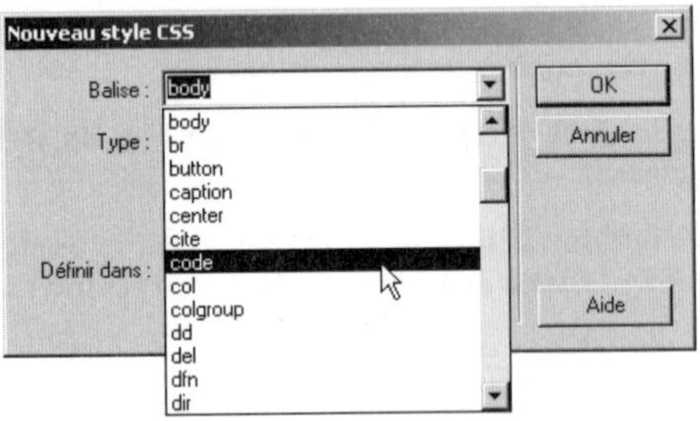

Figure 8.7 : L'option Redéfinir la balise HTML donne accès à une liste de balises que vous pouvez redéfinir avec une CSS.

Conflit de styles

ATTENTION !

Soyez prudent lorsque vous appliquez plusieurs styles au même texte. Ils peuvent entrer en conflit et le résultat peut être déconcertant.

Voici un exemple de conflit de styles. Vous définissez un style personnalisé que vous appelez `.en-tête`. Sa couleur est rouge et son alignement centré. Vous appliquez ce style à un texte sélectionné. Ensuite, vous décidez que ce texte sera en gras. Vous appliquez donc la balise `<B>` indépendamment, en la sélectionnant dans l'Inspecteur de propriétés. Vous venez d'utiliser deux types de styles différents. Comme ils n'entrent pas en conflit, chacun prend effet sans problème. L'en-tête est centré, de couleur rouge et enrichi en gras. Mais si vous décidez d'appliquer un alignement gauche, au lieu de centré, en cliquant sur l'icône adéquate dans l'Inspecteur de propriétés, vous générez un conflit.

Si un conflit direct existe, les styles personnalisés l'emportent sur les styles des balises HTML standard. De plus, le navigateur donne la priorité aux attributs du style qui est inséré le plus près du texte.

Appliquer des styles

Voici comment appliquer un style :

1. **Sélectionnez le texte auquel vous désirez appliquer un style.**
2. **Dans la liste du panneau Styles CSS, sélectionnez le style que vous voulez appliquer.**

   Le style est automatiquement appliqué à la sélection. Si le panneau Styles CSS n'est pas visible, sélectionnez Fenêtre/Styles CSS pour l'ouvrir.

Modifier un style existant

C'est un des gros avantages des feuilles de style en cascade : vous pouvez effectuer des modifications globales sur une page ou même sur la totalité d'un site en modifiant un style qui a été appliqué à plusieurs éléments.

Souvenez-vous que vous pouvez créer un nouveau style en dupliquant un style existant, puis en y apportant des modifications. Vous pouvez ensuite appliquer le nouveau style sans affecter des éléments qui sont déjà mis en forme sur vos pages avec la version originale du style.

La boîte de dialogue Modifier feuille de style (je vous dirai plus loin comment y accéder) vous offre les options suivantes :

- **Lien :** Permet de lier ou d'importer une feuille de style externe (un fichier texte qui définit un style) de manière à l'appliquer à une page ou à la totalité d'un site.
- **Nouveau :** Permet de définir un des trois types de feuilles de style.
- **Modifier :** Permet de modifier un style existant.
- **Dupliquer :** Crée une copie d'un style sélectionné que vous pouvez ensuite redéfinir.

- **Supprimer :** Permet de supprimer un style défini.

ATTENTION !

La fonction Annuler ne marche pas avec l'option Supprimer de la boîte de dialogue Modifier feuille de style. Avant de cliquer sur le bouton Supprimer, soyez sûr que vous voulez effacer le style.

TRUC

Dupliquer un style pour lui donner un nouveau nom et supprimer l'ancien est une manière rapide de désactiver un style dont vous ne voulez plus sans perdre le travail que vous avez fait en le créant.

Pour modifier un style existant, suivez ces étapes :

1. **Choisissez Texte/Styles CSS/Modifier feuille de style.**
2. **Sélectionnez le style que vous désirez modifier et cliquez sur le bouton Modifier.**

   La boîte de dialogue Définition du style s'ouvre.
3. **Choisissez une catégorie à modifier, comme Type ou Arrière-plan, dans la liste Catégorie. Définissez ensuite vos nouveaux attributs.**
4. **Une fois vos modifications apportées, cliquez sur OK.**

   Le style reflète immédiatement vos changements. Tous les éléments que vous avez définis avec le style d'origine se voient appliquer le nouveau style.

Utiliser des feuilles de style externes

Les feuilles de style externes permettent de créer des styles que vous appliquez aux pages d'un site Web en stockant les informations dans une page de texte séparée que vous liez à n'importe quel document HTML.

Les feuilles de style externes permettent de formater rapidement une page en en définissant les propriétés dans un fichier texte spécifique. Elles sont importantes pour obtenir une apparence cohérente sur tout un site, même lorsque plusieurs personnes travaillent sur ce site. Les feuilles de style externes permettent d'effectuer facilement des modifications globales. Il suffit de modifier la feuille de style pour que tous les éléments s'y rapportant soient immédiatement modifiés.

Créer et modifier une feuille de style externe

Une feuille de style externe doit être sauvegardée dans un fichier texte séparé. Quand vous utilisez Dreamweaver pour créer une feuille de style externe, le programme établit automatiquement un lien vers les pages Web auxquelles vous désirez appliquer les définitions de style.

Pour créer une feuille de style externe, suivez les mêmes étapes que pour une feuille de style interne, avec cette différence que, dans la boîte de dialogue Nouveau style, vous devez sélectionner Nouveau fichier feuille de style au lieu de Seulement ce document. Lorsque vous cliquez sur OK, une boîte de dialogue d'enregistrement apparaît, vous invitant à enregistrer la feuille de style sur votre disque dur en tant que fichier externe.

Voici comment lier une feuille de style externe à la page :

1. **Sélectionnez Fenêtre/Styles CSS.**

   Le panneau Styles CSS apparaît.

2. **Dans le panneau Styles CSS, cliquez sur l'icône Attacher une feuille de style (le premier bouton dans le coin inférieur droit).**

   La boîte de dialogue Ajouter une feuille de style externe apparaît, vous invitant à identifier la feuille de style externe à attacher.

3. **Après avoir localisé le fichier externe, cliquez sur le bouton OK (Ouvrir sur Mac).**

   La boîte de dialogue disparaît et le fichier externe CSS est automatiquement lié à votre page. Tous les styles que vous avez définis dans la feuille de style externe apparaissent maintenant dans le panneau Styles CSS. Comme vous avez établi un lien vers une feuille de style externe, les styles de cette dernière apparaîtront toujours dans le panneau Styles CSS chaque fois que vous ouvrirez ce fichier.

4. **Pour appliquer un style sur votre page, sélectionnez le texte auquel vous voulez l'appliquer, puis sélectionnez le style approprié dans le panneau Styles CSS.**

Quatrième partie

Que mon site soit cool !

"Peut-être que notre site Web serait plus dynamique si nous mettions nos produits en action !"

Dans cette partie...

Donnez vie à vos pages Web avec les fonctions interactives offertes par HTML dynamique. Vous pouvez ajouter des animations, des sons et des vidéos en liant vos pages Web avec une large plage de fichiers multimédias, et même utiliser des formulaires HTML pour créer des moteurs de recherche, des magasins en ligne, et bien d'autres choses plus ou moins étonnantes. C'est dans cette partie que vous allez trouver les informations dont vous aurez besoin pour mener à bien ces tâches.

Chapitre 9

Ajouter de l'interactivité avec HTML Dynamique et les comportements

Dans ce chapitre :

- Un peu de DHTML.
- Placer précisément avec des calques.
- Utiliser et appliquer des comportements.
- Jeter un coup d'œil à Extensions et Package Manager.

HTML Dynamique (DHTML) utilise des techniques de script avancées pour créer des placements précis d'éléments et un contenu dynamique, chose impossible avec HTML standard. Un *contenu dynamique* signifie que vous créez et altérez le contenu d'une page *une fois* que celle-ci a été téléchargée dans le navigateur de l'internaute.

L'inconvénient majeur de DHTML est que la prise en compte de ses fonctionnalités par les navigateurs n'est pas cohérente, et il n'est donc pas encore largement utilisé sur Internet. Quoi qu'il en soit, DHTML est intéressant, car il place les pages Web à un autre niveau d'interactivité et de multimédia sans pénaliser le temps de téléchargement des pages. Dans la suite de ce chapitre, vous allez voir comment utiliser les calques pour placer des éléments avec précision sur vos pages, et appliquer des comportements pour introduire des actions et des interactivités prédéfinies.

Comprendre DHTML

Les évolutions majeures que peut connaître un site grâce à DHTML se manifestent à travers un contrôle précis de la disposition, donc de la conception d'une page. Vous pouvez placer des blocs de texte et des images comme vous le souhaitez en spécifiant leur distance par rapport au bord supérieur et au bord gauche d'une page. HTML ne permet pas cela. La grande limitation de HTML est l'impossibilité d'empiler les éléments les uns au-dessus des autres. Avec DHTML, la coordonnée Z permet ce que HTML ignore.

DHTML permet aussi d'utiliser un langage de script comme JavaScript ou VBScript pour contrôler la plupart des éléments ou attributs sur une page. Cela signifie que vous pouvez modifier dynamiquement la taille ou la couleur d'un texte, l'alignement d'une image ou tout autre attribut d'une balise HTML. Par modification dynamique, j'entends la possibilité d'effectuer ces changements automatiquement après le chargement d'une page, ou d'assigner des actions qui seront déclenchées par un événement, comme le clic d'une souris. Ce qui est unique dans DHTML, c'est que la totalité de la page n'a pas à se recharger pour que ces changements prennent effet : l'action ne s'applique qu'à l'élément concerné sur la page, ce qui peut être très rapide, puisque la page n'a pas à être entièrement rechargée pour cela.

Trois fonctions puissantes de Dreamweaver permettent de créer facilement des fonctions DHTML : les calques, les comportements et le scénario. Les calques et les comportements sont traités dans ce chapitre, avec des instructions décrites étape par étape.

Pour permettre la mise en place précise des éléments, DHTML utilise des *calques*. Vous pouvez considérer les calques comme des conteneurs. Pour cet exemple, pensez aux conteneurs comme à des bateaux. Ensuite, voyez les *comportements* comme des événements et des actions. Par exemple, le bateau heurte un iceberg. Il s'agit d'un événement comparable à un clic de souris sur une image. Le bateau coule. Il s'agit d'une action comparable à l'image cliquée qui envoie vers une autre page Web. Enfin, envisagez le *scénario* comme le carnet de route du bateau. Dans Dreamweaver, le scénario permet de contrôler les actions et les événements de votre page. Vous disposez donc d'un emploi du temps précis en fonction duquel certains événements et certaines actions peuvent survenir.

Travailler avec des calques

Envisagez un calque comme une espèce de feuille ou de boîte transparente qui peut contenir des images, du texte ou bien d'autres éléments. Les calques sont pratiques, car vous pouvez en manipuler le contenu, modifier leur empilement, les rendre tantôt visibles, tantôt invisibles. Vous pouvez les placer n'importe où pour positionner des éléments, les utiliser pour superposer les éléments d'une page ou encore les rendre visibles et invisibles.

Créer des calques

Pour créer un calque, suivez les étapes ci-dessous :

1. **Choisissez Insertion/Calque.**

   Un calque vide apparaît en haut de la page.

2. **Cliquez sur le contour du calque pour le sélectionner.**

   Lorsque vous placez le pointeur de la souris sur un des contours du calque, il se transforme en une flèche à quatre pointes (une main sur Mac). Le fait de cliquer sélectionne alors le calque. Quand le calque est sélectionné, huit petites poignées noires apparaissent sur le périmètre de sélection.

3. **Faites glisser ces poignées pour redimensionner le calque.**

Ajouter des éléments, redimensionner et repositionner des calques

Voici comment ajouter des images ou du texte dans un calque :

1. **Cliquez pour insérer votre pointeur dans le calque.**

2. **Choisissez Insertion/Image.**

   La boîte de dialogue Sélectionner source de l'image apparaît.

3. **Parcourez votre disque dur local pour dénicher le fichier graphique à insérer. Cliquez sur son nom pour le sélectionner.**

4. **Double-cliquez sur le nom de l'image ou cliquez sur le bouton OK (le bouton Ouvrir sur Macintosh), pour insérer l'image.**

   L'image apparaît dans le calque.

5. **Cliquez à nouveau dans le calque pour y placer le point d'insertion, et saisissez du texte.**

   La Figure 9.1 vous en donne un exemple.

6. **Sélectionnez le texte et formatez-le avec les options de mise en forme du texte de l'Inspecteur de propriétés ou les options du menu Texte.**

7. **Sélectionnez l'image et utilisez l'Inspecteur de propriétés pour la formater.**

   Dans cet exemple, j'ai choisi Aligner/Milieu dans l'Inspecteur de propriétés pour obtenir la position de la Figure 9.1.

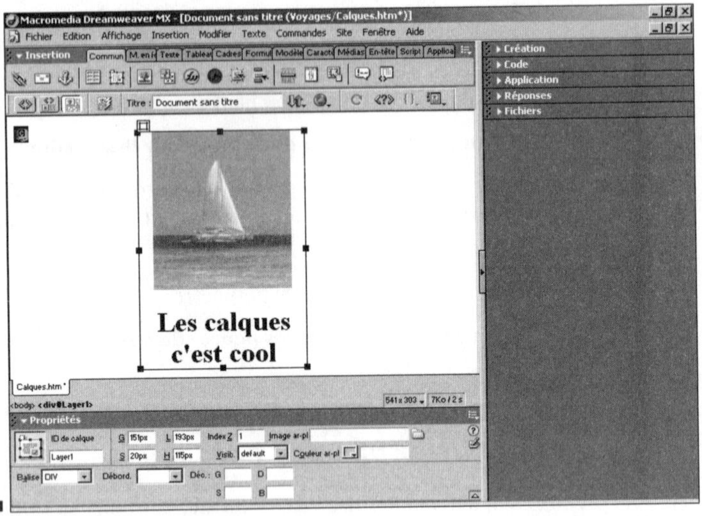

Figure 9.1 : Vous pouvez insérer des images et du texte dans un calque comme vous le feriez dans un simple document.

8. **Cliquez sur l'onglet qui apparaît dans le coin supérieur gauche du calque pour le sélectionner.**

9. **Utilisez les poignées pour redimensionner le calque en fonction de son contenu.**

10. **Pour déplacer un calque, cliquez sur le petit onglet situé dans le coin supérieur gauche du calque. Maintenez le bouton droit de la souris enfoncé, et déplacez le calque n'importe où sur la page.**

Comme les calques utilisent un positionnement exact, vous pouvez les déplacer à un endroit précis de la page. Les navigateurs supportant DHTML afficheront le contenu du calque en respectant cette position. C'est le cas de Netscape Navigator et d'Internet Explorer pour les versions 4 et ultérieures.

Comme le montre la Figure 9.1, l'Inspecteur de propriétés affiche les coordonnées du calque en pixels dès qu'il est sélectionné. Vous pouvez aussi utiliser ces champs pour définir la position du calque sur la page.

11. **Nommez votre calque en saisissant un nom dans le champ ID de calque situé dans le coin supérieur gauche de l'Inspecteur de propriétés.**

    Quand vous créez un nouveau calque, Dreamweaver lui donne automatiquement un nom, en commençant par Layer1, puis Layer2, Layer3, etc. Il est utile de donner au calque un nom plus descriptif, notamment lorsque vous disposez plusieurs calques sur une seule page.

Empiler des calques et modifier la visibilité

Une fonction puissante des calques réside dans leur maniabilité qui permet de les empiler les uns sur les autres, et de les rendre visibles ou invisibles. Pour empiler des calques, faites simplement glisser un calque sur un autre. Contrairement aux images, les calques donnent un contrôle de mise en page total, incluant leur chevauchement. Pour chevaucher des images, il suffit de les placer dans des calques distincts (voir exercice précédent), puis de déplacer les calques pour qu'ils se chevauchent. L'ordre des calques est contrôlé par deux options de Dreamweaver : Index Z, dans l'Inspecteur de propriétés, et le panneau Calques (c'est l'onglet Calques du panneau Mise en forme avancée), accessible via Fenêtre/Autres/Calques.

Pour empiler des calques et modifier leur ordre et leur visibilité, conformez-vous aux étapes suivantes :

1. **Sélectionnez le calque en cliquant sur sa bordure.**
2. **Cliquez sur le petit onglet situé dans le coin supérieur gauche du calque et déplacez-le sur la page pour le mettre à la position voulue.**
3. **Choisissez Fenêtre/Calques pour accéder au panneau Calques.**

Le panneau Calques liste tous les calques de votre page.

4. **Replacez les calques dans le panneau Calques en les faisant glisser vers le haut ou le bas.**

   L'ordre des calques change.

   Les calques sont automatiquement nommés Layer1, Layer2, etc., lors de leur création. Pour renommer un calque, double-cliquez sur son nom dans le panneau Calques. Le nom du calque est alors sélectionné. Saisissez directement son nouveau nom.

5. **Cliquez sur l'icône de l'œil de chaque calque pour le rendre ou non visible.**

   Si aucun œil n'apparaît, la visibilité appliquée est celle par défaut. Cliquez dans la colonne de visibilité pour afficher l'icône d'un œil. Si l'œil est ouvert, le calque est visible. Vous le voyez donc à l'écran. Cliquez pour le fermer. Dans ce cas, le calque n'est plus visible à l'écran, mais n'est pas supprimé de la page. Il ne s'affiche ni à l'écran ni dans le navigateur des internautes. Cliquez de nouveau pour supprimer l'icône de l'œil.

Les calques imbriqués : une joyeuse famille

Un *calque imbriqué* est un calque placé dans un autre, conservant ainsi une relation "parentale" avec le calque d'imbrication. Le premier calque devient parent du calque imbriqué, ce dernier étant le calque enfant. Le calque enfant utilise ensuite le coin supérieur gauche du calque parent comme point de référence au lieu du coin supérieur gauche du document. Même si les calques se trouvent sur des zones différentes de la page, ils conservent la relation avec le calque parent. Quand vous déplacez le premier calque sur la page, le calque imbriqué se déplace également.

Si vous envisagez d'imbriquer un autre calque dans le calque enfant, ce nouveau calque imbriqué devient enfant du calque enfant, qui est alors son parent. Le nouveau calque utilise le coin supérieur gauche de son calque parent comme point de référence. Le premier calque dans la chaîne d'imbrication garde son contrôle sur tous les calques enfants, signifiant que ces derniers se déplaceront en même temps que lui.

Plus encore : il est possible de rendre toute la famille visible ou invisible en cliquant sur l'icône de l'œil du calque parent dans le panneau Calques. Cela fonctionne si les calques enfants n'ont aucun œil dans leur colonne de visibilité, autrement dit, s'ils ont la visibilité par défaut. Lorsque la visibilité du calque enfant est fixée par défaut, il hérite de celle du calque parent.

Voici comment créer un calque imbriqué :

1. **Choisissez Insertion/Calque.**

   Une boîte représentant un calque apparaît en haut de la page. Dreamweaver nomme automatiquement ce calque Layer1.

2. **Placez le pointeur dans la fenêtre du document et redimensionnez le cadre.**

3. **Placez le curseur d'insertion dans le premier calque, et sélectionnez Insertion/Calque pour créer un deuxième calque dans le premier.**

4. **Placez le deuxième calque n'importe où sur la page en faisant glisser le petit onglet situé dans son coin supérieur gauche.**

5. **Dans le panneau Calques, cliquez sur Layer2 pour sélectionner le deuxième calque.**

   Le panneau Calques donne la liste des calques. Dreamweaver les nomme automatiquement Layer1, Layer2, et ainsi de suite. Si le panneau Calques n'est pas visible, sélectionnez Fenêtre/Calques pour le faire apparaître.

6. **Dans le panneau Calques, cliquez sur Layer2. Maintenez enfoncée la touche Ctrl (Commande sur Mac), et placez Layer2 sur Layer1 jusqu'à ce que l'icône d'une feuille apparaisse sous le pointeur. Relâchez alors le bouton.**

   Quand un calque est sélectionné, ses attributs sont visibles dans l'Inspecteur de propriétés, comme le montre la Figure 9.2. Vous pouvez y modifier le nom du calque, ainsi qu'en changer la taille et d'autres attributs.

TRUC

Pour créer un calque imbriqué, vous pouvez placer le pointeur dans n'importe quel calque, puis choisir Insertion/Calque. Le nouveau calque devient un enfant du premier. Vous pouvez ensuite déplacer le calque enfant n'importe où sur la page.

Paramétrer les options de calque

Dreamweaver donne accès aux options des calques par l'Inspecteur de propriétés. Elles ne sont disponibles que si le calque est sélectionné, comme le montre la Figure 9.2.

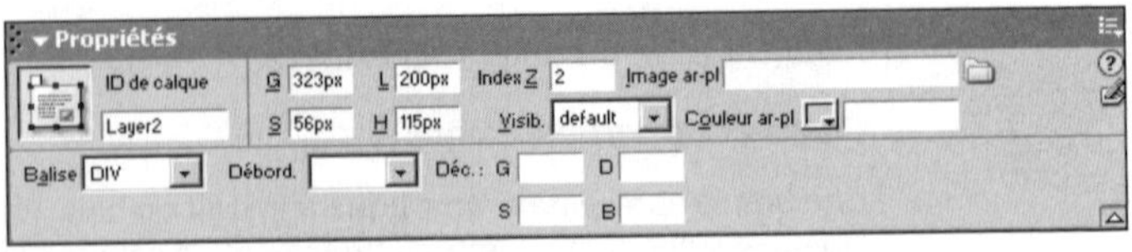

Figure 9.2 : Quand un calque est sélectionné, vous pouvez utiliser l'Inspecteur de propriétés pour en modifier les attributs.

La liste suivante décrit les options de calque et ce qu'elles contrôlent :

- **ID de calque :** Située dans le coin supérieur gauche de l'Inspecteur de propriétés, vous découvrez un champ juste en dessous de cette option. Il est destiné à renommer le calque pour mieux l'identifier. Utilisez des caractères alphanumériques standards (pas de caractères spéciaux comme des espaces, des traits d'union, des barres obliques ou des points).
- **G (Gauche) :** Cette valeur spécifie la distance du calque par rapport au bord gauche de la page ou du calque parent. Vous pouvez saisir la valeur qui vous convient.
- **S (Supérieur) :** Cette valeur spécifie la distance du calque par rapport au haut de la page ou du calque parent. Vous pouvez saisir la valeur qui vous convient.
- **L (largeur) :** Dreamweaver spécifie automatiquement la largeur quand vous créez un calque sur une page. Vous pouvez saisir une valeur numérique pour spécifier la hauteur. En plus, vous pouvez modifier l'unité de mesure (par défaut, en pixels). Il suffit de saisir les abréviations suivantes : pc (picas), pt (points), in (pouces), mm (millimètres), cm (centimètres) ou % (pourcentage de la valeur parent). Ne placez aucun espace entre le nombre et l'abréviation de l'unité de mesure.
- **H (hauteur) :** Dreamweaver spécifie automatiquement la hauteur quand vous créez un calque sur une page. Vous pouvez saisir une valeur numérique pour spécifier la hauteur. En plus, vous pouvez modifier l'unité de mesure (par défaut, en pixels). Il suffit de saisir les abréviations suivantes : pc (picas), pt (points), in (pouces), mm (millimètres), cm (centimètres) ou % (pourcentage de la valeur parent). Ne placez aucun espace entre le nombre et l'abréviation de l'unité de mesure.

- **Index Z :** Cette option détermine la position d'un calque par rapport aux autres quand ils sont empilés. Les valeurs les plus hautes des calques placent ceux-ci au-dessus des calques dont la valeur est plus faible. Les valeurs peuvent être positives ou négatives. Modifier l'ordre d'empilement des calques est plus simple en recourant au panneau Calques qu'en spécifiant une valeur Index Z.
- **Visib. :** Il s'agit de la visibilité des calques. Vous pouvez utiliser ce paramètre avec un langage de script pour modifier dynamiquement l'affichage des calques. Vous pouvez choisir parmi les options suivantes :

  Default : Dans la majorité des navigateurs, cette option correspond à la propriété de visibilité de la valeur parent.

  Inherit : Cette option utilise toujours la propriété de visibilité du calque parent.

  Visible : Cette option affiche toujours le calque, sans se soucier de la valeur du parent.

  Hidden : Cette option rend toujours le calque transparent (invisible), sans se soucier de la valeur du parent.

  Vous pouvez contrôler dynamiquement la visibilité grâce aux comportements JavaScript traités dans la section "Attacher des comportements", plus loin dans ce chapitre.
- **Image ar-pl :** Avec cette option, vous pouvez sélectionner une image d'arrière-plan destinée au calque, exactement comme vous le faites pour assigner une telle image à une page Web. Cliquez sur l'icône du dossier pour sélectionner l'image dans un de vos lecteurs.
- **Couleur ar-pl :** Utilisez cette option pour remplir l'arrière-plan du calque avec une couleur unie. Cliquez sur le nuancier pour accéder à la palette de couleurs, et sélectionnez une couleur.
- **Balise :** Permet de choisir entre les calques CSS (les balises `<DIV>` ou `<SPAN>`) et les calques Netscape (les balises `<LAYER>` ou `<ILAYER>`). En règle générale, vous emploierez les calques CSS (Dreamweaver utilise la balise `<DIV>` comme paramètre par défaut).
- **Débord. :** Ces options déterminent comment le contenu d'un calque est affiché s'il excède la taille de celui-ci. (Cette option s'applique uniquement aux calques CSS.) Choisissez parmi les options suivantes :

Visible : Cette option force une augmentation de la taille du calque pour que tout son contenu soit visible. Le calque s'étend vers le bas et vers la droite.

Hidden : Cette option coupe les bords du contenu qui ne rentre pas dans la taille du calque.

Scroll : Cette option ajoute des barres de défilement aux bords d'un calque sans se soucier de savoir si le contenu excède la taille du calque.

Auto : Si vous sélectionnez cette option, les barres de défilement apparaissent uniquement si le contenu du calque ne s'ajuste pas à ses limites.

- **Déc. :** Cette option contrôle la section du contenu d'un calque qui sera coupée si le calque n'est pas suffisamment grand pour afficher tout le contenu. Vous spécifiez la distance depuis la gauche (G), le haut (S), la droite (D) et le bas (B). Vous pouvez saisir des pixels (px), des picas (pc), des points (pt), des pouces (in), des millimètres (mm), des centimètres (cm) ou des pourcentages de la valeur du parent (%). N'ajoutez aucun espace entre la valeur et l'abréviation de son unité de mesure.

Les options suivantes ne s'appliquent qu'aux calques Netscape, et n'apparaissent que si vous choisissez LAYER ou ILAYER dans la liste Balise de l'Inspecteur de propriétés.

- **G**, **H** ou **PageX**, **PageY :** Utilisez ces options pour placer le calque.
- **Src. :** Cette option permet d'afficher un autre document HTML dans un calque. Saisissez le chemin d'accès au document ou cliquez sur l'icône du dossier pour en sélectionner un.
- **A/B :** Cette option spécifie la position des calques sur l'Index Z. Ce dernier contrôle l'empilement des calques.

Travailler avec des comportements

Les comportements sont des scripts prédéfinis (dans un langage de script appelé JavaScript) dont certains utilisent DHTML et d'autres pas, facilitant l'implémentation d'une interactivité dans vos pages Web. Vous pouvez appliquer des comportements à la plupart des éléments d'une page HTML, voire à la totalité de la page. C'est par l'intermédiaire d'une interface intuitive que Dreamweaver permet d'écrire facilement des comportements JavaScript, même si vous n'en avez jamais vu de votre vie.

Cette section montre avec quelle aisance il est possible de créer dans Dreamweaver des comportements qui génèrent des effets dynamiques. Grâce à eux, une image se modifie au passage du pointeur de la souris, ou une animation se déclenche quand l'internaute clique sur une image.

Attacher des comportements

Créer des comportements dans Dreamweaver se fait par l'ouverture d'un certain nombre de boîtes de dialogue, accompagnée de quelques clics de souris pour obtenir l'interactivité demandée. Vous pouvez attacher des comportements à des pages, des liens, des images et à presque tous les éléments d'une page. Sélectionnez l'élément, puis spécifiez l'action ou l'événement qui déclenche le comportement. Choisissez ce dernier dans le panneau Comportements. Les étapes suivantes montrent comment appliquer un comportement à un élément. Celui que je décris ici ouvre la fenêtre d'un navigateur avec une nouvelle page Web quand l'utilisateur clique sur une simple image.

Pour ajouter un comportement à un élément d'une page, suivez ces étapes :

1. **Sélectionnez une image ou un autre élément sur une page en cliquant dessus.**

   Pour attacher un comportement à la totalité d'une page, cliquez sur la balise `<BODY>` qui s'affiche dans le coin inférieur gauche de la fenêtre de Dreamweaver.

2. **Choisissez Fenêtre/Comportements pour accéder au panneau Comportements (l'onglet Comportements du panneau Création).**

   Vous pouvez également cliquer sur le bouton Affiche comportements de la barre lanceur.

3. **En haut à gauche du panneau Comportements, cliquez sur le signe "+". Dans le menu qui apparaît, sélectionnez Ouvrir la fenêtre Navigateur.**

   Lorsque vous sélectionnez un comportement dans ce menu, la boîte de dialogue correspondante apparaît.

4. **Dans la boîte de dialogue associée à l'action choisie, spécifiez les paramètres pour contrôler le fonctionnement du comportement.**

La Figure 9.3 montre la boîte de dialogue indiquant l'ouverture du fichier traducteur.html dans la fenêtre d'un nouveau navigateur. La nouvelle fenêtre aura les dimensions indiquées dans les champs Largeur et Hauteur de fenêtre (en pixels). Les autres paramètres contrôlent l'apparition d'éléments comme la barre de navigation, la barre de titre, la barre de menus et autres. Ce comportement permet de personnaliser entièrement la nouvelle fenêtre qui s'ouvre lorsque le comportement est exécuté.

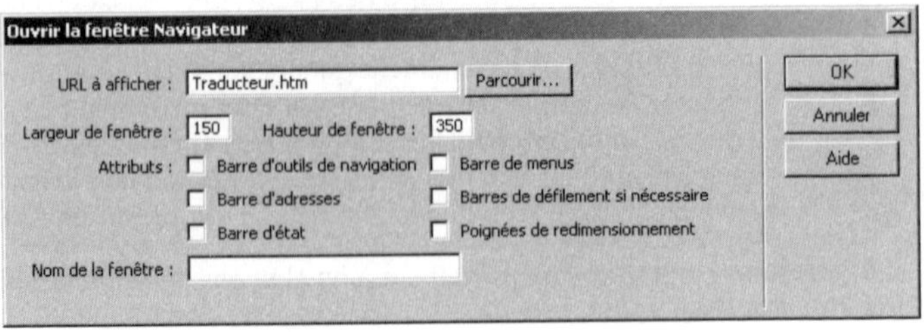

Figure 9.3 : Sélectionner une action dans le panneau Comportements ouvre une boîte de dialogue dont les options permettent de contrôler le comportement choisi.

5. **Après avoir spécifié les paramètres du comportement, cliquez sur le bouton OK.**

   La boîte de dialogue se ferme et l'action Ouvrir la fenêtre Navigateur est affichée dans le panneau Comportements.

6. **Pour modifier l'événement déclencheur de votre comportement, sélectionnez le comportement dans le panneau Comportements, et cliquez sur la petite flèche dirigée vers le bas associée à celui-ci.**

   Si cette flèche n'est pas visible, sélectionnez l'événement ou l'action dans le panneau Comportements. J'ai sélectionné l'événement onClick pour que le comportement s'exécute quand on clique sur l'image.

   Un *événement* est une action exécutée par un utilisateur sur votre page Web. Cette action déclenche le comportement inséré. Dreamweaver liste les événements basés sur les navigateurs cibles sélectionnés pour votre comportement.

7. **Pour tester l'action, choisissez Fichier/Aperçu dans le navigateur, et sélectionnez le navigateur dans lequel opérer le test.**

   Cela ouvre la page dans le navigateur choisi, ce qui vous permet de vérifier que l'action est bien conforme à ce que vous avez défini. Il est généralement nécessaire de nommer un élément pour que le comportement qui lui est appliqué puisse fonctionner correctement.

À propos des événements

Les *événements* sont des choses avec lesquelles l'utilisateur peut interagir sur une page Web (par exemple, cliquer sur une image). Il y a de nombreux événements disponibles quand vous définissez vos comportements. La liste des comportements du panneau Comportements varie en fonction du navigateur ciblé. Lorsque vous cliquez sur le bouton "+" du panneau Comportements, l'avant-dernière option se nomme Afficher les événements pour. Utilisez-la pour sélectionner le navigateur cible.

La liste suivante décrit les événements communément utilisés, et qui sont connus par la plupart des internautes (pour les versions 4.0 et ultérieures de Netscape et Internet Explorer).

- **onAbort :** Déclenché quand l'utilisateur interrompt le chargement d'une image (par exemple, quand il clique sur le bouton Arrêter de son navigateur pendant le téléchargement de l'élément).
- **onBlur :** Déclenché quand l'élément spécifié n'est plus dans le focus de l'interaction utilisateur. Par exemple, quand un utilisateur clique en dehors d'un champ de texte après avoir cliqué dedans, le navigateur génère un événement onBlur pour ce champ. onBlur est l'opposé de onFocus.
- **onChange :** Déclenché quand l'utilisateur modifie une valeur d'une page, comme sélectionner un élément dans un menu ou changer la valeur d'un champ textuel et cliquer ensuite n'importe où sur la page.
- **onClick :** Déclenché quand l'utilisateur clique sur un élément comme un lien, un bouton ou une image réactive.
- **onDblClick :** Déclenché quand l'utilisateur clique deux fois sur l'élément spécifié.
- **onError :** Déclenché quand un navigateur rencontre une erreur pendant le chargement d'une page ou d'une image, erreur

provoquée notamment quand une image ou une URL est non trouvée sur le serveur.

- **onFocus :** Déclenché quand l'élément spécifié devient le focus de l'interaction utilisateur. Par exemple, cliquer dans un champ de texte d'un formulaire génère un événement onFocus.
- **onKeyDown :** Déclenché dès que l'utilisateur presse une touche du clavier. (Il n'est pas nécessaire que l'utilisateur relâche la touche pour que l'événement survienne.)
- **onKeyPress :** Déclenché quand l'utilisateur presse et relâche n'importe quelle touche de son clavier ; cet événement est une combinaison de onKeyDown et de onKeyUp.
- **onKeyUp :** Déclenché quand l'utilisateur relâche une touche du clavier.
- **onLoad :** Déclenché quand une image ou une page termine son téléchargement.
- **onMouseDown :** Déclenché quand l'utilisateur presse le bouton de la souris. (Il n'a pas à le relâcher pour déclencher cet événement.)
- **onMouseMove :** Déclenché quand l'utilisateur déplace la souris tout en pointant sur l'élément spécifié, sans quitter le périmètre de l'élément en question.
- **onMouseOut :** Déclenché quand le pointeur sort de l'élément spécifié. (Généralement un lien.)
- **onMouseOver :** Déclenché quand le pointeur passe sur l'élément spécifié.
- **onMouseUp :** Déclenché quand un bouton de la souris a été pressé et relâché.
- **onMove :** Déclenché quand une fenêtre ou une image est déplacée.
- **onReset :** Déclenché quand un formulaire est réinitialisé sur ses valeurs par défaut, habituellement en cliquant sur le bouton Reset.
- **onResize :** Déclenché quand l'utilisateur redimensionne la fenêtre du navigateur ou un cadre.
- **onScroll :** Déclenché quand l'utilisateur agit sur les barres de défilement du navigateur.

- **onSelect :** Déclenché quand l'utilisateur sélectionne le texte d'un champ de texte en le mettant en surbrillance à l'aide du pointeur de la souris.
- **onSubmit :** Déclenché quand l'utilisateur soumet un formulaire, généralement en cliquant sur un bouton Submit, Envoyer ou Soumettre.
- **onUnload :** Déclenché quand l'utilisateur quitte la page soit en la fermant, soit en basculant vers une autre fenêtre du navigateur.

Ajouter un comportement de transformation par souris (rollover) pour changer d'images

Un *rollover* permet de remplacer une image par une autre sur une page lorsque le pointeur passe dessus. Cet effet est généralement rencontré dans les menus de navigation Web où un choix apparaît en surbrillance. Autrefois, créer une image survolée (un effet de rollover) exigeait des connaissances en JavaScript et demandait beaucoup de temps. Les comportements de Dreamweaver génèrent automatiquement le même code JavaScript, et des programmes comme LiveMotion d'Adobe créent des rollovers en s'appuyant sur une logique graphique.

Voici comment créer une image survolée (d'échange d'images) dans Dreamweaver :

1. **Cliquez dans votre page, à l'endroit où vous voulez faire apparaître l'image survolée.**

   Un effet rollover nécessite au moins deux images : une pour l'état initial (quand le pointeur n'est pas sur l'image) et une pour l'état rollover (quand le pointeur est sur l'image). Il est préférable que ces deux images aient les mêmes dimensions.

2. **Sélectionnez Insertion/Images interactives/Image survolée.**

   La boîte de dialogue Insérer une image survolée apparaît.

3. **Dans le champ Nom de cette boîte de dialogue, donnez un nom à cette image.**

   Pour appliquer un comportement à un élément, par exemple à une image, celui-ci doit avoir un nom, afin que le script du comportement puisse le référencer. Nommer les éléments permet aussi d'intervertir des images situées en des endroits différents sur la page en utilisant leurs noms comme références.

4. **Dans le champ Image originale, spécifiez la première image qui doit être visible (vous pouvez utiliser le bouton Parcourir pour naviguer jusqu'au fichier correspondant).**
5. **Spécifiez la deuxième image, celle que vous voulez rendre visible lorsque le pointeur de votre visiteur passe sur la première (vous pouvez utiliser le bouton Parcourir pour naviguer jusqu'au fichier correspondant).**
6. **Si vous voulez que l'image soit chargée dans le cache du navigateur avant l'événement qui la rend visible au visiteur, sélectionnez Précharger l'image survolée.**
7. **Dans la zone Si cliqué, aller à l'URL, entrez une URL ou utilisez le bouton Parcourir pour naviguer jusqu'à une autre page que vous voulez lier à votre site. Si vous ne spécifiez pas une URL, Dreamweaver insère automatiquement le caractère dièse (#).**
8. **Cliquez sur OK.**

   Les images sont automatiquement définies comme images survolées.

Attacher plusieurs comportements

On peut attacher plusieurs comportements au même élément d'une page (tant qu'ils n'entrent pas en conflit, bien sûr). Pour attacher des comportements supplémentaires, suivez les mêmes étapes que dans la section "Attacher des comportements" un peu plus haut dans ce chapitre. Ensuite, cliquez sur le signe plus pour sélectionner un nouveau comportement. Répétez cette action autant de fois que vous souhaitez ajouter de comportements.

Modifier un comportement

Vous pouvez modifier un comportement que vous avez créé. Vous pouvez choisir une autre action pour déclencher l'événement, et ajouter ou supprimer des comportements. Vous pouvez modifier les paramètres spécifiés.

Voici comment modifier un comportement :

1. **Sélectionnez un objet avec un comportement attaché.**
2. **Choisissez Fenêtre/Comportements pour ouvrir le panneau Comportements.**

Vous pouvez également cliquer sur le bouton Affiche comportements de la barre lanceur.

Voici ce que vous pouvez faire dans le panneau Comportements :

- Pour modifier un événement, choisissez-en un autre dans la liste des événements du menu du panneau Comportements.
- Pour supprimer une action, sélectionnez-la dans le panneau Comportements puis cliquez sur le signe moins.
- Pour modifier des paramètres d'une action, double-cliquez dessus. La boîte de dialogue correspondante apparaît, vous permettant d'effectuer les modifications nécessaires.
- Pour modifier l'ordre des actions, sélectionnez une action et cliquez sur l'une des flèches dirigées vers le haut ou le bas du panneau Comportements.

Problèmes de navigateur

Pour apprécier toute la puissance des comportements, il est légitime de cibler le navigateur Internet Explorer 5. Mais tout le monde ne l'utilise pas. Dreamweaver propose une alternative qui offre le meilleur compromis possible. Concevez vos pages pour Internet Explorer 5, puis convertissez-les pour les versions 3.0 des navigateurs. Vous disposez alors de deux pages à proposer au choix de l'utilisateur. Dreamweaver peut facilement convertir vos pages et inclure un script qui dirige automatiquement les utilisateurs vers la version adaptée à leur navigateur. Vous pouvez ajouter le script à une page à l'aide du comportement Vérifier le navigateur, et en sélectionnant l'événement onLoad dans le panneau Comportements.

Utiliser Extensions et Package Manager

Extensions permet d'ajouter facilement de nouvelles fonctions à Dreamweaver en les téléchargeant sur un site Web ou en créant vos extensions personnelles qui peuvent être partagées avec d'autres. Les extensions sont comme des comportements, sauf qu'elles ont la puissance d'altérer le système de menus de Dreamweaver en ajoutant de nouvelles fonctions par l'intermédiaire de nouveaux menus. Avec les extensions, vous pouvez modifier les couleurs d'arrière-plan, ajouter une liste de codes postaux, incorporer instantanément des animations QuickTime ou vous connecter à des bases de données, le tout avec une simple commande d'un menu. L'idée qui se cache derrière les extensions est que toute personne connaissant un peu de langage de script peut créer de nouvelles méthodes de personnalisation de Dreamweaver, et partager ses créations avec la communauté d'utilisateurs de ce logiciel magique. Les nouvelles extensions se téléchargent sur le site Macromedia à l'adresse suivante : `www.macromedia.com/fr/exchange/dreamweaver/`.

Une fois sur le site, vous êtes cordialement invité à télécharger et à installer les extensions dont le nombre grandit chaque jour du fait des développeurs qui partagent leurs connaissances et leur passion. Vous pouvez chercher des extensions par catégorie ou en parcourant la liste présente.

Pour installer une extension, téléchargez-la depuis le site Exchange, et utilisez Macromedia Extension Manager, un utilitaire qui fait partie de Dreamweaver. Les extensions que vous téléchargez sont enregistrées sur votre ordinateur avec l'extension .mxp. Macromedia Extension Manager installe et supprime ces fichiers dans Dreamweaver. Pour exécuter Macromedia Extension Manager et installer des extensions :

1. **Choisissez Commandes/Gérer les extensions.**

   L'utilitaire Macromedia Extension Manager apparaît.

2. **Choisissez Fichier/Installer une extension. Utilisez la boîte de dialogue qui apparaît pour sélectionner l'extension que vous venez de télécharger.**

   Une fois l'installation terminée, vous voyez une brève explication sur l'utilisation de l'extension.

3. **Revenez dans Dreamweaver pour utiliser la nouvelle extension.**

Chapitre 10

Créer des fonctions DHTML avancées

Dans ce chapitre :

- Travailler avec des scénarios.
- Utiliser des comportements avec un scénario.
- Les options DHTML des navigateurs.

En animant des calques, comme je vais vous le montrer dans ce chapitre, vous pouvez échapper au monde des pages Web statiques. C'est ce que permet Dreamweaver avec une interface intuitive. Un *scénario* permet de créer des animations en modifiant la taille, la position, la visibilité et l'empilement des calques et de leur contenu sur une durée de temps prédéterminée, image par image Les scénarios sont facilement intégrables aux comportements. Vous disposez alors d'une gamme de possibilités exceptionnelles.

Utiliser un scénario

Les étapes de cette section présentent les options du scénario, et expliquent les fonctions que vous pouvez y créer. Pour travailler avec les scénarios, vous devez connaître les bases qui régissent le fonctionnement des calques DHTML (décrites au Chapitre 9). Les scénarios ne sont utiles que si vous implémentez des fonctions DHTML pour créer des éléments qui n'apparaissent qu'à certains moments, soit automatiquement au chargement d'une page, soit comme résultat d'une action.

Les animations et les effets que vous créez avec un scénario ne fonctionnent que dans les versions les plus récentes des navigateurs (celles prenant en compte DHTML).

Les scénarios fonctionnent en définissant une série de trames dont le contenu évolue dans le temps. Ces trames sont appelées *images* dès qu'elles contiennent des éléments qui peuvent subir diverses modifications comme le déplacement à une nouvelle position ou le remplacement par un autre calque ou une image. Vous pouvez donc utiliser des scénarios pour créer des animations.

On crée des scénarios avec le panneau du même nom (pour le faire apparaître, sélectionnez Fenêtre/Autres/Scénarios), qui est essentiellement une grille composée de *canaux* (verticalement) et de *trames* (horizontalement).

Présentation des éléments du panneau Scénarios

En partant du haut et en allant de gauche à droite, les fonctions du panneau Scénarios sont les suivantes :

- **La liste déroulante Scénarios :** Indique le scénario du document actuellement affiché dans le panneau Scénarios. Dreamweaver assigne automatiquement un nom à chaque nouveau scénario, en commençant par Timeline1. Il vaut mieux lui donner un nom significatif de la fonction qu'il remplit. Sélectionnez dans cette liste le scénario sur lequel vous désirez travailler.
- **Rembobiner :** Muni d'une flèche pointant vers la gauche, ce bouton amène la tête de lecture à la première image du scénario.
- **Retour :** Déplace la tête de lecture d'une image vers la gauche.
- **Indicateur de l'image en cours :** Représenté par un champ entre les boutons Retour et Lecture. Le numéro affiché est celui de l'image où se trouve la tête de lecture.
- **Lecture :** Déplace la tête de lecture d'une image vers la droite.
- **Ips :** Ce champ indique le nombre d'images par seconde qui sont lues sur le scénario (la cadence). La valeur par défaut est 15.
- **Lecture auto :** Entraîne la lecture automatique du scénario lors du chargement de la page dans un navigateur.
- **Boucle :** Entraîne la lecture en boucle infinie du scénario en cours lorsque la page est ouverte dans un navigateur.
- **Le canal de comportements :** Contient les comportements qui doivent être exécutés avec une image particulière du scénario.

- **Les numéros d'images :** Indiquent la numérotation séquentielle des images. Le numéro qui apparaît entre les boutons Retour et Lecture indique l'image en cours.
- **Canaux d'animation :** Affichent les barres permettant d'animer les calques et les images. Chaque ligne est un canal à part entière qui agit comme un calque. Vous pouvez créer plusieurs animations en utilisant plusieurs canaux.
- **Tête de lecture :** Indique l'image du scénario qui est actuellement affichée sur la page.
- **Les barres d'animation :** Indiquent la durée de l'animation de chaque objet. Une ligne peut comprendre plusieurs barres représentant différents objets.
- **Images-clés :** Images particulières dans une barre. Ce sont celles dans lesquelles vous spécifiez une nouvelle propriété (par exemple la position) d'un objet. Dreamweaver calcule les valeurs intermédiaires pour les images situées entre les images-clés. De petits cercles signalent les images-clés.

L'un des avantages d'un scénario est de pouvoir automatiser la procédure d'animation. Dreamweaver remplit automatiquement les images qui séparent deux images-clés. En d'autres termes, vous indiquez l'image de départ et l'image d'arrivée, et Dreamweaver dessine les images intermédiaires à votre place.

Vous pouvez sélectionner la fenêtre Inspecteur de code pour afficher le code JavaScript créé par Dreamweaver quand vous recourez à un scénario. Vous trouverez le code MM_initTimelines entre les balises `<SCRIPT>` et `<HEAD>` du document.

Créer des scénarios

Dans les étapes suivantes, je crée un scénario qui déplace automatiquement deux calques quand la page se charge, et qui démontre l'utilisation des images-clés. Pour créer un scénario avec des images-clés, conformez-vous aux étapes suivantes :

1. **Commencez par créer un calque et remplissez-le avec du texte ou une image.**
2. **Placez le calque où vous désirez que la séquence d'animation commence. Pour cela, sélectionnez le calque en cliquant sur le petit onglet placé dans le coin supérieur gauche, et faites-le glisser jusqu'à sa nouvelle position. C'est la position de départ du calque au début de la séquence d'animation.**

Si vous voulez placer le calque en dehors de la page visible, vous devez saisir un nombre négatif dans le champ G (gauche) ou S (supérieur-haut) de l'Inspecteur de propriétés.

3. **Choisissez Fenêtre/Autres/Scénarios.**

   Le panneau Scénarios apparaît.

4. **Cliquez sur le calque que vous désirez ajouter au scénario pour le sélectionner, puis choisissez Modifier/Scénario/ Ajouter un objet au scénario.**

   Une barre apparaît dans le premier canal du scénario. Le nom du calque ou de l'image apparaît dans la barre.

5. **Cliquez sur le point bleu au bout de la barre d'animation pour le sélectionner.**

   Les points du scénario symbolisent des images-clés. Tous les objets du scénario disposent d'une image-clé de début et de fin.

6. **L'image-clé étant sélectionnée, revenez à la fenêtre du document et déplacez le calque à une nouvelle position.**

   La position du calque sur la page est maintenant différente dans la dernière image-clé. En modifiant physiquement la position du calque, Dreamweaver crée automatiquement une séquence d'animation des images pour remplir les trames vides séparant les deux images-clés. Une ligne apparaît sur la page. Elle symbolise le chemin suivi par le calque (Figure 10.1). En cliquant sur le bouton Rembobiner ou Lecture du panneau Scénarios, vous pouvez voir comment le calque se déplace image par image.

7. **Pour augmenter la durée de l'animation, cliquez sur le cercle de l'image du panneau Scénarios, et faites-le glisser vers la droite. Pour diminuer cette durée, faites-le glisser vers la gauche.**

   Cet allongement ou ce raccourcissement de la barre d'animation contrôle la vitesse à laquelle les éléments vont de la première image-clé à la seconde.

8. **Si vous désirez incurver le déplacement de l'animation, ajoutez une autre image-clé, et modifiez la position du calque associé à celle-ci. Cliquez sur une trame au centre de la barre d'animation pour y placer la tête de lecture. Choisissez Modifier/Scénario/Ajouter une image-clé.**

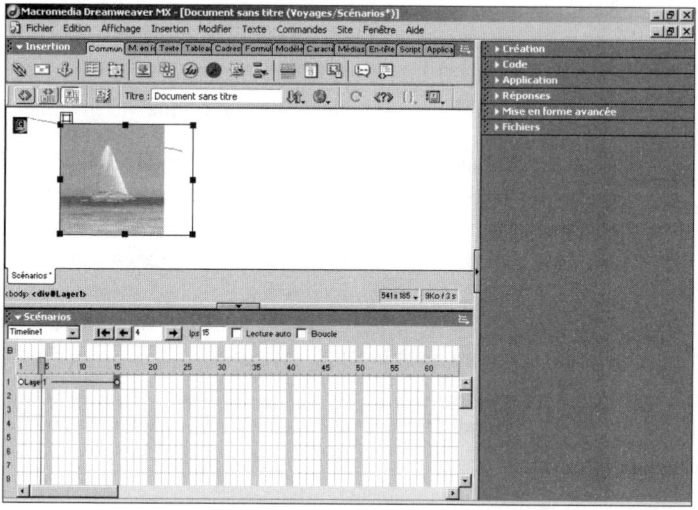

Figure 10.1 : La ligne diagonale indique que le calque se déplace dans le temps en suivant une trajectoire de la trame 1 à la trame 15.

Un nouveau cercle apparaît sur la trame sélectionnée. Vous pouvez ajouter autant d'images-clés que vous le souhaitez. Utilisez-les pour contrôler la position ou d'autres fonctions de l'élément. Dans l'exemple illustré Figure 10.2, j'ai ajouté une image-clé dans la trame 7.

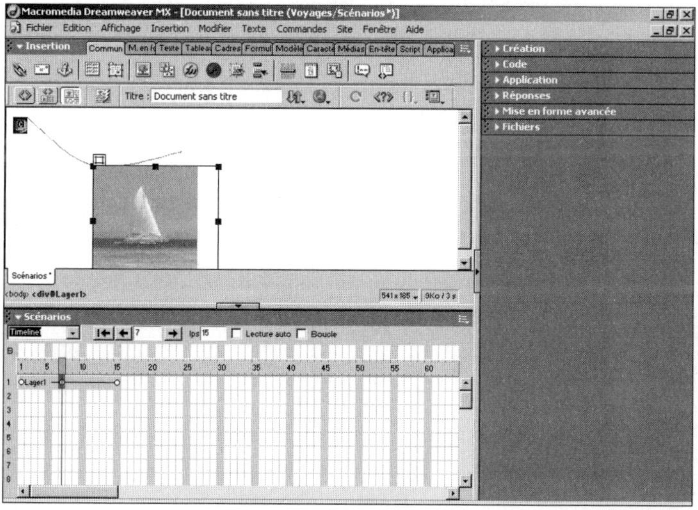

Figure 10.2 : En ajoutant une image-clé à la trame 7 et en positionnant de nouveau le calque, j'ai incurvé la trajectoire.

9. **Dès qu'une image-clé est ajoutée, elle est automatiquement sélectionnée dans la barre de l'animation. Profitez-en pour déplacer le calque à une nouvelle position.**

   Par exemple, si vous désirez un calque qui traverse une page sur une trajectoire courbe plutôt qu'une ligne droite, vous pouvez ajouter une image-clé comme je l'indique à l'étape 8. Positionnez-la ensuite comme sur la Figure 10.2. Ce déplacement génère automatiquement la courbe.

10. **Cochez l'option Lecture auto du panneau Scénarios.**

    Cela indique que l'animation s'exécutera dès le chargement de la page. Dans le cas contraire, l'animation ne sera lue que si un événement lui indique de le faire.

11. **Pour prévisualiser l'animation, cliquez sur le bouton Lecture et maintenez enfoncé le bouton de la souris, ou choisissez Fichier/Aperçu dans le navigateur.**

    En cliquant sur le bouton Lecture, vous voyez se dérouler l'animation. La commande Aperçu dans le navigateur ouvre la fenêtre dans le navigateur. Dès que l'animation est chargée, vous voyez le déplacement de l'objet contenu dans le calque. Si le déplacement ne se fait pas, vérifiez que la case Lecture auto du panneau Scénarios est bien cochée.

En suivant ces étapes, vous pouvez ajouter des calques au scénario. En décalant les barres d'animation, vous décalez l'exécution des séquences d'animation les unes par rapport aux autres. Sur la Figure 10.3, vous voyez deux calques représentant chacun une barre d'animation du scénario. Notez que les deux barres sont décalées. Dans cet exemple, Layer1 s'arrête à la trame 15 tandis que Layer2, commençant plus tard, s'arrête à la trame 19.

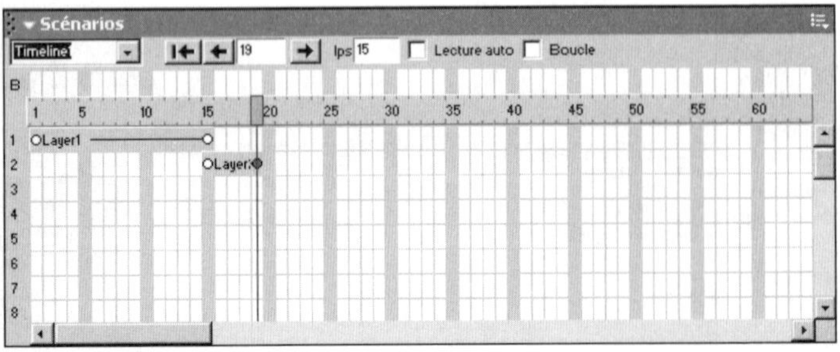

Figure 10.3 : Il est facile de contrôler plusieurs calques ; chaque barre du scénario contrôle un calque différent.

Enregistrer le chemin d'un calque

Une autre manière de créer une animation consiste à enregistrer la trajectoire du calque sur une page en l'y déplaçant manuellement. Supposons que vous vouliez qu'un logo se déplace sur la page ou suive une trajectoire particulière nécessitant plusieurs images-clés. C'est ce que permet la fonction Enregistrer le chemin du calque.

Voici comment enregistrer le chemin (ou trajectoire) d'un calque :

1. **Sélectionnez le calque dont vous désirez enregistrer le déplacement. Faites-le glisser jusqu'à la position où doit commencer l'animation.**
2. **Le calque étant toujours sélectionné, choisissez Modifier/ Scénario/Enregistrer le chemin du calque.**

   S'il n'est pas déjà visible, le panneau Scénarios apparaît.
3. **Faites glisser soigneusement le calque à l'écran pour définir le chemin qu'il doit suivre.**

   Pendant le déplacement, une ligne grise indique la forme de la trajectoire. Le scénario génère automatiquement les nouvelles images-clés représentées par des points sur la barre d'animation. Plus vous effectuez lentement ce tracé, plus les images-clés sont proches les unes des autres.
4. **Quand vous avez terminé, relâchez le bouton de la souris. La trajectoire a été enregistrée, et les images-clés automatiquement générées.**

Lire vos animations

Créer un scénario dans Dreamweaver revient à créer une action qui survient mais dont l'événement déclencheur n'est pas encore défini. Cet événement indique le moment où l'animation doit être lue. Pour que l'animation s'exécute une fois le chargement de la page terminé, cochez la case Lecture auto du panneau Scénarios. Cette option ajoute un gestionnaire d'événement onLoad dans la balise `<BODY>` de votre code HTML. Cela indique au navigateur de commencer la lecture de l'animation immédiatement après le chargement de la page. Vous pouvez alors prévisualiser votre animation dans un navigateur via Fichier/Aperçu dans le navigateur.

Si vous ne désirez pas que l'animation s'exécute immédiatement après le chargement de la page, mais quand un utilisateur clique sur un bouton particulier, ne cochez pas l'option Lecture auto. Vous pourrez ensuite ajouter un comportement qui demande au scénario de lancer la lecture de l'animation.

Utiliser des comportements avec un scénario

Vous pouvez insérer des comportements dans un scénario comme vous attachez des comportements à du texte ou à des images. Les comportements peuvent déclencher des animations, incluant le démarrage, l'arrêt ou même l'accès direct à une image spécifique du scénario. Le comportement peut donc être attaché à n'importe quel élément comme du texte, des images et même d'autres calques.

Utiliser un comportement pour déclencher une animation du scénario

Le démarrage d'une animation peut exiger une action de l'utilisateur, par exemple cliquer sur un bouton. Ces étapes montrent comment démarrer une animation en utilisant un comportement :

1. **Insérez et positionnez l'image qui doit déclencher l'animation du scénario.**

2. **Choisissez Fenêtre/Comportements pour ouvrir le panneau Comportements.**

3. **L'image étant sélectionnée dans la fenêtre du document, cliquez sur le signe "+" du panneau Comportements.**

   La liste des comportements disponibles pour cet objet apparaît.

4. **Dans la liste des comportements, placez le pointeur sur Scénario, et sélectionnez Lire le scénario dans le sous-menu qui apparaît, comme le montre la Figure 10.4.**

   La boîte de dialogue Lire le scénario apparaît. Elle dispose d'une liste dans laquelle vous trouverez tous les scénarios que vous avez définis dans votre page.

5. **Dans la liste des scénarios, sélectionnez le scénario approprié, et cliquez sur OK.**

   L'action Lire le scénario apparaît dans la colonne Actions du panneau Comportements, indiquant l'événement qui déclenche l'action.

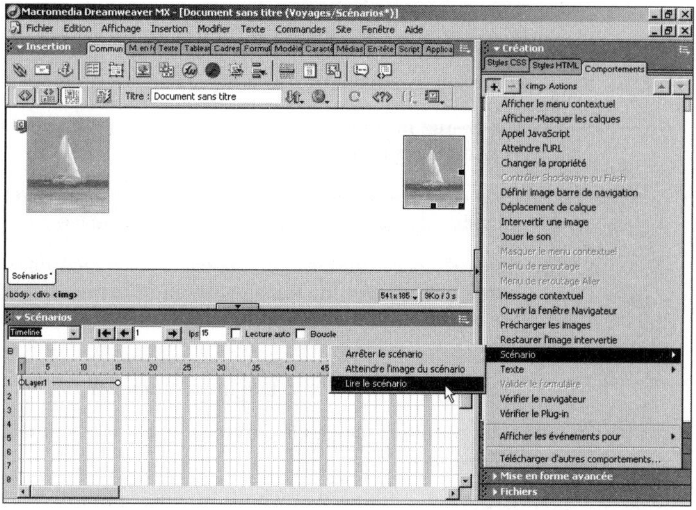

Figure 10.4 : Vous pouvez ajouter un comportement pour lire un scénario.

Vous pouvez aussi spécifier les comportements qui sont déclenchés par d'autres événements, par exemple onClick, qui signifie que l'action est déclenchée par le clic de l'utilisateur sur une image, ce qui lance le scénario d'animation.

Insérer des comportements dans un scénario pour déclencher des actions

Vous pouvez également ajouter des comportements aux images-clés, déclencher des actions depuis une animation d'un scénario ou ajouter des comportements à une image spécifique dans le canal Comportements du panneau Scénarios. Ces comportements sont déclenchés quand l'animation atteint une image particulière du scénario. Par exemple, si j'ai animé une tache rouge, je peux définir un effet d'écrasement de cette tache à des moments particuliers de l'animation pour lui donner un aspect plus réaliste. Cet effet peut être obtenu en *substituant* une seconde image à la première. C'est un comportement ajouté au scénario qui va permettre d'échanger les images à une image-clé précise.

Voici comment ajouter une action de substitution d'images dans un scénario :

1. **Cliquez pour sélectionner l'image dans le calque. Ne sélectionnez que l'image et surtout pas le calque. Faites ensuite glisser**

l'image sur le panneau Scénarios pour créer une seconde barre d'animation.

Cette barre d'animation se nomme *Image1* et non pas *Layer1*.

2. **Créez une nouvelle image-clé au point où vous désirez échanger les images.**

   Pour cela, cliquez sur la barre d'animation de l'image, et choisissez Modifier/Scénario/Ajouter une image-clé.

3. **Le cercle représentant l'image-clé étant sélectionné dans la barre d'animation de l'image, utilisez l'Inspecteur de propriétés pour modifier l'image source.**

   Vous pouvez saisir le nom d'une image ou cliquer sur l'icône du dossier pour rechercher une image sur votre disque dur.

4. **Sélectionnez l'image-clé suivante, et changez de nouveau l'image source.**

5. **Répétez les étapes 2 et 3 pour modifier l'image de n'importe quelle autre image-clé.**

6. **Pour prévisualiser l'animation, maintenez le bouton Lecture enfoncé.**

7. **Quand vous avez terminé, choisissez Fenêtre/Autres/Scénarios pour fermer le panneau Scénarios.**

Une autre manière d'ajouter un comportement à un scénario consiste à cliquer sur n'importe quelle image dans le canal de comportement du panneau Scénarios (la rangée supérieure de ce panneau, indiquée par un B à son extrémité gauche), et à sélectionner un comportement dans la liste Actions du panneau Comportements. Dans ce cas, le comportement s'exécute quand la tête de lecture atteint l'image à laquelle le comportement a été appliqué.

Vérifiez que vos pages fonctionnent dans les anciens navigateurs

La plupart des fonctions dont nous parlons ici ne sont supportées que par les navigateurs récents, et de nombreux internautes utilisent toujours d'anciens navigateurs. À la vitesse de l'informatique, un "ancien navigateur" est une version antérieure à la version 4.0. Ne perdez pas de vue, toutefois, que vous pouvez rencontrer des difficultés même avec les versions les plus récentes des navigateurs, parce qu'ils ne reconnaissent pas tous de la même manière les fonctions DHTML. L'équipe de développement de Dreamweaver a donc inclus des fonctions qui permettent d'adapter votre création à différents types de navigateurs cibles. Lorsque vous choisissez une cible dans le panneau Comportements, vous connaissez immédiatement ceux qui sont supportés par telle ou telle version du navigateur.

L'action Vérifier le navigateur

Le meilleur moyen de régler les problèmes de compatibilité est de créer plusieurs versions de votre site, chacune étant dédiée à une version particulière des navigateurs. Pour savoir quel navigateur doit afficher telle ou telle version du site, vous pouvez sélectionner l'action Vérifier le navigateur. Elle se trouve dans la liste Actions du panneau Comportements, c'est-à-dire en cliquant sur le signe "+". Cette action envoie automatiquement les utilisateurs vers l'URL correspondant à leur navigateur. Vous pouvez alors créer une version de votre site pour les navigateurs récents, et une version simplifiée pour les navigateurs plus anciens.

Appliquer ce comportement à votre page entraîne l'exécution d'un script de détection du navigateur pour en déterminer la version au moment du chargement de la première page. Une fois le chargement terminé, le visiteur est dirigé vers une URL correspondant à la version de son navigateur, ou bien il reste sur la même page.

La commande Convertir compatible navigateurs 3.0

Puisque les concepteurs sont amenés à créer plusieurs versions de leur site, Macromedia met également à leur disposition la fonction Convertir compatible navigateurs 3.0. Elle permet de créer automatiquement une seconde page qui s'affiche sans difficulté dans les anciens navigateurs. Vous créez une page à l'aide de toutes les fonctions mises à votre disposition par Dreamweaver, puis vous exécutez l'option de conversion. Dreamweaver crée automatiquement une seconde page qui fonctionne dans les navigateurs 3.0, et dont l'aspect est sensiblement le même que l'original.

Le problème est que vous ne pouvez pas avoir les mêmes fonctions dans une version 3.0 que dans une version 4.0 ou ultérieure. Si vous avez un scénario animé qui déplace des boutons sur une page, vous perdez l'animation lors d'une conversion 3.0, mais vous conservez les boutons.

Le processus de conversion en version 3.0 fonctionne bien pour la plupart des fonctions CSS (feuilles de style en cascade), parce qu'il convertit les attributs des styles en attributs de mise en forme ordinaire pour le texte concerné.

Lorsque vous convertissez un fichier en version compatible 3.0, Dreamweaver crée une copie du fichier d'origine et en modifie le code. Voici les changements que vous avez des chances d'observer :

- Les calques se transforment en tableaux avec un effort pour préserver la position des éléments. Le tableau affiche les calques à leurs positions d'origine.
- Les styles de caractères HTML remplacent les descriptions des CSS.
- Toute description de CSS qui ne peut pas être convertie en HTML est supprimée.
- Tout code de scénario qui anime un calque est supprimé.
- Le code du scénario qui n'utilise pas de calques, comme les comportements ou les changements d'image source, est préservé.
- Le scénario est automatiquement rembobiné à la Trame 1, et tous les éléments sont placés dans une position statique sur la page à l'emplacement spécifié dans la première image du scénario.

Vous devrez repositionner certains éléments après cette conversion pour assurer une mise en page correcte de ce document statique.

Pour convertir un fichier conçu avec les options des navigateurs 4.0 et supérieurs en version 3.0, suivez ces étapes :

1. **Choisissez Fichier/Convertir/Compatible navigateurs 3.0.**

   La boîte de dialogue Convertir au format compatible avec les navigateurs 3.0 apparaît.

2. **Choisissez les options de conversion que vous désirez.**

   Vous pouvez convertir les calques en tableaux ou les styles CSS en balises HTML. Je vous recommande l'option Les deux.

3. **Cliquez sur OK.**

   Dreamweaver ouvre le fichier converti dans une nouvelle fenêtre nommée Untitled.

4. **Choisissez Fichier/Enregistrer, et assignez un nouveau nom à cette page.**

J'aime conserver toutes ces pages dans leur propre dossier pour en garder facilement la trace.

Si vous gérez un site dont une version est destinée aux navigateurs 4.0 et une autre aux navigateurs 3.0, n'oubliez pas que vous devez actualiser les deux versions chaque fois que vous procédez à des modifications.

Chapitre 11
Gérer le multimédia

Dans ce chapitre :

- Intégrer du multimédia dans vos pages Web.
- Ajouter des animations Shockwave et Flash.
- Créer des boutons et du texte Flash.
- Se familiariser avec les contrôles Java et ActiveX.
- Utiliser des sons, de la vidéo et d'autres fichiers multimédias.

Aujourd'hui, l'univers interactif et multimédia du Web fait la part belle aux technologies Shockwave et Flash développées par Macromedia, aux fichiers RealAudio et RealVideo de real Networks, et à QuickTime d'Apple, pour ne nommer que les plus célèbres. Dans ce chapitre, je présente les différentes technologies multimédias, et la manière dont Dreamweaver place ces fichiers dans vos pages Web. Vous verrez également comment créer des fichiers multimédias, comme Flash, directement dans Dreamweaver.

Travailler avec des fichiers Shockwave et Flash

Flash et Shockwave font aujourd'hui partie des techniques de plug-in les plus largement utilisées sur le Web. Macromedia propose un plug-in différent pour les fichiers de type Flash et Shockwave. Dreamweaver peut prendre en compte les fichiers multimédias Shockwave et Flash ainsi que la plupart des autres types de fichiers multimédias qui utilisent une architecture de plug-in Netscape. Macromedia propose aussi d'autres plug-ins. Vous pouvez traiter les autres types de fichiers comme ceux provenant de techniques qui ne sont pas explicitement décrites dans ce chapitre.

Utiliser ensemble les balises <OBJECT> et <EMBED>

HTML supporte les plug-ins comme Shockwave et Flash via la balise `<OBJECT>` ou `<EMBED>`. Je vous invite à recourir à ces deux balises, car jamais Netscape et Microsoft n'ont pu s'entendre sur un standard. Netscape a implémenté la balise `<EMBED>` tandis que Microsoft introduisait la balise `<OBJECT>` pour atteindre le même objectif, c'est-à-dire afficher des plug-ins médias. Aujourd'hui, le meilleur moyen de gérer cette situation est d'utiliser les deux balises quand vous insérez des fichiers lus grâce à un module spécifique.

Si vous écrivez le code manuellement, vérifiez que vous imbriquez la balise `<EMBED>` dans la balise `<OBJECT>`. Vous devez écrire les balises dans cet ordre, car les navigateurs qui supportent `<OBJECT>`, comme Microsoft Internet Explorer, supportent également la balise `<EMBED>` si (et seulement si) ils identifient d'abord la balise `<OBJECT>`. Les navigateurs qui ne supportent pas la balise `<OBJECT>`, comme Navigator, l'ignorent et lisent directement la balise `<EMBED>`.

Qu'est-ce que Shockwave ?

Macromedia Shockwave pour Director permet d'afficher sur une page Web des fichiers multimédias créés dans le programme Director de Macromedia, qui est la plus célèbre application de création de CD-ROM. Shockwave est l'un des meilleurs formats disponibles pour créer des fichiers multimédias complexes. Il dispose de possibilités puissantes, comme le langage de programmation Lingo. Pour plus d'informations sur la création de fichiers Shockwave pour Director, visitez `www.macromedia.com/fr/software/director/`.

Qu'est-ce que Flash ?

Flash utilise le concept des *graphiques vectoriels* ; autrement dit, les graphiques Flash sont basés sur des formules mathématiques qui occupent peu d'espace disque comparées aux images bitmap comme celles utilisées par Shockwave. Les graphiques vectoriels peuvent être redimensionnés pour s'adapter à n'importe quelle taille de fenêtre des navigateurs sans altérer la qualité de l'image. Flash est plus indiqué que Shockwave pour créer des fichiers plus petits qui seront téléchargés plus vite. Lorsque l'on compare ces performances, pourquoi continuer à utiliser Shockwave ? Eh bien, Director reste un environnement de programmation multimédia bien plus performant que Flash. Il permet de créer des applications complexes, notamment des jeux.

Insérer des animations Shockwave et Flash

Dans cette section, je suppose que vous avez déjà créé un fichier Shockwave ou Flash, et qu'il est prêt à être placé sur votre page Web.

Si vous ne connaissez pas bien Flash, je vous conseille de lire *Flash MX pour les Nuls*, publié par First Interactive.

Voici comment ajouter un fichier d'animation Shockwave ou Flash dans une page Web de Dreamweaver :

1. **Cliquez à l'endroit où vous souhaitez insérer l'animation Shockwave ou Flash. Le point d'insertion y clignote.**

2. **Dans le panneau Médias (l'onglet Médias du panneau Insertion), cliquez sur le bouton Flash ou sur le bouton Shockwave.**

   Vous pouvez aussi sélectionner Insertion/Médias/Shockwave ou Insertion/Médias/Flash. La boîte de dialogue Sélectionner un fichier apparaît.

3. **Dans la boîte de dialogue, parcourez votre lecteur pour localiser le fichier d'animation approprié.**

4. **Cliquez pour sélectionner le fichier, puis cliquez sur le bouton Sélectionner.**

   La boîte de dialogue se ferme.

   Vous pouvez aussi saisir le nom et le chemin d'accès au fichier d'animation dans le champ URL. L'animation Flash ou Shockwave est alors immédiatement insérée dans la page.

   Dreamweaver n'affiche pas les fichiers médias dans l'éditeur lors de leur première insertion. À la place, vous voyez un cadre gris avec une icône indiquant qu'il s'agit d'un fichier Flash ou Shockwave. Pour prévisualiser le fichier, cliquez sur le bouton vert Lecture dans la partie inférieure de l'Inspecteur de propriétés. Si vous prévisualisez la page dans votre navigateur, vous voyez l'animation Shockwave ou Flash en contexte d'utilisation Web.

5. **Dans l'Inspecteur de propriétés, définissez la hauteur et la largeur d'affichage du fichier Flash ou Shockwave en saisissant les valeurs correctes dans les champs L et H.**

Vous pouvez utiliser les autres options de l'Inspecteur, mais seules la largeur et la hauteur sont exigées.

Définir des paramètres et d'autres options pour Shockwave et Flash

Comme la plupart des balises HTML, celles qui lient Shockwave, Flash et d'autres fichiers plug-in à une page Web ont des *attributs* (que l'on appelle *paramètres* quand on les utilise avec la balise <OBJECT>). Cette section donne une liste d'attributs et de paramètres que vous pouvez modifier dans l'Inspecteur de propriétés.

TRUC

Lorsque vous modifiez des options dans l'Inspecteur de propriétés pour Shockwave ou Flash, Dreamweaver les applique automatiquement aux deux balises <EMBED> et <OBJECT>.

TRUC

Si vous ne voyez pas toutes les options dans l'Inspecteur de propriétés, cliquez sur la petite flèche dans le coin inférieur droit.

Voici les options Flash et Shockwave que vous trouverez dans l'Inspecteur de propriétés, comme le montre la Figure 11.1 :

- **Le champ Nom :** Il se trouve dans le coin supérieur gauche de l'Inspecteur. Vous pouvez laisser ce champ vide ou y entrer le nom qui vous convient. Ce nom permet d'identifier le fichier dans un script.

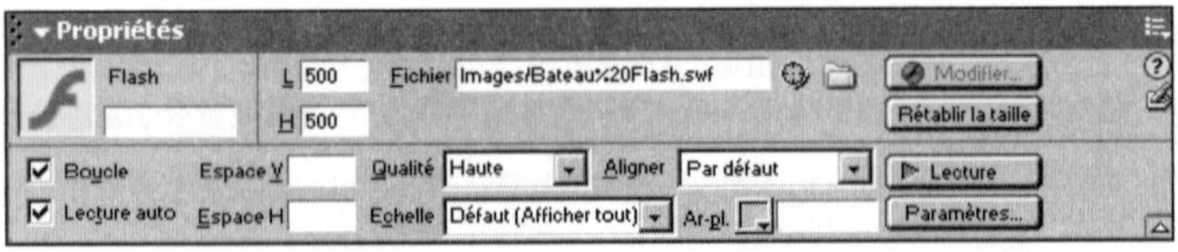

Figure 11.1 : Les options des fichiers Flash dans l'Inspecteur de propriétés.

- **L (largeur) :** Spécifiez ici la largeur du fichier. Vous pouvez modifier cette dimension en saisissant pc (picas), pt (points), in (pouces), mm (millimètres), cm (centimètres) ou % (pourcentage de la valeur du fichier original) immédiatement après un nombre. Ne placez aucun espace entre le nombre et l'abréviation.

- **H (hauteur) :** Spécifiez ici la hauteur du fichier. Vous pouvez modifier cette dimension en saisissant pc (picas), pt (points), in (pouces), mm (millimètres), cm (centimètres) ou % (pourcentage de la valeur du fichier original) immédiatement après un nombre. Ne placez aucun espace entre le nombre et l'abréviation.
- **Fichier :** Dans ce champ, saisissez le nom et le chemin d'accès au fichier. Vous pouvez aussi cliquer sur l'icône du dossier pour parcourir votre lecteur.
- **Modifier :** Permet d'ouvrir le fichier multimédia dans un autre programme, par exemple Flash.
- **Rétablir la taille :** Pour retrouver la taille d'origine du fichier après l'avoir redimensionné, cliquez sur ce bouton.
- **Boucle :** Cette option répète la lecture du fichier Flash.
- **Lecture auto :** Cochez cette option pour une lecture automatique. Ne la cochez pas si la lecture doit découler d'une action quelconque.
- **Espace V (espace vertical) :** Permet d'insérer un espace au-dessus ou en dessous du fichier en saisissant une valeur exprimée en pixels.
- **Espace H (espace horizontal) :** Permet d'insérer un espace sur les côtés du fichier en saisissant une valeur exprimée en pixels.
- **Qualité :** Cette option permet de définir le niveau de priorité de l'antialiasing (anticrénelage), en fonction de la vitesse de lecture. Voici les options qui permettent de juger de la qualité sans perdre de vue la vitesse de lecture :

  Faible : Avec cette option, l'anticrénelage n'est jamais utilisé. Priorité est donnée à la vitesse de lecture.

  Haute : Avec cette option, l'anticrénelage est toujours utilisé. L'apparence l'emporte sur la vitesse de lecture.

  Haute auto. : La lecture commence avec l'anticrénelage activé. Cependant, si la cadence de lecture n'est pas supportée par l'ordinateur de l'utilisateur, l'anticrénelage est désactivé pour accélérer la lecture.

  Faible auto. : La lecture commence sans anticrénelage. Si le lecteur Flash détecte que le processeur est capable de gérer une meilleure qualité, il active l'anticrénelage.

- **Échelle :** Ne recourez à cette option que si vous avez spécifié des pourcentages pour les paramètres Hauteur et Largeur. Le paramètre Échelle permet de définir l'affichage de l'animation Flash dans l'espace alloué par la fenêtre du navigateur.

  Les animations Flash sont redimensionnables. Avec l'option Échelle, vous pouvez indiquer les dimensions d'origine exprimées en pixels ou en pourcentage d'une fenêtre d'un navigateur, dans les champs L (largeur) et H (hauteur).

  Les options suivantes de la liste Échelle permettent de définir des préférences de redimensionnement d'une animation Flash dans la fenêtre d'un navigateur :

  Défaut (Afficher tout) : Les proportions de largeur et de hauteur de l'animation originale sont maintenues sans la moindre distorsion de l'image.

  Pas de bordure : L'animation Flash est dimensionnée pour remplir la zone spécifiée. Les proportions sont conservées, mais des portions de l'animation peuvent être coupées.

  Exacte : Utiliser cette option affiche entièrement l'animation dans la zone spécifiée, mais les proportions peuvent être modifiées en conséquence.

- **Aligner :** Contrôle l'alignement du fichier sur la page.
- **Ar-pl. :** Spécifie une couleur d'arrière-plan de la zone d'affichage du fichier.
- **Lecture :** Cliquez sur ce bouton pour prévisualiser le fichier Flash ou Shockwave directement dans Dreamweaver.
- **Paramètres :** Ce bouton ouvre une boîte de dialogue dans laquelle vous pouvez saisir des paramètres supplémentaires pour les animations Shockwave et Flash.

Créer des fichiers Flash depuis Dreamweaver

Dreamweaver MX permet de créer des animations de texte et de sympathiques boutons Flash (sans disposer de l'application Flash). Il met à votre disposition une bibliothèque d'objets Flash. Cerise sur le gâteau : vous pouvez télécharger des nouveaux styles Flash depuis le Web ou travailler avec des développeurs Flash pour créer des objets Flash à utiliser dans Dreamweaver.

Créer du texte Flash

Avec les objets textuels de Flash, vous pouvez créer et insérer une animation texte Flash (.swf) dans votre document. Le grand avantage de l'utilisation d'un texte Flash est que vous pouvez prendre n'importe quelle police sans vous soucier de sa présence sur l'ordinateur de vos visiteurs. Voici comment insérer un texte Flash dans Dreamweaver :

1. **Enregistrez votre document Dreamweaver.**

   Le document doit être sauvegardé avant d'insérer un objet textuel Flash.

2. **Cliquez sur le bouton Texte Flash dans le panneau Médias.**

   Vous pouvez aussi sélectionner Insertion/Images interactives/Texte Flash.

   La boîte de dialogue Insérer le texte Flash apparaît.

3. **Sélectionnez les options de texte désirées.**

   Pour que le texte s'affiche dans la police de votre choix, cochez la case Afficher la police. Voici les autres options :

   Couleur de survol indique la couleur du texte quand le pointeur de la souris passe dessus.

   Le **Lien** et la **Cible** peuvent être définis à l'aide des champs appropriés. Le lien est activé quand l'utilisateur clique sur le texte.

   Assignez à **Couleur ar-pl** (couleur d'arrière-plan) la même couleur que celle de la page Web sur laquelle vous placez votre texte.

   Pour **Enregistrer sous**, sauvegardez toujours le fichier avec les extensions .swf afin de générer un fichier Flash.

4. **Lorsque vous avez fini, cliquez sur OK pour insérer le texte.**

   La boîte de dialogue se ferme et le texte Flash est inséré dans la page. Pour modifier le texte ou n'importe quelle option, double-cliquez sur le texte Flash pour rouvrir la boîte de dialogue.

Créer des boutons Flash

Les boutons Flash sont des graphiques prédéfinis qui peuvent être personnalisés et utilisés comme des boutons interactifs sur votre site. Comme le texte Flash, les boutons sont des images vectorielles qui peuvent donc être redimensionnées sans en altérer la qualité. Vous pouvez ajouter des styles en téléchargeant des fichiers sur le Web ou en créant les vôtres dans Flash.

Voici comment insérer un bouton Flash dans un document Dreamweaver :

1. **Enregistrez votre document Dreamweaver.**

   Le document doit être enregistré avant d'insérer un bouton Flash.

2. **Cliquez sur le bouton Bouton Flash dans le panneau Médias (voir la Figure 11.2).**

   Ou choisissez Insertion/Images interactives/Bouton Flash.

   La boîte de dialogue Insérer le bouton Flash apparaît comme sur la Figure 11.2.

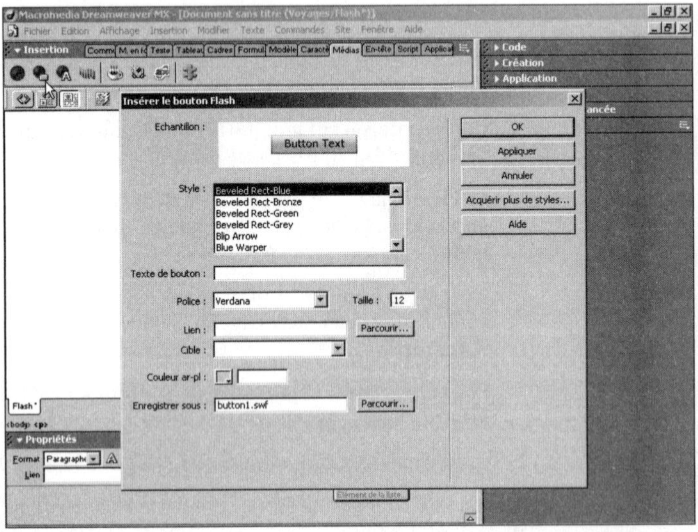

Figure 11.2 : La boîte de dialogue Insérer le bouton Flash permet de créer et modifier des graphiques de boutons Flash interactifs directement dans Dreamweaver.

3. **Dans la liste Style, sélectionnez le type de bouton à insérer.**

   La zone Échantillon affiche un aperçu du style sélectionné.

4. **Sélectionnez les options qui vont personnaliser votre bouton.**

Dans le champ Texte de bouton, saisissez le texte qui doit apparaître sur le bouton. Définissez les autres options de texte comme la police, la taille, etc. Enregistrez toujours votre fichier avec l'extension .swf pour créer un fichier Flash. Parcourez votre lecteur afin d'indiquer l'emplacement de la sauvegarde.

5. **Une fois les options définies, cliquez sur OK pour insérer le bouton.**

   La boîte de dialogue se ferme et le bouton s'affiche sur la page. Pour le modifier, double-cliquez dessus. La boîte de dialogue Insérer le bouton Flash réapparaît.

Ajouter de nouveaux styles de boutons

Vous pouvez télécharger des styles depuis le Web ou en fabriquer directement dans Flash pour les utiliser dans Dreamweaver. Cliquez sur le bouton Acquérir plus de styles de la boîte de dialogue Insérer le bouton Flash. Cette action lance votre navigateur Web et vous connecte au site Macromedia Exchange d'où vous pouvez télécharger d'autres boutons.

Il existe divers programmes permettant de créer des fichiers Flash, notamment Illustrator d'Adobe qui dispose d'une fonction d'exportation vers SWF. Le site `www.openswf.org` est un bon endroit pour se tenir au courant des développements autour de Flash.

Vous pouvez aussi consulter le site de Graphiland (site francophone de la création graphique et multimédia) `www.graphiland.fr`

Travailler avec Java

Java est un langage de programmation comme Pascal, Basic, C ou C++. Il est utilisé pour créer des programmes qui fonctionnent sur un ordinateur. Sa particularité est qu'il peut être exécuté sur n'importe quelle machine, sans distinction de système d'exploitation, et s'afficher dans tous les navigateurs. Java, qui a été créé par Sun Microsystem, est indépendant de toute plate-forme. Avec Java, les programmes (également appelés *appliquettes*) peuvent aussi s'exécuter dans un navigateur Web, donc interagir avec différents éléments de la page ou avec d'autres pages du Web. Vous pouvez incorporer des appliquettes Java dans des pages Web, utiliser Java pour générer des pages Web entières ou encore exécuter des applications Java après leur téléchargement.

Pour en savoir plus sur Java, vous pouvez consulter *Java 2 pour les Nuls*, de Barry Burd, aux éditions First Interactive.

Insérer des appliquettes (applets) Java

Voici comment insérer des appliquettes Java dans votre page Web :

1. **Cliquez pour placer le point d'insertion à l'endroit où vous désirez afficher l'appliquette sur votre page Web.**

2. **Dans le panneau Médias, cliquez sur l'icône Applet (elle représente une tasse à café).**

   Vous pouvez aussi sélectionner Insertion/Médias/Applet.

   La boîte de dialogue Sélectionner un fichier apparaît.

3. **Utilisez la liste Explorer pour parcourir vos divers lecteurs afin de localiser le fichier appliquette Java à insérer dans la page.**

4. **Cliquez sur le nom du fichier puis sur le bouton Sélectionner ; enfin, cliquez sur OK pour fermer la boîte de dialogue.**

   Dreamweaver n'affiche pas l'appliquette dans l'éditeur. Elle est identifiée par une icône représentant une tasse à café (comme dans le panneau Médias). Pour voir l'appliquette, lancez un aperçu de la page dans un navigateur comme Navigator 4.0 et supérieur ou Internet Explorer 4.0 et supérieur.

5. **Double-cliquez sur l'icône de l'appliquette pour ouvrir l'Inspecteur de propriétés.**

JavaScript n'est pas Java

JavaScript est un langage de script que de nombreuses personnes confondent avec Java. Vous pouvez voir JavaScript comme du java simplifié. Contrairement à Java, vous pouvez directement écrire du JavaScript dans un code HTML pour obtenir des fonctions interactives. Cependant, vous ne pouvez pas utiliser ce code pour réaliser des appliquettes autonomes comme le permet Java. Vous n'obtenez pas les fonctionnalités puissantes de Java, mais vous bénéficiez d'un langage de script relativement simple à appréhender et qui n'exige pas de plug-in.

JavaScript est souvent employé conjointement avec d'autres éléments multimédias d'une page, comme des images ou des fichiers audio, pour ajouter des niveaux supérieurs d'interactivité. DHTML utilise également JavaScript.

L'Inspecteur de propriétés fait apparaître diverses options qui vous permettent de définir les paramètres d'exécution de votre appliquette Java.

Utiliser des objets et des contrôles ActiveX

Les objets et les contrôles Microsoft ActiveX sont des composants réutilisables, semblables à des applications miniatures qui agissent comme des plug-ins. D'une certaine manière, ActiveX est la réponse de Microsoft à Java. Comme ces composants ne fonctionnent que dans Internet Explorer, donc sous Windows, ils ne sont pas très répandus sur le Web. De même que pour une appliquette Java, Dreamweaver vous permet de définir dans l'Inspecteur de propriétés les paramètres des contrôles ActiveX.

Travailler avec des plug-ins issus d'autres technologies

Il existe des centaines de plpug-ins destinés aux faibles bandes passantes. Ils peuvent apporter des sons, de la vidéo et une grande variété de formats graphiques, ou permettre d'entrer dans l'univers tridimensionnel. Cependant, ils exigent de nombreuses précautions. Les visiteurs des pages Web n'aiment pas beaucoup télécharger un nouveau plug-in. Il y en a qui ne comprennent même pas ce qu'on le leur propose. L'important est de donner à l'internaute de bonnes raisons pour télécharger un nouveau plug-in.

Insérer des plug-ins Netscape Navigator

De nombreux plug-ins utilisent les spécifications de Netscape. Les plus populaires sont RealAudio, RealVideo, QuickTime et Beatnik. Flash et Shockwave, eux aussi, sont considérés comme des plug-ins Netscape.

Pour insérer dans votre page Web des fichiers de plug-ins compatibles Netscape autres que Shockwave ou Flash, conformez-vous aux étapes suivantes :

1. **Cliquez pour placer le point d'insertion où vous souhaitez afficher le fichier dans la page.**
2. **Dans le panneau Médias, cliquez sur l'icône Plug-ins qui ressemble à une pièce d'un puzzle.**

Vous pouvez également choisir Insertion/Médias/Plug-in.

La boîte de dialogue Sélectionner un fichier apparaît.

3. **Parcourez votre lecteur pour localiser le fichier du plug-in à insérer dans votre page. Cliquez dessus pour le sélectionner.**

4. **Cliquez sur le bouton Sélectionner, puis sur OK pour fermer la boîte de dialogue.**

   Vous pouvez également saisir le nom et le chemin d'accès au fichier dans le champ URL. Le fichier est automatiquement inséré dans la page, et une petite icône ressemblant à une pièce de puzzle permet de l'identifier.

5. **Double-cliquez sur l'icône du plug-in pour accéder à l'Inspecteur de propriétés.**

   Comme cette action ouvre également la boîte de dialogue Sélectionner un fichier, cliquez sur le bouton Annuler. Vous voici dans l'Inspecteur.

   Un ensemble d'options propres au plug-in est mis à votre disposition.

6. **Prévisualisez le plug-in.**

   Dreamweaver n'affiche pas le fichier plug-in dans l'éditeur, sauf s'il est installé sur votre ordinateur. Pour en voir un aperçu (si le plug-in est disponible), cliquez sur le bouton Lecture de l'Inspecteur de propriétés.

Chapitre 12

Les formulaires

Dans ce chapitre :

- Découvrir les possibilités des formulaires.
- Créer des formulaires.
- Faire fonctionner des formulaires.
- Intégrer des formulaires à des sites dynamiques.

Dans ce chapitre, je vous présente les différentes sortes de formulaires communément rencontrées sur le Web. Je montre comment utiliser Dreamweaver pour les créer. Je donne aussi quelques explications sur les scripts CGI, ASP et autres systèmes de gestion de base de données, nécessaires au traitement des formulaires. Les formulaires sont un élément clé des sites reposant sur des bases de données. Vous trouverez des informations sur la création de sites dynamiques au moyen des fonctions UltraDev de Dreamweaver aux Chapitres 13, 14 et 15.

Le fonctionnement des scripts CGI

Les scripts CGI (Common Gateway Interface) sont des programmes généralement écrits dans un langage comme Perl, Java, C ou C++. Ils sont bien plus complexes à créer qu'une page HTML. Les scripts CGI se trouvent sur le serveur. Ils sont généralement déclenchés par une action de l'utilisateur, comme le fait de cliquer sur un bouton Envoyer du formulaire HTML. Voici un scénario classique de déclenchement d'un script :

1. L'utilisateur charge une page, comme un livre d'or, remplit le formulaire HTML, et clique sur le bouton Envoyer.
2. Cette action déclenche le script CGI directement sur le serveur. Il rassemble alors les données saisies dans le formulaire, les met en forme, les place dans un message électronique et les envoie à l'adresse e-mail spécifiée.

Le fonctionnement des scripts CGI (suite)

Dans Dreamweaver, vous pouvez facilement créer des formulaires HTML et utiliser le nouvel éditeur de code pour écrire vos scripts CGI. Dans ce cas, vous devez connaître un langage informatique. Si vous maîtrisez Perl, Java, C ou C++, écrire des scripts CGI est un jeu d'enfant. Si ces langages vous sont inconnus, vous avez tout intérêt à télécharger des scripts prêts à l'emploi. Sachez que vous devez installer ces scripts sur le serveur pour les rendre opérationnels. Vous devez donc contacter votre fournisseur d'accès Internet ou votre hébergeur pour charger le script sur le serveur. En effet, de nombreux sites commerciaux ne donnent pas accès à la partie du serveur qui gère les scripts.

Les FAI mettent à la disposition des utilisateurs des scripts CGI de base (comme les formulaires de livres d'or et des paniers virtuels rudimentaires). C'est une manière simple et efficace pour obtenir des scripts. Les FAI indiquent généralement comment utiliser leurs scripts CGI dans vos sites Web. Ces instructions donnent la localisation du script sur le serveur. Vous devez inclure ces données dans votre formulaire HTML de manière qu'un simple bouton Envoyer (ou Submit) déclenche le script approprié. Vous trouverez davantage d'informations sur les formulaires HTML dans la section "Créer des formulaires HTML", plus loin dans ce chapitre.

Les possibilités des formulaires HTML

Les formulaires font partie intégrante des fonctions interactives d'un site. En les utilisant, les concepteurs Web peuvent collecter des informations saisies par les utilisateurs. Ces informations pourront être réutilisées de différentes manières. Les formulaires sont couramment utilisés pour créer des systèmes de caddy virtuel, des formulaires de contact, des zones de discussion et des moteurs de recherche.

Créer des formulaires HTML

Les éléments des formulaires HTML sont très faciles à créer dans Dreamweaver, mais n'oubliez pas qu'un formulaire ne fonctionne que s'il est lié à un script. Bien que Dreamweaver ne fournisse pas de tels scripts, il permet de lier vos formulaires à un script CGI. Pour notre démonstration, nous allons supposer que le script à lier se nomme guestbook.pl (.pl indique que le script est écrit en Perl) et qu'il se trouve dans un dossier du serveur nommé cgi-bin (nom communément utilisé pour ces scripts).

Paramétrer des systèmes commerciaux sécurisés

De nombreux systèmes de commerce en ligne disposent d'un *système sécurisé.* En utilisant une technologie de cryptage, ces systèmes encodent des données (comme les numéros de cartes bancaires et les adresses des clients) qui ont été saisies dans le formulaire. Ces systèmes protégés sont souvent connectés à des systèmes financiers, comme Cybercash, Checkfree ou encore FIA-NET, qui gèrent les transactions en ligne. Ils acceptent ou refusent la carte bancaire, et transfèrent les fonds de la banque du client à celle du vendeur. Le développement de l'e-commerce est tel que la plupart des FAI proposent des solutions commerciales destinées à centraliser tous ces équipements. Vérifiez le site de votre fournisseur d'accès pour en savoir plus.

Les étapes suivantes montrent comment lier un formulaire à un script. Commencez par ouvrir une page ou par en créer une nouvelle.

1. **Choisissez Insertion/Formulaire.**

   Vous pouvez également cliquer sur le bouton Formulaire du panneau Formulaires. Un formulaire vide apparaît sous forme d'un rectangle en pointillé rouge.

2. **Cliquez dans le rectangle rouge pour sélectionner le formulaire et afficher ses options dans l'Inspecteur de propriétés.**

3. **Dans l'Inspecteur de propriétés (à gauche), saisissez un nom dans le champ Formulaire.**

   Ce nom sera utilisé par les langages de script, comme JavaScript, pour identifier le formulaire.

4. **Dans le champ Action, saisissez le nom du répertoire et celui du script.**

   Pour le script de cet exemple, saisissez **/cgi-bin/guestbook.pl** afin de spécifier le chemin d'accès au script Perl qui se trouve dans le dossier cgi-bin. Dans le cas général, saisissez le répertoire ou le nom de fichier dans ce champ. Indiquez le chemin d'accès complet (vous obtiendrez cette information de l'administrateur système ou de votre fournisseur d'accès Internet).

5. **Dans l'Inspecteur de propriétés, utilisez la liste Méthode pour choisir Par défaut, Get ou Post.**

   Les options Get et Post contrôlent le fonctionnement du formulaire. Le choix de l'option est dicté par le type de script

CGI utilisé sur le serveur. Demandez cette information à votre administrateur système, au programmeur ou à votre fournisseur de services Internet.

Ce sont les étapes préliminaires à toute création d'un formulaire. Quand vous définissez les limites du formulaire, représentées par la ligne rouge en pointillé, Dreamweaver crée le code HTML du formulaire. Ce code interagit ensuite avec le script du serveur.

Comparer les boutons radio et les cases à cocher

Les boutons radio et les cases à cocher permettent aux visiteurs de remplir facilement un formulaire. L'internaute répond par *Oui* ou par *Non* à des questions en activant un bouton radio ou une case à cocher. Les boutons radio permettent de sélectionner une option au détriment des autres. Les cases à cocher, en revanche, permettent de sélectionner plusieurs options dans une liste.

Créer des boutons radio

Pour créer des boutons radio sur un formulaire, conformez-vous aux étapes suivantes :

1. **Cliquez dans votre formulaire pour le sélectionner.**
2. **Dans le panneau Formulaires, cliquez sur le bouton Formulaire.**

   Vous pouvez aussi choisir Insertion/Objets de formulaire/ Bouton radio. Un bouton radio apparaît dans le formulaire.
3. **Répétez l'étape 2 jusqu'à ce que vous ayez le nombre voulu de boutons radio.**
4. **Sélectionnez un des boutons du formulaire pour afficher ses options dans l'Inspecteur de propriétés, comme le montre la Figure 12.1.**
5. **Saisissez un nom dans le champ Bouton radio.**

   C'est le nom du groupe de boutons radio dont fait partie ce bouton.
6. **Saisissez un nom dans le champ Valeur.**

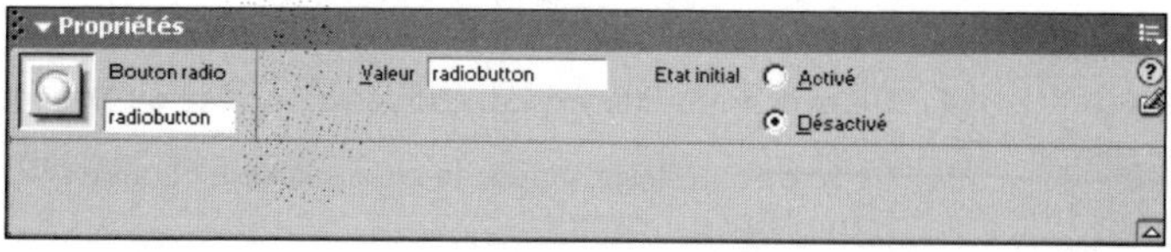

Figure 12.1 : Les boutons radio obligent à choisir une seule réponse.

Chaque bouton du groupe doit être identifié par une "valeur" qui lui est propre. Grâce à cette valeur, le script est capable de distinguer les différents boutons. Donnez à chacun une valeur qui en indique le sens, comme "oui" et "non" quand le choix se résume à ces deux réponses.

7. **Choisissez l'État initial Activé ou Désactivé.**

   Ces deux options déterminent si le bouton est ou non actif au chargement du formulaire.

8. **Sélectionnez chaque bouton radio successivement, et répétez les étapes 5 à 7 pour définir leurs propriétés dans l'Inspecteur.**

Créer des cases à cocher

Pour créer des cases à cocher, suivez ces étapes :

1. **Cliquez sur votre formulaire pour le sélectionner.**
2. **Cliquez sur le bouton Case à cocher du panneau Formulaires.**

   Vous pouvez aussi choisir Insertion/Objets de formulaire/Case à cocher.

3. **Répétez l'étape 2 pour placer autant de cases à cocher que de propositions soumises à l'internaute.**
4. **Sélectionnez une des cases à cocher du formulaire pour accéder à ses options dans l'Inspecteur de propriétés.**
5. **Saisissez un nom dans le champ Case à cocher.**

   Vous pouvez utiliser le même nom pour toutes les cases ou des noms différents.

6. **Saisissez un nom dans le champ Valeur.**

   Chaque case à cocher d'un groupe doit avoir une valeur nominale spécifique pour permettre au script CGI de la distinguer des autres. Comme d'habitude, donnez un nom significatif à la case.

7. **Dans la zone État initial, choisissez Activé ou Désactivé.**

   Cette option détermine si la case est déjà cochée quand le formulaire est chargé.

8. **Sélectionnez les autres cases à cocher et répétez les étapes 5 à 7 pour définir leurs options.**

Ajouter des champs de texte

Les champs de texte permettent aux utilisateurs de saisir des données de toutes sortes. Voici comment insérer des champs de texte :

1. **Cliquez sur le formulaire pour le sélectionner.**

2. **Cliquez sur le bouton Champ de texte du panneau Formulaires.**

   Vous pouvez aussi choisir Insertion/Objets de formulaire/Champ de texte. Un champ de texte apparaît sur le formulaire.

3. **Cliquez à gauche du champ pour y placer le point d'insertion, et saisissez une question ou un texte significatif.**

4. **Sélectionnez le champ pour accéder à ses options dans l'Inspecteur de propriétés, comme le montre la Figure 12.2.**

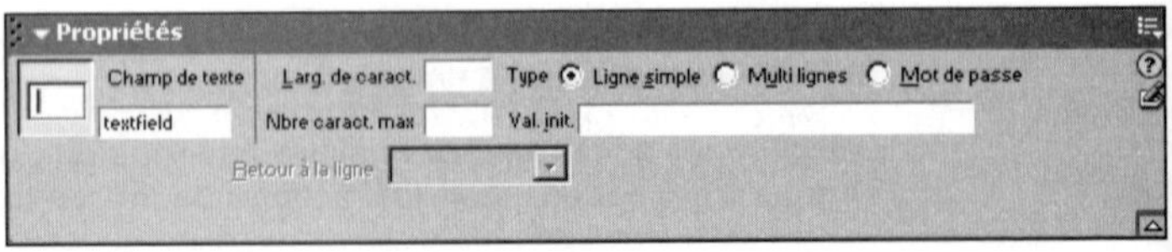

Figure 12.2 : Utilisez l'option Champ de texte pour créer des champs qui permettent à l'utilisateur de saisir des informations.

5. **Saisissez un nom dans le champ Champ de texte.**

Chaque champ d'un formulaire doit avoir un nom différent des autres pour que le script CGI l'identifie. Assignez des noms correspondant à l'information que doit saisir l'internaute.

6. **Dans le champ Larg. de caract., saisissez la largeur du champ, en nombre de caractères.**

   Cela détermine la largeur du champ de texte sur la page.

7. **Dans le champ Nbre caract. Max, saisissez le nombre maximum de caractères réellement saisissables dans le champ de texte.**

   Si vous laissez ce champ vide, l'utilisateur peut saisir autant de caractères qu'il le souhaite.

8. **Les options Type proposent Ligne simple, Multi lignes et Mot de passe.**

   Choisissez **Ligne simple** pour créer un champ d'une ligne, comme les champs Nom et Adresse de la Figure 12.2.

   Pour que l'utilisateur puisse saisir plusieurs lignes de texte, comme le champ Commentaires de la Figure 12.2, choisissez **Multi lignes**, puis fixez une valeur dans Nbre de lignes.

   Pour que les données saisies par l'utilisateur ne soient pas affichées dans le formulaire, choisissez **Mot de passe**.

9. **Dans le champ Val. Init., saisissez le texte qui doit s'afficher dans le champ une fois le formulaire chargé.**

10. **Sélectionnez les autres champs et répétez les étapes 5 à 9 pour définir les options de l'Inspecteur de propriétés.**

Netscape Navigator et Microsoft Internet Explorer ne supportent pas les champs de texte de la même manière, et les différences varient d'une version à l'autre du navigateur. Vous devez donc tester tous vos formulaires dans ces deux navigateurs.

Pour offrir un choix multiple aux utilisateurs sans accaparer trop d'espace sur la page, utilisez une liste déroulante. Voici comment en créer une dans Dreamweaver :

1. **Cliquez sur votre formulaire pour le sélectionner.**

2. **Cliquez sur le bouton Liste/Menu du panneau Formulaires.**

   Vous pouvez choisir Insertion/Objets de formulaire/Liste/Menu. Une liste déroulante apparaît sur le formulaire.

3. **Cliquez pour placer le point d'insertion à proximité de la liste, et saisissez la question qui invite l'utilisateur à effectuer un choix.**

4. **Sélectionnez la liste de votre formulaire pour accéder à ses options dans l'Inspecteur de propriétés.**

5. **Saisissez un nom dans le champ Liste/Menu.**

   Chaque liste ou menu du formulaire doit avoir un nom qui lui soit propre pour l'identifier correctement.

6. **Dans Type, choisissez Menu ou Liste.**

   Cela détermine si ce formulaire est un menu ou une liste déroulante. Si vous choisissez Liste, vous pouvez spécifier le nombre d'éléments affichés quand la liste apparaît.

7. **Cliquez sur le bouton Valeurs de la liste dans le coin supérieur droit de l'Inspecteur de propriétés.**

   La boîte de dialogue Valeurs de la liste apparaît, montrée par la Figure 12.3. Vous y saisissez le contenu de la liste. Cliquez sur le signe plus pour ajouter un élément à la liste. Saisissez le nom de cet élément. Utilisez le signe moins pour supprimer un élément de la liste.

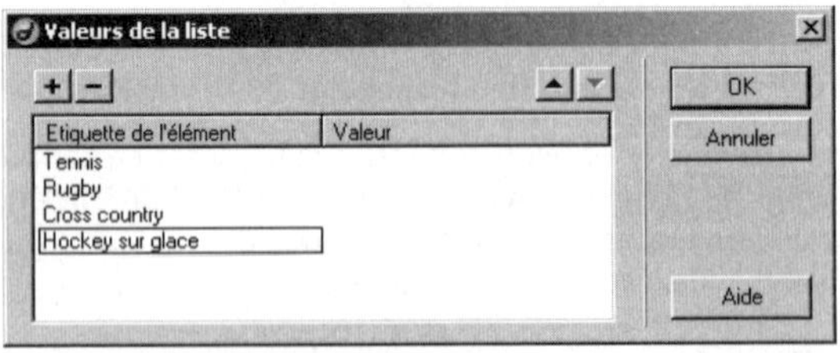

Figure 12.3 : La boîte de dialogue Valeurs de la liste permet de créer les options d'un menu ou d'une liste déroulante dans un formulaire.

8. **Cliquez sur OK pour fermer la boîte de dialogue.**

   Ne perdez pas de vue qu'à moins d'avoir un programme CGI ou autre connecté à ce formulaire, il ne s'exécutera pas.

Terminer le formulaire avec les boutons Envoyer et Vider

Un formulaire étant fait pour envoyer des données à un serveur, vous devez créer un bouton à cet effet. C'est alors que le script CGI traite les données du formulaire. Vous pouvez également ajouter un bouton Annuler ou Vider, qui permet de ne pas envoyer le formulaire ou de supprimer les informations saisies. Voici comment procéder :

1. **Cliquez sur votre formulaire pour le sélectionner.**
2. **Cliquez sur le bouton Bouton du panneau Formulaires.**

   Ou bien sélectionnez Insertion/Objets de formulaire/Bouton.

   Un bouton Envoyer apparaît, et les options de l'Inspecteur de propriétés changent. Vous pouvez transformer ce bouton en bouton Reset (Rétablir ou Vider) en activant l'option Rétablir le formulaire de l'Inspecteur de propriétés.

3. **Sélectionnez le bouton pour afficher ses propriétés dans l'Inspecteur.**
4. **Dans la zone Action, cliquez sur le bouton radio Envoyer le formulaire, Rétablir le formulaire ou Aucune.**

   Un bouton Envoyer invoque une action. Un bouton Reset vide le formulaire de toutes les informations qu'il contient.

5. **Dans le champ Étiquette, saisissez le texte qui doit apparaître sur le bouton.**

Vous savez maintenant créer les éléments de base d'un formulaire HTML, mais n'oubliez pas qu'aucun de ces formulaires ne fonctionnera sans un script CGI ou autre programme pour traiter la saisie des informations.

Les autres options de formulaire de Dreamweaver

Si toutes les options que je viens de décrire ne suffisent pas, Dreamweaver en inclut certaines qui facilitent l'interactivité, l'ajout des images, et même des champs cachés. L'énumération suivante explique comment utiliser chacune de ces options :

- **Menu de reroutage :** Les menus de reroutage sont souvent utilisés comme éléments de navigation. Ils procurent une liste de liens qui occupe très peu de place sur une page Web. Vous pouvez asservir ce type de menu au démarrage d'une application ou d'une séquence animée.

- **Champ de fichier :** Permet d'ajouter un bouton Parcourir à un formulaire. Ainsi, l'utilisateur peut télécharger des images et des fichiers texte si le serveur autorise ce type d'opération. Demandez à l'administrateur de votre système.
- **Jeu de champs :** Utilisez cette fonction pour permettre à l'utilisateur d'introduire des éléments personnels sur votre site Web. Par exemple, quelques sites de journaux réputés permettent de concevoir son propre site Web. Il s'agit d'un système basé sur des modèles. L'utilisateur remplit un certain nombre de formulaires pour obtenir un site correspondant au maximum à ses besoins. Mais beaucoup d'internautes souhaitent pouvoir ajouter bien plus que des textes personnalisés. Ils veulent des images, comme des logos et des photos. En utilisant l'option Champ de fichier, vous permettez aux visiteurs de parcourir leur disque dur pour localiser un fichier qui sera automatiquement téléchargé sur le serveur. À partir de cet instant, le fichier est lié aux pages de cet utilisateur.

  La fonction Champ de fichier est complexe. Elle exige un script CGI sophistiqué et un serveur spécial. Si vous n'êtes pas programmeur, vous aurez besoin d'aide pour implémenter cette fonction.
- **Champ d'image :** Permet d'ajouter une image à votre formulaire.
- **Champ caché :** Insère un texte qui ne s'affiche pas dans le navigateur, mais qui est utilisé par un script CGI ou toute autre application traitant le formulaire.

Des formulaires qui ont fière allure

La meilleure présentation des formulaires est obtenue avec un tableau. Celui-ci permet d'aligner les étiquettes dans une ligne de cellules, et les champs dans la ligne située juste au-dessous. Vous pouvez également placer des boutons radio dans les cellules situées à gauche du texte. Le Chapitre 6 explique comment utiliser des images et des cadres pour créer de beaux tableaux.

Cinquième partie

Travailler avec un contenu dynamique

"T'as vu ? J'ai fait un petit personnage de méchant qui court dans le site en se cachant derrière les bandeaux de pub. Sur la dernière page, notre logo l'attrape par le collet et le renvoie à la page d'accueil."

Dans cette partie...

Le changement le plus spectaculaire apporté par la version MX de Dreamweaver est l'introduction des outils de création de Macromedia pour les sites Web dynamiques, reposant sur des bases données. Dans cette partie, vous allez découvrir les avantages qu'il y a à créer un site dynamique, apprendre à travailler avec une base de données sur le Web, et suivre pas à pas des instructions qui vous permettront de construire votre premier site dynamique.

Chapitre 13

Préalable à la construction d'un site Web dynamique

Dans ce chapitre :

- Définir un site Web dynamique.
- Faire connaissance avec la terminologie de base.
- Explorer ce qu'il vous faut pour construire un site Web dynamique.

Dreamweaver MX permet d'écrire du code en suivant des instructions simples qui apparaissent à l'écran. Avec quelques clics de souris, vous pouvez créer un moteur de recherche pour votre site aussi bien qu'un catalogue en ligne de milliers de produits. Dans ce chapitre, vous allez découvrir ce que sont un site Web dynamique et une base de données, et les nombreuses manières par lesquelles un tel site permet d'afficher et de modifier les informations contenues dans une base de données.

Comprendre le site Web dynamique

Un site Web *dynamique* est généralement connecté à une *base de données*, qui permet au visiteur d'accéder à des informations en fonction des requêtes qu'il formule. Le visiteur (ou un administrateur du site) peut aussi apporter des modifications aux informations affichées, en suivant une série d'étapes simples, sans avoir besoin pour cela d'un autre outil que son navigateur Web.

Imaginez que vous ayez un site sur lequel vous vendez 32 produits de bien-être. Avec un site Web statique, il vous faudrait créer 32 pages : une pour chaque produit. Avec une base de données, vous n'auriez à créer qu'une seule page contenant le code indiquant où doit aller le nom du produit, sa photo, sa description, et les autres informations utiles. C'est ce code qui établit une communication avec la base de données, extrayant de celle-ci toutes les informations nécessaires, et créant à la demande la page correspondante pour chaque produit.

Un site Web dynamique facilite considérablement les modifications et les mises à jour. À partir d'un simple navigateur Web, on peut ajouter ou supprimer des produits, ainsi que modifier les informations sur les produits existants sans avoir besoin de connaissances particulières sur les bases de données et la programmation. Il suffit d'entrer les informations correspondantes dans un formulaire affiché par le navigateur et de cliquer sur un bouton Envoyer pour que ces informations apparaissent lors du prochain chargement de la page dans le navigateur d'un utilisateur. Cette possibilité ne sera généralement accordée qu'à quelques personnes de votre équipe. Ce n'est pas à vos clients de modifier les prix ou la description des produits, mais vous trouverez pratique que les membres de votre équipe commerciale puissent faire facilement les modifications nécessaires. Vous pouvez maîtriser cette possibilité en définissant différents niveaux d'accès à votre site.

Les notions clés

Voici pour commencer quelques notions de base avec lesquelles il est bon de vous familiariser.

Explorer une base de données

Une *base de données* est une collection d'informations, rassemblées en une ou plusieurs *tables*, contenant des *champs* organisés en colonnes, et dont les lignes sont des *enregistrements*. Pensez à un catalogue de vente par correspondance. C'est tout à fait ça.

La *base de données* est le catalogue lui-même. Elle contient toutes les informations sur les produits. Chaque produit est un *enregistrement* de la base de données. Un produit est identifié par un numéro, il a un prix et une couleur (chacun de ces éléments étant un *champ*). Un enregistrement d'une base de données est un ensemble de champs contenant un exemplaire de chaque type de champ de la base de données.

Comment ça fonctionne sur le Web

Imaginez que vous alliez sur un site de collectionneurs de voitures anciennes. Vous entrez "2 CV", "bleue" et "1965". Quand vous cliquez sur OK, vous voyez apparaître une liste de voitures qui correspondent à vos critères. Lorsque vous validez vos critères pour les envoyer, un code incorporé à la page compare vos informations avec celles qui se trouvent dans une base de données contenant une liste de voitures disponibles. Ce code examine chaque champ l'un après l'autre (chaque critère) en essayant de trouver dans la base de données un enregistrement (une voiture) dont les champs correspondent à votre demande.

Les applications de base de données

Les plus connues sont Access, SQL Server, MySQL, FoxPro et Oracle. Access (de Microsoft) est la plus largement utilisée pour de petites bases de données, ainsi que pour communiquer visuellement avec des bases de données de plus grande taille. C'est Access sous Windows 2000 que j'utilise pour les exemples de ce chapitre et des deux suivants.

Configurer le serveur Web

Quand on travaille avec un site Web statique, on peut en consulter les pages directement à partir de son disque dur local. Avec un contenu dynamique, ce n'est pas aussi simple, car Dreamweaver MX ajoute aux pages un code particulier qui doit être exécuté par un serveur pour que le contenu soit affiché. Il est donc crucial de disposer d'un serveur Web quand on travaille avec un site dynamique, parce qu'on a besoin de tester régulièrement son travail.

Un *serveur Web* peut être défini comme le système physique sur lequel est stocké un site Web, ou comme le logiciel installé sur ce système et dont celui-ci tire ses fonctionnalités. En parlant de serveur Web, c'est ici au logiciel que je fais référence.

Les technologies de serveur supportées par Dreamweaver MX

Dreamweaver MX prend en compte cinq technologies de serveur (ou langages de script) :

- ASP (Active Server Pages).
- ASP.NET.
- ColdFusion.
- JSP (JavaServerPages).
- PHP (qui signifie PHP Hypertext Preprocessor).

Pour les exemples de ce livre, j'ai utilisé ASP sous Windows. Par essence, ces cinq langages offrent la même possibilité : réaliser un contenu dynamique sur une page ou un site Web. Ils permettent tous de générer dynamiquement du code HTML. Avec du code côté serveur, ils permettent d'afficher des informations extraites d'une base de données et de créer du code HTML dépendant du fait que tel ou tel critère ait été spécifié ou soit satisfait par l'utilisateur.

ASP

ASP est intégré à Windows 2000, mais peut aussi être installé facilement sous Windows 98 et Windows NT.

ASP.NET

ASP.NET est une refonte presque complète de ASP 3. Il est en fait plus proche de langages de programmation traditionnels comme C++, dont le code est compilé. Cela laisse supposer que les applications écrites avec ASP.NET s'exécuteront plus vite que celles écrites avec les autres langages disponibles aujourd'hui. En revanche, comme ASP.NET est plus sobre que ASP 3.0, il est beaucoup plus difficile à lire pour un programmeur débutant. Si vous cherchez un bon site pour en savoir plus sur ASP.NET dans un anglais raisonnablement compréhensible, vous pouvez aller voir `www.4guysfromrolla.com`.

ColdFusion

Produit Macromedia, ColdFusion possède son propre langage de script et de serveur. Bien que d'apprentissage facile, c'est aussi le moins robuste de ces langages et celui qui offre les plus faibles performances.

JSP (JavaServerPages)

JSP est un produit de Sun Microsystems. Son code dynamique est basé sur Java, ce qui lui permet d'exécuter des pages venant de serveurs Web autres que Microsoft, et de bénéficier de divers autres avantages de Java. Sachez toutefois que, à moins d'être un véritable programmeur, JSP est horriblement compliqué.

PHP

PHP nous vient des serveurs du monde Unix. Vous pouvez toutefois en télécharger des exécutables pour Windows sur le site `www.php.net`. Le langage de script de PHP est basé sur C, Perl et Java. Presque toutes les extensions à acheter pour ASP sont intégrées dans la version standard de PHP ou sont disponibles gratuitement sur `www.php.net`.

En résumé

On ne peut pas honnêtement recommander l'un de ces langages plutôt que les autres. Le mieux armé pour le marché est ASP, par sa maturité et du fait de la large base d'utilisation qu'il possède déjà. Si vous rêvez de devenir un programmeur bien payé, vous ne pouvez pas vous tromper en le choisissant.

Pour en savoir plus sur ASP, vous pouvez consulter *ASP.NET pour les Nuls*, aux éditions First Interactive.

Établir la connexion avec les données

Pour installer un *serveur Web*, il vous faut un logiciel serveur. Un serveur Web, que l'on appelle parfois un serveur HTTP, répond aux requêtes d'un navigateur Web en se servant des pages Web basées sur ces requêtes. Il vous faudra aussi installer un *serveur d'application*, qui aide le serveur Web à traiter les pages Web marquées comme devant faire l'objet d'un traitement particulier. Lorsque l'une de ces pages est demandée par le navigateur, le serveur Web la fournit au serveur d'application qui la traite avant de l'envoyer au navigateur.

Pour les exemples de ce livre, j'utilise ASP, avec comme serveur IIS ou Personal Web Server (PWS) de Microsoft. Tous deux fonctionnent comme serveur Web et serveur d'application. PWS fonctionne sous Windows 98 ou Windows NT, et vous pouvez l'installer à partir de votre CD de Windows. Si vous avez Windows 2000 Server ou Windows NT 4, IIS en fait partie. Si vous avez égaré votre CD, vous pouvez toujours télécharger gratuitement IIS ou PWS sur le site Web de Microsoft. Si vous travaillez sous Windows 98 Édition Serveur, Windows 95 ou Windows NT, commencez par vous assurer que PWS est installé. Faites de même si vous travaillez sous Windows 2000 ou Windows XP Professionnel.

TRUC

Si vous travaillez sous Windows 2000 ou XP Professionnel et que IIS n'a pas été installé par défaut, vous pouvez l'installer en ouvrant l'utilitaire Ajout/Suppression de programmes dans le Panneau de configuration, et en sélectionnant dans celui-ci Ajouter/Supprimer des composants Windows. Lorsque la liste des composants apparaît, cochez dans celle-ci la case Services Internet (IIS).

ATTENTION !

IIS ne fonctionne pas avec l'édition familiale de Windows XP, mais seulement sous Windows XP Professionnel.

Pour télécharger et installer PWS (Personal Web Server), allez à `www.microsoft.com/france/`, et faites une recherche sur "option pack". Dans la page de résultats qui apparaît, cliquez sur Option Pack pour Windows NT Server 4.0. Dans la page de téléchargement qui s'affiche, cliquez sur Télécharger l'Option Pack. Si vous travaillez sous Windows 98, suivez les instructions données dans la page de téléchargement.

Définir un DSN

DSN signifie *Data Source Name*. Un DSN est essentiellement un nom associé à votre base de données qui aide à assurer l'intégrité de votre connexion avec elle, même si elle change d'emplacement. Bien que vous n'ayez pas besoin de Dreamweaver pour configurer un DSN, il vous en faut un pour que votre site dynamique réalisé avec Dreamweaver fonctionne.

Pour pouvoir suivre les exemples, vous devez avoir installé le pilote de base de données Access. Pour l'installer ou pour vérifier s'il est déjà installé, suivez ces étapes :

1. **Dans le Panneau de configuration (Démarrer/Paramètres/ Panneau de configuration), double-cliquez sur Outils d'administration, puis sur Sources de données (ODBC).**

   La boîte de dialogue Administrateur de sources de données ODBC apparaît. Dans l'onglet Sources de données utilisateur, vous pouvez voir MS Access Database et Microsoft Access Driver (*mdb).

2. **Cliquez sur l'onglet Sources de données système.**

   Vous voyez apparaître une liste de connexions à des bases de données.

3. **Cliquez sur Ajouter.**

   Une liste des pilotes apparaît.

4. **Sélectionnez Microsoft Access Driver et cliquez sur Terminer.**

   La boîte de dialogue Installation ODBC pour Microsoft Access apparaît (Figure 13.1).

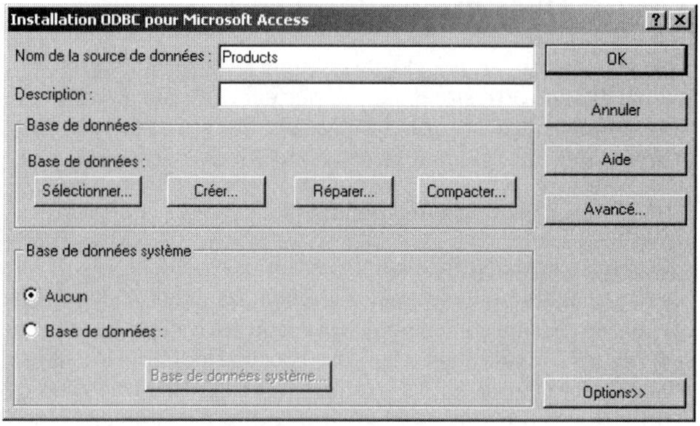

Figure 13.1 : La boîte de dialogue Installation ODBC pour Microsoft Access.

5. **Dans le champ Nom de la source de données, entrez un nom pour votre base de données. Le champ Description est facultatif.**

   Pour les exemples qui suivent, je vais utiliser une base de données de produits (Products.mdb), dérivée de celle du site `www.metabolicnutrition.com`. Je l'ai nommée *Products*.

6. **Cliquez sur Sélectionner.**

   La boîte de dialogue Sélectionner la base de données apparaît.

7. **Naviguez jusqu'à la base de données que vous voulez utiliser, sélectionnez-la, et cliquez sur OK.**

Le chemin d'accès à la base de données s'inscrit maintenant dans la zone Base de données dans la boîte de dialogue Installation ODBC pour Microsoft Access.

8. **Si votre base de données nécessite un nom d'utilisateur et un mot de passe, vous pouvez cliquer sur Avancé pour les spécifier.**

9. **Cliquez sur OK pour fermer la boîte de dialogue Installation ODBC pour Microsoft Access, puis cliquez sur OK pour fermer la boîte de dialogue Administrateur de sources de données ODBC.**

Établir la connexion avec les données dans Dreamweaver MX

Pour commencer, vous devez définir les informations sur votre site local et sur votre site distant. Pour cet exemple, comme je fais fonctionner le serveur d'application (IIS) sur la même machine que Dreamweaver, j'ai configuré la connexion localement.

TRUC

Pour les utilisateurs de Macintosh

Comme on ne peut pas faire fonctionner localement sur Mac un serveur Web ou un serveur d'application, il faut se connecter à un serveur distant. Idéalement, vous pouvez connecter votre Mac à un serveur NT ayant l'autorisation d'accès au disque dur de celui-ci, puis, une fois que vous êtes sur le réseau, établir la connexion avec les données. Si (et seulement si) vous utilisez le nouveau Mac OS X, il y a une autre solution qui consiste à télécharger le serveur HTTP Apache, disponible pour Mac OS X.

Revenons dans Dreamweaver, et mettons-nous au travail :

1. **Sélectionnez Fenêtre/Bases de données pour ouvrir le panneau Bases de données (l'onglet Bases de données du panneau Application).**

2. **Cliquez sur le signe + et sélectionnez Nom de la source de données (DSN) dans le menu qui apparaît.**

   La boîte de dialogue Nom de la source de données (DSN) s'affiche (Figure 13.2).

3. **Dans le champ Nom de connexion, entrez le nom de la nouvelle connexion.**

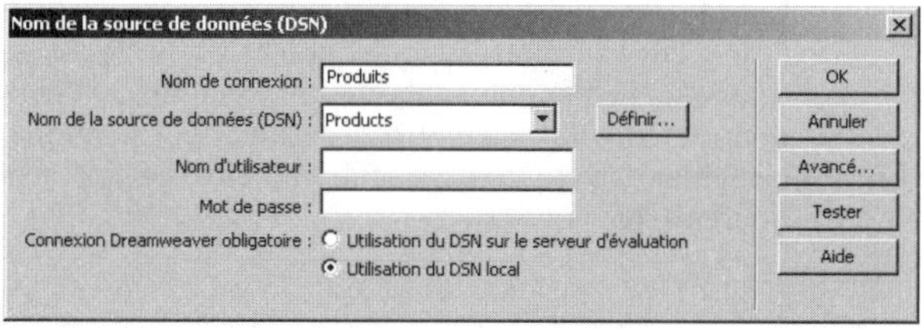

Figure 13.2 : La boîte de dialogue Nom de la source de données (DSN).

4. **Parmi les deux options Connexion Dreamweaver obligatoire, sélectionnez le DSN que vous voulez utiliser, puis, dans la liste Nom de la source de données (DSN), sélectionnez votre base de données.**

   Si vous utilisez un serveur d'application distant, vous devez sélectionner Utilisation du DSN sur le serveur d'évaluation. Si votre serveur d'application est sur la machine avec laquelle vous créez votre site, sélectionnez Utilisation du DSN local.

5. **Cliquez sur le bouton Tester.**

   Vous voyez apparaître un message vous disant que la connexion a réussi, ainsi que votre base de données dans le panneau Bases de données, comme le montre la Figure 13.3.

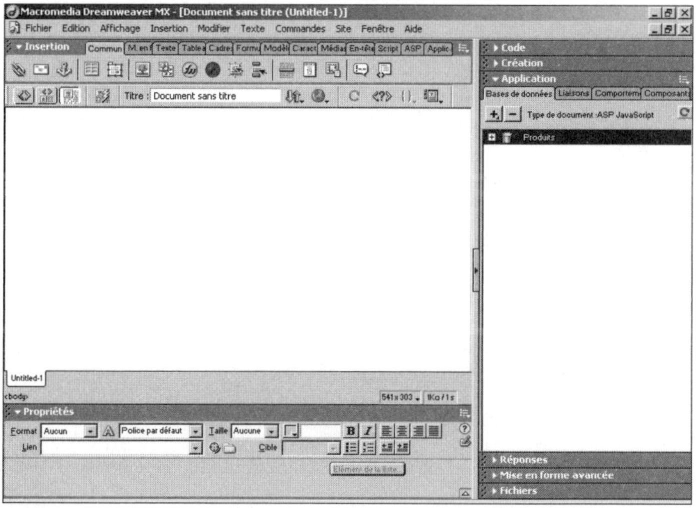

Figure 13.3 : Le panneau Bases de données affiche la nouvelle connexion.

Dans le panneau Site, vous voyez aussi un nouveau dossier Connexions sur votre disque dur local, à l'intérieur duquel se trouve un fichier contenant des informations sur cette base de données. Dreamweaver insère automatiquement une référence à ce fichier dans toute page utilisant cette connexion de base de données que vous créez.

Chapitre 14

Faire venir les données

Dans ce chapitre :

- Faire connaissance avec les panneaux.
- Définir les bases des jeux d'enregistrements.
- Faire un usage dynamique de vos données.

Les exemples de ce chapitre reposent sur un site de vente en ligne, disposant d'une base de données qui contient les noms des produits, leur description et les images correspondantes. Si vous voulez réaliser un site de vente en ligne, les étapes que vous allez trouver ici montrent comment utiliser Dreamweaver pour créer un site dynamique.

Votre serveur d'application doit être activé et vous devez enregistrer toutes vos pages en tant que pages ASP (*nom de fichier*.asp) pour que le serveur puisse en lire le code correctement.

Explorer les panneaux

Dans Dreamweaver, les éléments les plus fondamentaux de la création d'un site dynamique sont les panneaux Liaisons et Comportements de serveur (qui sont des onglets du panneau Application), et les jeux d'enregistrements.

Le panneau Liaisons

Le panneau Liaisons vous permet d'ajouter et de supprimer dans votre document des sources de données à contenu dynamique. Le nombre et les types des sources de données disponibles dépendent du type de serveur que vous avez choisi : ASP, JSP ou autre. Une source de données est l'élément qui contient les informations que vous allez utiliser sur vos pages Web dynamiques. Un jeu d'enregistrements d'une base de données est un exemple de source de données.

Le panneau Liaisons vous offre plusieurs moyens d'accéder aux sources de données. Il vous permet de savoir de quels objets de sources de données vous disposez en cliquant sur le bouton + pour faire apparaître le menu qui vous permet d'ajouter des liaisons à des sources de données. Ce menu comporte les options suivantes :

- **Jeu d'enregistrements (requête) :** Un jeu d'enregistrements stocke des données de votre base de données afin de les utiliser sur une page ou un ensemble de pages.
- **Commande (procédure stockée) :** Une procédure stockée est un élément réutilisable de base de données qui contient un code SQL. On utilise couramment des procédures stockées pour modifier une base de données.
- **Variable de demande :** Une variable de demande transmet des informations d'une page à une autre. Lorsque vous utilisez un formulaire pour envoyer des données vers une autre page, c'est une variable de demande qui est créée.
- **Variable de session :** Une variable de session stocke et affiche des informations pendant la durée d'une session utilisateur. Pour chaque utilisateur, une session est créée sur le serveur et maintenue pendant un laps de temps spécifié ou jusqu'à ce qu'une action déterminée sur le site y mette fin.
- **Variable d'application :** Une variable d'application peut être utilisée pour stocker et afficher des informations qui doivent être disponibles pour tous les utilisateurs et constantes sur toute la durée de vie de l'application.
- **Obtenir d'autres sources de données :** Utilisez cette option pour ouvrir Dreamweaver Exchange dans votre navigateur. Vous pouvez utiliser Exchange dans le but de télécharger des extensions de Dreamweaver.

Le panneau Comportements de serveur

Un *comportement de serveur* est un script de serveur qui accomplit un certain type d'action. En utilisant ce panneau, vous pouvez ajouter à vos pages des scripts de serveur comme une authentification d'utilisateur ou un suivi de navigation. Vous pouvez accéder aux comportements de serveur disponibles en cliquant sur le bouton + du panneau Comportements de serveur pour faire apparaître son menu, qui comporte les options suivantes :

- **Jeu d'enregistrements (requête) :** Un jeu d'enregistrements stocke des données de votre base de données afin de les utiliser sur une page ou un ensemble de pages.
- **Commande :** Une commande (ou procédure stockée) est un élément réutilisable de base de données qui contient un code SQL.
- **Région répétée :** Cet objet de serveur permet d'afficher plusieurs enregistrements sur une page.
- **Pagination du jeu d'enregistrements :** Si vous devez afficher un grand nombre d'enregistrements, et les afficher sur plusieurs pages, ce jeu de comportements vous permet de naviguer d'une page à l'autre ou d'un enregistrement à l'autre.
- **Afficher la région :** Avec ce jeu de comportements de serveur, vous pouvez afficher ou masquer un élément de navigation sur la base des enregistrements affichés. Si vous disposez d'un lien Suivant et d'un lien Précédent en bas de chaque page et si votre utilisateur se trouve sur la première page ou sur le premier enregistrement du jeu d'enregistrements, vous pouvez définir un comportement qui n'affichera que le lien Suivant.
- **Texte dynamique :** Le comportement Texte dynamique vous permet d'afficher des informations de votre jeu d'enregistrements en un endroit quelconque sur la page.
- **Aller à la page d'informations détaillées :** Ce comportement vous donne la possibilité de lier chaque enregistrement à une page d'informations détaillées pour l'enregistrement correspondant.
- **Aller à la page associée :** Vous pouvez utiliser ce comportement pour lier une page dynamique à une autre qui contient des informations associées.
- **Insérer un enregistrement :** Utilisez ce comportement sur une page qui peut servir à ajouter de nouveaux enregistrements à une base de données au moyen d'un navigateur Web.
- **Mettre à jour l'enregistrement :** Utilisez ce comportement sur une page qui peut servir à mettre à jour des enregistrements existants d'une base de données au moyen d'un navigateur Web.

- **Supprimer l'enregistrement :** Utilisez ce comportement sur une page pour supprimer rapidement un enregistrement d'une base de données au moyen d'un navigateur Web.
- **Éléments de formulaire dynamique :** Ce jeu de comportements de serveur permet de transformer des champs de texte, des champs de liste/menu, des boutons radio ou des cases à cocher en éléments dynamiques de formulaire, que vous pouvez définir pour afficher des informations particulières d'un jeu d'enregistrements.
- **Authentification de l'utilisateur :** Ce jeu de comportements permet d'ouvrir et de fermer une session d'utilisateur, de vérifier un nom d'utilisateur en le comparant aux informations de votre base de données, et de restreindre l'accès à une page.
- **Modifier les comportements de serveur :** Utilisez cette option pour personnaliser ou supprimer des comportements de serveur existants.
- **Nouveaux comportements de serveur :** Utilisez cette option pour créer de nouveaux comportements de serveur et les ajouter à la liste des comportements existants.
- **Obtenir d'autres comportements de serveur :** Utilisez cette option pour ouvrir Dreamweaver Exchange dans votre navigateur.

Le panneau Bases de données

En cliquant sur le bouton + du panneau Bases de données (Figure 14.1), vous pouvez créer un DSN (nom de source de données) ou une chaîne de connexion personnalisée. Pour savoir comment créer un DSN dans ce panneau, reportez-vous au Chapitre 13. Ce panneau vous permet aussi d'examiner toutes les bases de données de votre serveur d'application sans créer un jeu d'enregistrements, ainsi que d'afficher toute la structure de votre base de données.

Créer un jeu d'enregistrements

Un *jeu d'enregistrements* contient des données de votre base de données destinées à être utilisées sur une page ou un ensemble de pages en créant une requête. Une requête va chercher dans une base de données des informations destinées à être utilisées sur une page, en utilisant pour cela les informations des champs que vous avez

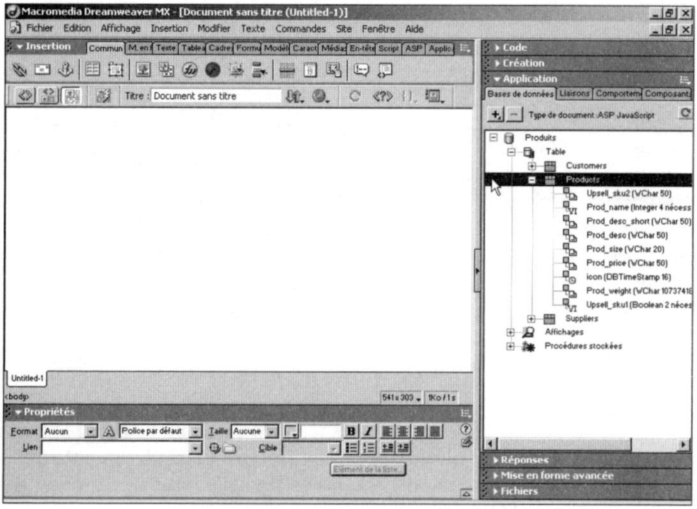

Figure 14.1 : Le panneau Base de données.

sélectionnés pour cette requête. Une fois que votre jeu d'enregistrements est en place, vous êtes en mesure d'afficher de différentes manières les informations de votre base de données.

Pour définir un jeu d'enregistrements dans Dreamweaver :

1. **Ouvrez la page qui va utiliser le jeu d'enregistrements.**
2. **Dans le panneau Liaisons, cliquez sur le bouton + et sélectionnez Jeu d'enregistrements (requête).**

   La boîte de dialogue Jeu d'enregistrements apparaît (Figure 14.2).
3. **Entrez un nom pour votre jeu d'enregistrements.**

   Il est généralement conseillé de faire commencer le nom du jeu d'enregistrements par les lettres *rs* (pour *recordset*).
4. **Dans la liste déroulante Connexion, sélectionnez la connexion que vous voulez utiliser.**
5. **Dans la liste déroulante Table, sélectionnez la table de la base de données dont vous voulez extraire des données pour votre jeu d'enregistrements, et dans la zone Colonne, sélectionnez les colonnes voulues dans cette table.**

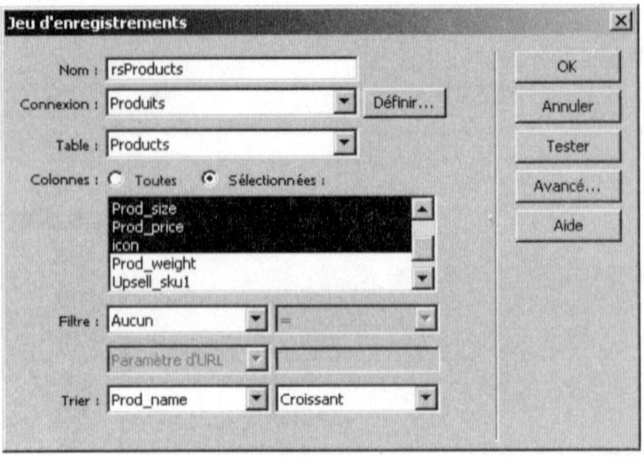

Figure 14.2 : La boîte de dialogue Jeu d'enregistrements.

6. **Si vous voulez que les informations disponibles soient filtrées pour ne laisser passer que les enregistrements qui satisfont certains critères, faites les sélections nécessaires dans la zone Filtre.**

7. **Si vous voulez que les enregistrements affichés soient triés, spécifiez-le dans les deux listes déroulantes de la zone Triée.**

8. **Cliquez sur Tester pour tester la connexion à la base de données.**

   Si tout se passe bien, vous devez voir apparaître une fenêtre contenant les données de l'enregistrement.

9. **Cliquez sur OK dans la fenêtre de test pour la fermer.**

10. **Cliquez sur OK dans la boîte de dialogue Jeu d'enregistrements pour valider vos choix et la fermer.**

    Le jeu d'enregistrements que vous venez de définir est maintenant affiché dans le panneau Liaisons, comme le montre la Figure 14.3.

Utiliser un jeu d'enregistrements sur une page

Maintenant que vous avez créé un jeu d'enregistrements, vous pouvez placer sur votre page des informations qu'il contient, de la manière qui vous convient. Pour cet exemple, je vais faire une liste de tous les produits de la base de données, avec pour chacun sa description, sa

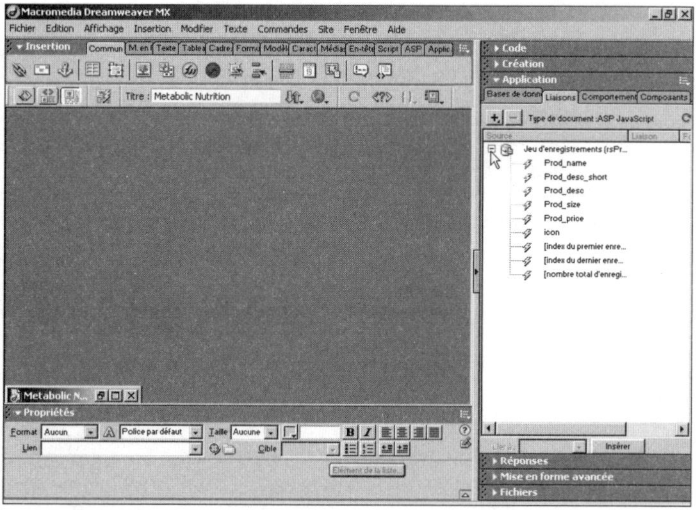

Figure 14.3 : Votre jeu d'enregistrements est maintenant affiché dans le panneau Liaisons.

taille et son prix. J'ai déjà réalisé une page contenant un tableau avec le nombre approprié de colonnes pour le texte dynamique que je vais y insérer.

Une fois votre page définie, vous pouvez faire glisser chaque élément de données du panneau Liaisons pour le déposer sur la page.

1. **À partir du panneau Liaisons, faites glisser la première source de données pour la déposer à l'endroit prévu pour elle sur la page.**

   À l'endroit où vous l'avez déposée sur la page, son nom apparaît entre accolades, sur fond bleu clair. Vous pouvez maintenant la mettre en forme, comme n'importe quel texte HTML, sur votre page (Figure 14.4).

2. **Pour tester le résultat, cliquez sur le bouton Affichage des données dynamiques (c'est le bouton qui contient un éclair dans la fenêtre de la page).**

   Le premier enregistrement de la base de données apparaît sur la page à la place de l'indication des champs.

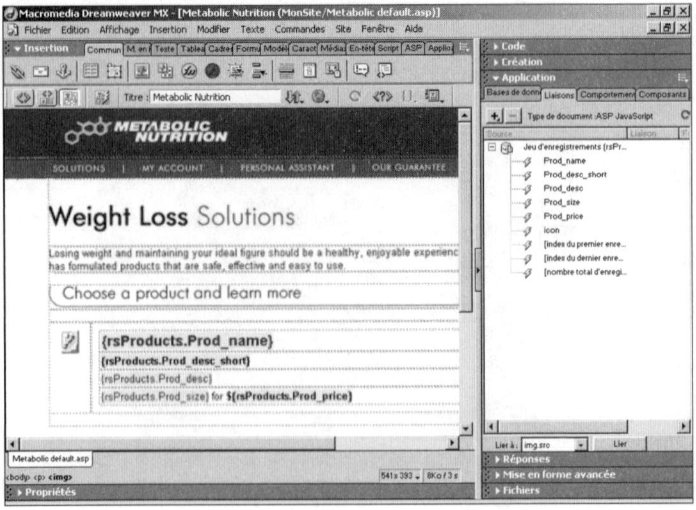

Figure 14.4 : Le texte dynamique a été inséré et mis en forme.

Répéter une région

Une *région* est une zone d'une page dans laquelle sont affichées des informations provenant d'une base de données. Une fois que vous avez défini votre région, vous pouvez lui appliquer un comportement de serveur Région répétée, qui aura pour effet la répétition de l'écriture de cette zone sur la page, affichant ainsi tous les enregistrements de la base de données définis par votre jeu d'enregistrements.

Pour ajouter dans votre table un comportement de serveur Région répétée :

1. **Sélectionnez sur la page la zone à définir comme région.**

2. **Dans le panneau Comportements de serveur, cliquez sur le bouton +, et sélectionnez Région répétée.**

   La boîte de dialogue Région répétée apparaît.

3. **Dans la zone Afficher de cette boîte de dialogue, indiquez le nombre d'enregistrements que vous voulez voir apparaître sur la page, et cliquez sur OK.**

4. **Pour tester le résultat, cliquez sur le bouton Affichage des données dynamiques (le bouton qui contient un éclair dans la barre d'outils de la fenêtre de la page).**

Ajouter une image dynamique

Il existe différents moyens de lier une image à un jeu d'enregistrements, de manière que l'image affichée dépende d'autres parties de la page qui sont liées au même jeu d'enregistrements. Pour commencer, assurez-vous que chaque enregistrement de votre base de données comporte un champ contenant le chemin d'accès à l'image à afficher pour cet enregistrement. N'oubliez pas de télécharger sur le serveur avec tout votre site le dossier contenant vos images, faute de quoi elles ne seront pas affichées. L'étape suivante consiste à mettre un indicateur d'emplacement pour l'image à l'endroit où vous voulez la faire apparaître pour tous les enregistrements. Vous pouvez utiliser n'importe quelle image de votre dossier d'images comme indicateur d'emplacement.

Lier l'image

Maintenant que vous avez l'indicateur d'emplacement, vous disposez de deux méthodes faciles pour lier les images : le panneau Liaisons ou l'Inspecteur de propriétés.

Avec le panneau Liaisons :

1. **Cliquez sur le bouton + pour développer le jeu d'enregistrements.**
2. **Cliquez sur l'image utilisée comme indicateur d'emplacement dans le document ouvert pour la sélectionner.**
3. **Sélectionnez dans le jeu d'enregistrements le champ qui contient le chemin d'accès au fichier de l'image.**

   Vous pouvez donner à ce champ le nom que vous voulez.
4. **Dans le panneau Liaisons, cliquez sur le bouton Lier (dans le coin inférieur droit du panneau).**

Avec l'Inspecteur de propriétés :

1. **Cliquez sur l'image utilisée comme indicateur d'emplacement dans le document ouvert pour la sélectionner.**
2. **Dans l'Inspecteur de propriétés, cliquez sur le bouton représentant un dossier à droite du champ Src.**

   La boîte de dialogue Sélectionner source de l'image apparaît (Figure 14.5).

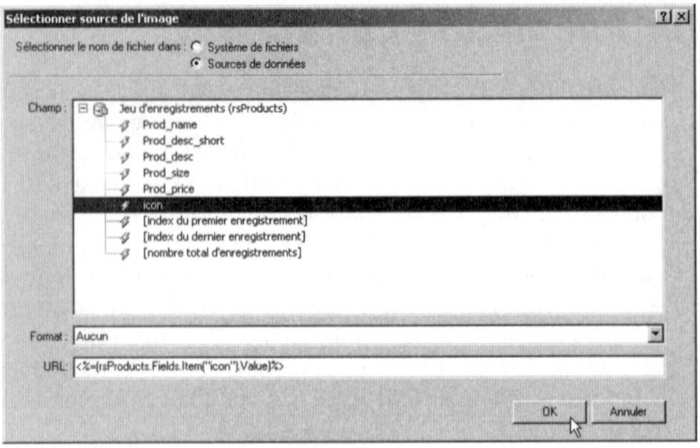

Figure 14.5 : La boîte de dialogue Sélectionner source de l'image.

3. **Dans la zone Sélectionner le nom de fichier dans (en haut de la boîte de dialogue), sélectionnez Sources de données.**

   La liste des champs de votre jeu d'enregistrements apparaît.

4. **Dans cette liste, sélectionnez le champ qui contient le chemin d'accès à l'image voulue.**

5. **Cliquez sur OK.**

Une fois que vous avez lié les images par l'une de ces deux méthodes, cliquez sur le bouton Affichage des données dynamiques pour voir le résultat, comme le montre la Figure 14.6.

Ajouter des éléments de navigation à une page dynamique

Si votre base de données contient beaucoup d'enregistrements, vous pouvez choisir de n'en afficher qu'un petit nombre sur chaque page. Le panneau Comportements de serveur vous permet d'ajouter à vos pages des éléments de navigation, pour que l'utilisateur puisse naviguer facilement parmi les enregistrements. Vous pouvez pour cela utiliser des images pour créer des boutons, ou placer des liens de texte au bas de la page, contenant les mots "Page précédente" et "Page suivante". Une fois les boutons en place, vous pouvez recourir aux comportements de serveur pour les activer.

Par exemple, pour associer des mouvements de navigation à des boutons Page précédente ou Page suivante :

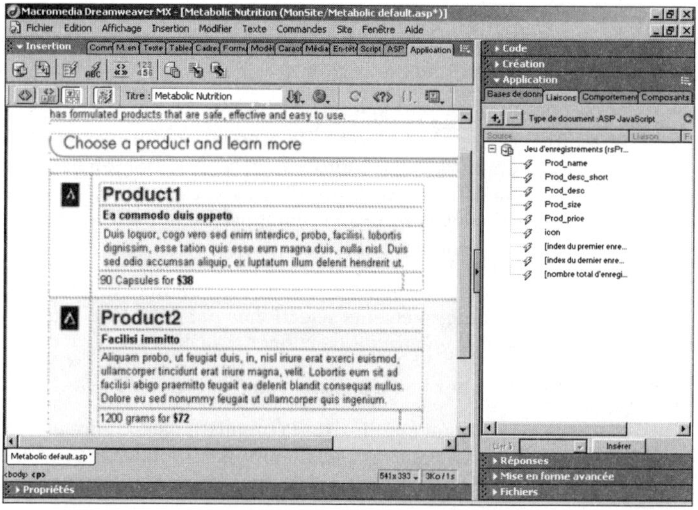

Figure 14.6 : En cliquant sur le bouton Affichage des données dynamiques, vous pouvez vérifier que vos images sont liées correctement.

1. **Sélectionnez le bouton Page précédente.**
2. **Dans le panneau Application, cliquez sur l'onglet Comportements de serveur.**
3. **Dans le panneau Comportements de serveur, cliquez sur le bouton +, et sélectionnez Pagination du jeu d'enregistrements.**
4. **Dans le sous-menu qui apparaît, sélectionnez le mouvement de navigation approprié.**

   La boîte de dialogue correspondante apparaît. Faites vos sélections et cliquez sur OK.
5. **Faites la même chose pour l'autre bouton.**
6. **Sélectionnez Fichier/Aperçu dans le navigateur, puis sélectionnez le navigateur que vous avez défini comme navigateur par défaut.**

   Vous pouvez maintenant naviguer parmi vos enregistrements.

Avez-vous remarqué que, sur la première page, le bouton ou le lien Page précédente apparaît toujours, alors que nous savons bien qu'il n'y a pas de page précédente ? Il y a un comportement de serveur qui dit aux boutons de navigation quand ils doivent ou non apparaître.

1. **Cliquez sur le bouton pour le sélectionner.**

2. **Dans le panneau Comportements de serveur, cliquez sur le bouton + pour faire apparaître le menu, et placez le pointeur sur Afficher la région.**

3. **Dans le sous-menu qui apparaît, sélectionnez Afficher la région si ce n'est pas le premier enregistrement (si vous définissez le comportement pour le bouton Page précédente), ou Afficher la région si ce n'est pas le dernier enregistrement (si vous définissez le comportement pour le bouton Page suivante).**

   La boîte de dialogue Afficher la région… apparaît. Comme le jeu d'enregistrements sélectionné par défaut est généralement le bon, il vous suffit de cliquer sur OK.

4. **Affichez l'aperçu dans votre navigateur.**

   Lorsque vous êtes sur la première page d'enregistrements, le bouton Page précédente n'apparaît plus ; lorsque vous êtes sur la dernière page, c'est le bouton Page suivante qui n'apparaît plus.

Maintenant que vous savez ajouter des éléments de navigation, vous pouvez ajouter des boutons qui conduisent directement au premier ou au dernier enregistrement. Les comportements de serveur correspondants sont Déplacer vers le premier enregistrement et Déplacer vers le dernier enregistrement.

Créer un ensemble de pages Principale-Détails

Une *page principale* affiche une liste d'enregistrements, avec un lien pour chacun d'entre eux. Lorsque l'utilisateur clique sur l'un de ces liens, une *page de détails* apparaît, affichant des informations supplémentaires sur l'enregistrement correspondant. Il existe deux types de pages principales. Le premier est une liste d'enregistrements qu'il vous appartient de déterminer. Le second type est une page principale créée dynamiquement. Une page de résultats de recherche est un bon exemple de ce type de page principale.

Une *page de détails* est la page qui est affichée quand l'utilisateur clique sur un lien sur la page principale. Elle peut comporter des informations supplémentaires sur un enregistrement, mais elle peut aussi répondre à des besoins d'administration comme la mise à jour ou la suppression d'un enregistrement.

Il suffit de quelques clics de souris pour créer un ensemble de pages Principale-Détails. Commencez par créer une page qui va afficher la liste de vos produits. C'est votre page principale. Ensuite, créez la page que vous allez utiliser comme page de détails. Vous êtes prêt à créer l'ensemble de pages Principale-Détails.

1. **Ouvrez la page principale et sélectionnez Insertion/Objets d'application/Principale-Détails, comme le montre la Figure 14.7.**

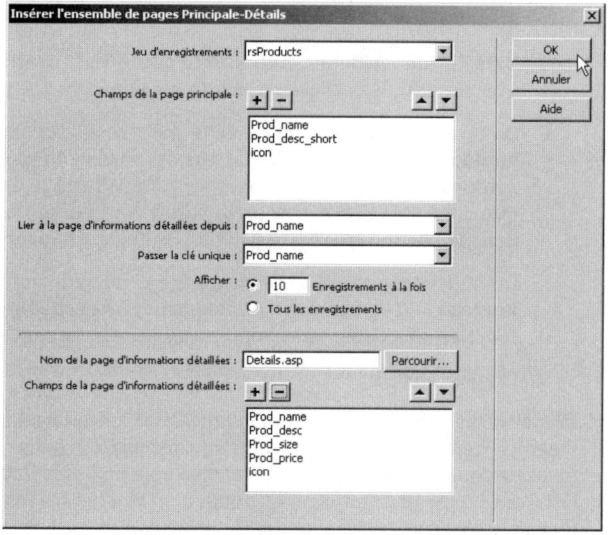

Figure 14.7 : La boîte de dialogue Insérer l'ensemble de pages Principale-Détails.

La boîte de dialogue Insérer l'ensemble de pages Principale-Détails apparaît. Sa partie supérieure sert à définir les propriétés de la page principale et sa partie inférieure les propriétés de la page de détails.

2. **Dans la liste déroulante Jeu d'enregistrements, sélectionnez le jeu d'enregistrements que vous voulez utiliser sur la page principale.**

3. **Dans la zone Champs de la page principale, utilisez le bouton + pour ajouter les champs que vous voulez afficher sur la page principale, et le bouton - pour supprimer ceux que vous ne voulez pas afficher.**

4. **Pour chaque enregistrement, utilisez la liste déroulante Lier à la page d'informations détaillées depuis, pour sélectionner le champ dans lequel vous voulez fournir un lien vers la page de détails associée à cet enregistrement.**

   Dans le cas d'une liste de produits, vous pouvez utiliser le nom du produit ou son numéro comme lien vers la page de détails.

5. **Dans le champ Passer la clé unique, la sélection par défaut est généralement la bonne. Si ce n'est pas le cas, sélectionnez dans cette liste la clé unique que vous voulez passer à la page de détails.**

6. **Dans la zone Afficher, indiquez le nombre d'enregistrements que vous voulez afficher à la fois sur la page principale.**

7. **Dans la partie inférieure de cette boîte de dialogue, utilisez le bouton Parcourir, à droite du champ Nom de la page d'informations détaillées, pour naviguer jusqu'à la page de détails que vous voulez associer au lien que vous venez de définir dans la partie supérieure de cette boîte de dialogue.**

8. **Comme vous l'avez fait pour la page principale, utilisez les boutons + et - pour ajouter et supprimer des champs en fonction de ce que vous voulez afficher sur la page de détails.**

9. **Cliquez sur OK.**

Dreamweaver ajoute automatiquement toutes les informations de jeu d'enregistrements ainsi que le code SQL nécessaires pour que vous puissiez commencer à utiliser votre ensemble de pages Principale-Détails. Comme Dreamweaver se contente d'afficher les informations telles qu'elles sont, vous allez peut-être vouloir réorganiser les champs et les mettre en forme de façon un peu plus esthétique.

Chapitre 15

Utiliser des formulaires pour gérer un site Web dynamique

Dans ce chapitre :

- Configurer l'authentification de l'utilisateur.
- Créer une page de recherche.
- Modifier une base de données.
- Les éléments de base du commerce électronique.

Les formulaires offrent des fonctionnalités aussi nombreuses qu'utiles. Ils permettent par exemple de réaliser une page d'ouverture de session par laquelle un utilisateur inscrit pourra entrer sur votre site, ou une page de recherche dans laquelle l'utilisateur pourra rechercher des informations particulières dans votre site, ou encore un formulaire de saisie d'informations avec lequel un personnel non technicien pourra modifier facilement le contenu du site.

Établir une authentification de l'utilisateur

L'un des avantages d'un site Web dynamique est que vous pouvez y exercer un contrôle très précis. Par exemple, vous pouvez avoir un annuaire en ligne des employés de l'entreprise que chacun pourra consulter pour des informations d'ordre général, mais qui contiendra aussi des adresses et numéros de téléphone personnels à accès réservé. Avec Dreamweaver, les comportements de serveur Authentification de l'utilisateur vous permettent de définir différents niveaux d'accès. Dans l'exemple de l'annuaire, seules certaines personnes pourront accéder aux informations personnelles.

Pour le premier exercice de ce chapitre, vous allez créer un formulaire d'ouverture de session qui compare les informations entrées à la base de données des utilisateurs. J'ai utilisé une base de données d'employés, de structure simple, qui contient les champs suivants :

- Numéro d'employé.
- Mot de passe.
- Nom de famille.
- Prénom.
- Service.
- Titre.
- Niveau d'accès.

Une fois que vous disposez de votre base de données, créez une page contenant un formulaire avec les champs suivants : un champ de texte Nom d'utilisateur, un champ de texte Mot de passe et un bouton Envoyer. Créez ensuite un DSN (nom de source de données), une connexion à la base de données et un jeu d'enregistrements contenant le numéro d'employé, le nom de famille, le prénom, le mot de passe, le service, le titre et le niveau d'accès.

Vous êtes maintenant prêt à ajouter dans votre formulaire un comportement Authentification de l'utilisateur. Pour cet exercice, je vais vous guider dans le processus de configuration d'une authentification de l'utilisateur pour l'accès à un annuaire d'entreprise. J'utilise le numéro d'employé comme nom d'utilisateur.

1. **Sélectionnez le formulaire et cliquez sur le bouton + dans le panneau Comportements de serveur.**

TRUC

Une manière simple de sélectionner tout le formulaire consiste à cliquer à un endroit quelconque dans celui-ci, puis à sélectionner la balise `<FORM>` à l'extrémité gauche de la barre d'état.

2. **Dans le menu, placez le pointeur sur Authentification de l'utilisateur pour faire apparaître le sous-menu, et sélectionnez Connecter l'utilisateur.**

   La boîte de dialogue Connecter l'utilisateur apparaît (Figure 15.1).

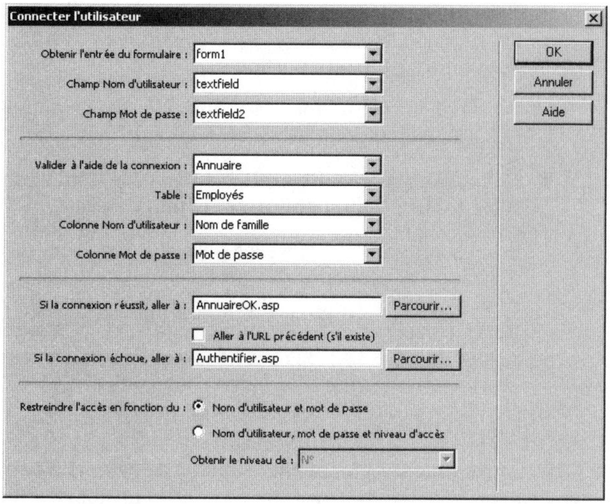

Figure 15.1 : La boîte de dialogue Connecter l'utilisateur.

3. **Dans la liste Obtenir l'entrée du formulaire, sélectionnez le nom du formulaire.**

   Il est de bonne pratique de nommer les formulaires. Ils sont ainsi plus faciles à identifier dans le code.

4. **Dans la liste Champ Nom d'utilisateur, sélectionnez le champ de texte qui contient le nom de l'utilisateur, et dans la liste Champ Mot de passe, sélectionnez le champ de texte qui contient le mot de passe.**

5. **Dans les listes Valider à l'aide de la connexion et Table, sélectionnez respectivement la connexion de base de données à utiliser et la table correspondante.**

6. **Dans les listes Colonne Nom d'utilisateur et Colonne Mot de passe, sélectionnez les champs de la base de données qui seront utilisés pour vérifier le nom d'utilisateur et le mot de passe entrés par l'utilisateur.**

7. **Dans le champ Si la connexion réussit, aller à, entrez l'adresse de la page vers laquelle sera dirigé l'utilisateur si l'ouverture de session réussit.**

   Vous pouvez aussi utiliser le bouton Parcourir pour naviguer jusqu'à cette page et la sélectionner.

8. **Dans le champ Si la connexion échoue, aller à, entrez l'adresse de la page vers laquelle sera dirigé l'utilisateur si l'ouverture de session échoue.**

   Vous pouvez aussi utiliser le bouton Parcourir pour naviguer jusqu'à cette page et la sélectionner.

9. **Enfin, dans la zone Restreindre l'accès en fonction du, sélectionnez Nom d'utilisateur et mot de passe.**

   Si vous voulez restreindre les possibilités d'accès de certains utilisateurs en fonction de leur niveau d'accès, sélectionnez dans cette zone Nom d'utilisateur, mot de passe et niveau d'accès. Seuls les utilisateurs ayant le niveau d'accès approprié seront dirigés sur la page correspondant à l'ouverture de session réussie.

10. **Cliquez sur OK.**

Vous pouvez maintenant afficher l'aperçu de cette page dans votre navigateur, et tester le formulaire en entrant un nom d'utilisateur et un mot de passe répertoriés dans votre base de données.

Quelques mesures faciles pour sécuriser des informations confidentielles sur votre site Web

Voici quelques mesures que vous pouvez prendre pour mettre plus en sécurité les informations confidentielles que contient votre site.

- **Choisissez avec soin les mots de passe que vous utilisez,** en particulier pour FTP, pour votre base de données et pour la zone d'ouverture de session d'administrateur de votre site. Un mot de passe efficace est fait de lettres et de chiffres mélangés.
- **Protégez votre machine de développement.** Beaucoup d'intrusions dans des sites Web sont faites par des personnes qui font partie de la maison. Si votre machine de développement est sur un réseau, prenez soin de prévoir les restrictions nécessaires.
- **Sur votre serveur Web, *désactivez* la navigation dans les répertoires,** de manière que les dossiers qui n'ont pas de page index n'affichent pas leur contenu. Si vous n'êtes pas l'administrateur de votre serveur Web ou si vous ne savez pas comment effectuer cette opération, demandez au service de support technique de l'hébergeur de votre site.

- **Une page qui nécessite une authentification,** comme celle de notre exemple précédent, doit contenir du code pour écarter les utilisateurs qui ne sont pas passés par l'ouverture de session donnant accès à cette page. Ainsi, si quelqu'un essaie d'accéder au fichier sans être passé par la page d'ouverture de session, il est envoyé ailleurs.
- **N'utilisez pas une base de données Access pour un site Web sérieux.** D'une part, c'est lent ; d'autre part, c'est facile à voler parce qu'une telle base de données se réduit à un seul fichier.
- **Vous pouvez apporter une contribution supplémentaire** à la sécurité de votre base de données en la mettant sur une machine dédiée qui ne soit pas directement accessible par Internet, mais seulement par votre serveur Web dans une infrastructure de réseau local.
- **Utilisez la technologie SSL** pour crypter les informations confidentielles échangées avec le serveur.
- **N'utilisez pas le procédé copier-coller** avec de gros morceaux de code compliqués trouvés sur Internet. De tels morceaux de code, largement utilisés, sont facilement identifiés par les hackers qui les recherchent et en connaissent les points faibles.

Gardez à l'esprit que la fonction d'authentification de l'utilisateur offerte par Dreamweaver est un moyen très rudimentaire de restreindre l'accès à une page. Un hacker amateur pourrait facilement accéder à toutes les informations qui le tentent. Si vous réalisez un site qui contient des informations confidentielles, vous pouvez envisager d'avoir recours aux services d'un spécialiste. À tout le moins, documentez-vous sur la question.

Rechercher des enregistrements de base de données

Dreamweaver vous donne la possibilité de créer un formulaire pour rechercher des enregistrements de votre base de données sur la base de critères spécifiés par l'utilisateur. Dans l'exercice suivant, vous allez découvrir une manière simple d'introduire une fonction de recherche sur une base de données dans votre site Web dynamique.

Configurer la page de recherche

La page de recherche est facile à configurer. Vous avez simplement besoin d'un formulaire doté d'une action qui envoie à la page de résultats, avec un champ de texte et un bouton Rechercher.

1. **Commencez par créer une nouvelle page avec un formulaire contenant les champs permettant à l'utilisateur de spécifier ce qu'il recherche, et sélectionnez le formulaire.**

   L'annuaire "employés" étant le même que celui du premier exercice, je vais utiliser le champ de texte *Nom*, qui permet à l'utilisateur de faire une recherche sur la base du nom de famille.

2. **Dans le champ Action de l'Inspecteur de propriétés, entrez le nom de la page de résultats (que vous allez créer dans la section suivante).**

3. **Enregistrez la page de recherche.**

Configurer la page de résultats

C'est cette page qui pilote la recherche, dont vous ne voyez que les résultats. Le contenu du champ de texte que vous avez rempli dans la page de recherche s'appelle pour cette page la *variable de formulaire*. Les informations que vous y avez entrées sont passées à la page de résultats pour que la recherche puisse être effectuée.

1. **Commencez par créer une nouvelle page contenant un tableau avec une colonne pour chaque champ que vous voulez faire apparaître comme résultat.**

2. **En utilisant la base de données ou la table dont vous voulez extraire les résultats, créez une connexion et un jeu d'enregistrements.**

3. **Dans la boîte de dialogue Jeu d'enregistrements, sélectionnez la connexion et la table que vous voulez utiliser.**

4. **Dans le premier champ de la première ligne de la zone Filtre, sélectionnez la colonne correspondant au champ sur la base duquel vos utilisateurs vont spécifier leur recherche.**

5. **Dans le premier champ de la deuxième ligne de la zone Filtre, sélectionnez Variable de formulaire, et entrez dans le deuxième champ de cette ligne le nom du champ de texte faisant l'objet de la recherche.**

6. **Dans le premier champ de la zone Trier, sélectionnez le champ par lequel vous voulez trier les résultats de la recherche.**

7. **Cliquez sur OK.**

8. **Faites glisser chaque champ du jeu d'enregistrements à partir du panneau Liaisons, pour le déposer dans la colonne appropriée du tableau sur la page.**

9. **Enfin, transférez vos pages sur le serveur, et ouvrez votre page de recherche dans un navigateur. Testez-la en faisant successivement une recherche sur différentes entrées de chacun des champs de votre base de données.**

Et voilà ! Nous venons de réaliser une recherche sur une base de données dans sa forme la plus simple. Un utilisateur disposant de connaissances élémentaires sur SQL pourrait tirer un meilleur parti de cette page en utilisant plusieurs critères, et même n'afficher que certains résultats selon le niveau d'accès dont il dispose.

RÉFÉRENCE CROISÉE

Si vous voulez en savoir plus, je vous recommande *SQL pour les Nuls*, publié aux éditions First Interactive.

Modifier une base de données à partir d'un navigateur Web

En reprenant notre exemple d'annuaire d'employés, imaginons qu'un chef de service veuille ajouter un nouvel employé et mettre à jour les informations sur quelques autres qui viennent de recevoir une promotion. Avec Dreamweaver, vous pouvez créer une interface d'utilisation facile, qui permettra à ce chef de service d'utiliser son navigateur Web pour ouvrir une session et apporter les modifications nécessaires à la base de données. Il peut ensuite enregistrer ces modifications, directement depuis son navigateur, et afficher celles-ci aussitôt, sans même avoir besoin d'ouvrir l'application qui a servi à créer la base de données.

Ajouter un enregistrement à votre base de données

Dans cet exercice, vous allez utiliser un formulaire pour ajouter un enregistrement à une base de données. Commencez par créer une nouvelle page et connectez-la à la base de données que vous voulez modifier. Vous pouvez alors utiliser un objet d'application Formulaire d'insertion d'enregistrement. Celui-ci crée un script qui vous permet d'ajouter un enregistrement dans une base de données. Il crée également le formulaire que vous allez utiliser dans ce but.

Un *objet d'application* permet de créer en une seule opération facile une fonction plus complexe.

1. **Ouvrez votre page et placez le curseur d'insertion à l'endroit où vous voulez faire commencer le formulaire.**
2. **Sélectionnez Insertion/Objets d'application/Formulaire d'insertion d'enregistrement.**

   La boîte de dialogue Formulaire d'insertion d'enregistrement apparaît.
3. **Dans cette boîte de dialogue, sélectionnez la connexion de base de données appropriée, puis la table de cette base de données, et entrez le nom de la page vers laquelle sera dirigé l'utilisateur après avoir ajouté un nouvel enregistrement.**
4. **Dans la zone Champs du formulaire, vérifiez que tous les champs sont affichés.**

   Vous pouvez changer le nom de l'étiquette de chaque champ (la colonne Étiquette) en sélectionnant celui-ci dans la liste, puis en modifiant le nom de l'étiquette dans le champ Étiquette qui se trouve au-dessous de cette liste. Vous pouvez aussi définir le type d'affichage du champ dans le formulaire, ainsi que son format (texte, numérique, et ainsi de suite). Si vous souhaitez attribuer une valeur par défaut à un champ, cette boîte de dialogue vous permet également de le faire.
5. **Cliquez sur OK.**

Votre page est maintenant prête (ce que montre la Figure 15.2) ; vous pouvez la tester. Commencez par la télécharger sur le serveur, puis ouvrez-la dans votre navigateur et entrez toutes les informations nécessaires pour définir un nouvel enregistrement. Cliquez sur le bouton Insérer l'enregistrement. Est-ce que votre nouvel enregistrement apparaît dans la base de données ?

Lorsque vous avez créé la connexion à la base de données, un dossier Connexions a été ajouté à votre site sur votre disque dur local, dont les fichiers ASP contiennent les informations nécessaires au bon fonctionnement de vos pages en relation avec la base de données. On appelle *fichier inclus* un fichier de ce type, car il peut y être fait

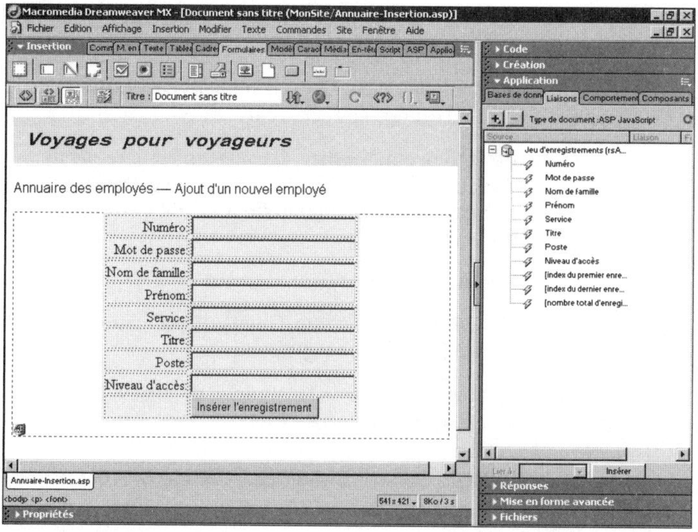

Figure 15.2 : Le formulaire d'insertion d'enregistrement est prêt.

référence dans le code d'une autre page. Dreamweaver *inclut* automatiquement le contenu de ce fichier sur toute page que vous créez et qui utilise cette connexion de base de données.

Mettre à jour un enregistrement à partir d'un navigateur Web

Pour modifier ou *mettre à jour* un enregistrement d'une base de données, vous devez commencer par créer un formulaire de recherche afin de rechercher l'enregistrement à modifier. Une fois que vous l'avez trouvé, le formulaire de mise à jour des enregistrements apparaît. C'est lui qui vous permet de réaliser la mise à jour.

1. **Sur une nouvelle page, commencez par créer un simple formulaire de recherche comme celui du premier exercice de ce chapitre, avec un champ de texte et un bouton Rechercher.**

2. **Sélectionnez le champ de texte, puis, dans l'Inspecteur de propriétés, remplacez le nom par défaut du champ de texte (*textfield*) par un nom plus descriptif ; par exemple, *Ma recherche*.**

3. **Créez un jeu d'enregistrements, filtré par le champ que vous utilisez comme critère de recherche.**

   C'est le champ Numéro (le numéro d'employé) que j'utilise comme critère de recherche.

4. **Dans la première liste déroulante au-dessous de la ligne Filtre, sélectionnez Variables de formulaire. Dans la liste qui suit, entrez le nom du champ de texte de votre formulaire de recherche.**

5. **Cliquez sur OK.**

6. **Sélectionnez Insertion/Objets d'application/Formulaire de mise à jour des enregistrements.**

   La boîte de dialogue Formulaire de mise à jour des enregistrements apparaît (Figure 15.3).

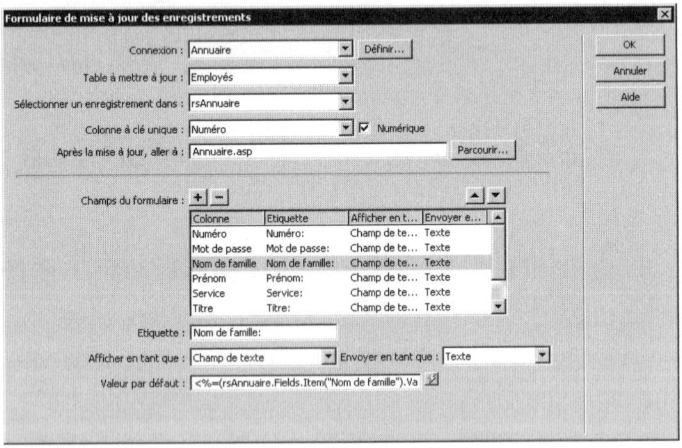

Figure 15.3 : La boîte de dialogue Formulaire de mise à jour des enregistrements.

7. **Sélectionnez la connexion et la table appropriées.**

8. **Entrez le nom de la page que vous voulez afficher une fois la mise à jour effectuée.**

   J'ai utilisé la page employees.asp, qui est la page par défaut de mon annuaire d'employés.

9. **Assurez-vous que les étiquettes des champs sont correctes, ou donnez-leur le nom que vous voulez voir apparaître sur le formulaire de mise à jour. Vous pourrez si nécessaire les**

renommer par la suite sur votre page, en sélectionnant le champ pour y remplacer le texte directement sur la page.

10. **Cliquez sur OK.**

    Un nouveau formulaire apparaît sur la page. Vous pouvez en mettre en forme la présentation.

11. **Enfin, dans le panneau Comportements de serveur, cliquez sur le signe +. Dans le menu, placez le pointeur sur Afficher la région. Dans le sous-menu qui apparaît, sélectionnez Afficher la région si le jeu d'enregistrements n'est pas vide.**

    Cette dernière étape vous évite d'obtenir un message d'erreur s'il n'y a pas d'enregistrement correspondant au critère que vous avez entré dans le champ de recherche.

Le formulaire de mise à jour est maintenant complet, comme le montre la Figure 15.4.

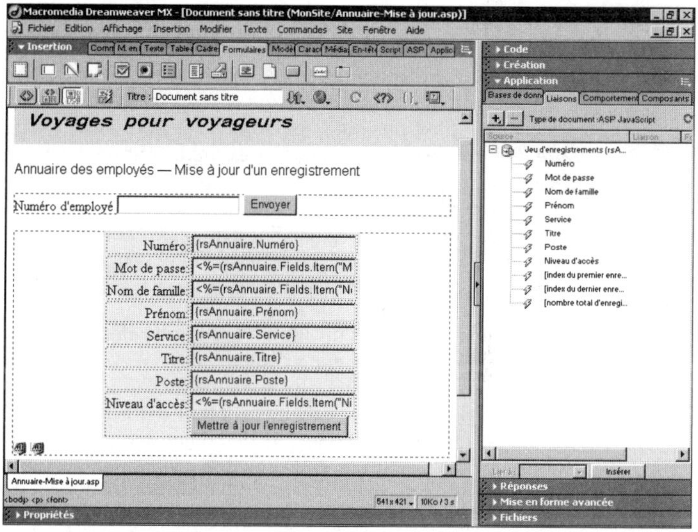

Figure 15.4 : Le formulaire de mise à jour que nous venons de créer.

Vous pouvez maintenant tester la nouvelle page en la prévisualisant dans votre navigateur. Entrez une valeur dont vous savez qu'elle existe pour ce champ dans votre base de données, et cliquez sur le bouton Rechercher. Le formulaire de mise à jour des enregistrements doit faire apparaître les informations de l'enregistrement correspondant.

Vous pouvez alors apporter les modifications voulues à cet enregistrement et cliquer sur le bouton Mettre à jour l'enregistrement pour enregistrer ces modifications dans la base de données.

Les bases du commerce électronique

S'il y a une chose certaine au sujet de la plupart des personnes qui souhaitent avoir un site Web, c'est qu'elles veulent qu'il soit rentable. Le temps du site "brochure" n'est plus. Tout le monde essaie de vendre quelque chose. Le commerce électronique permet aux vendeurs et aux acheteurs de se rencontrer sur Internet. Dans les paragraphes qui suivent, je vais vous en dire plus sur ce qu'est un site de commerce électronique et ce dont vous avez besoin pour en réaliser un qui soit pleinement fonctionnel.

Qu'est-ce qui fait entrer le "commerce électronique" dans un site Web ?

En bref, un site de commerce électronique est un site qui accepte des paiements en ligne pour des biens et des services. Beaucoup d'entreprises ont réalisé des outils personnalisés pour aider les utilisateurs à faire leur course sur leur site. Par exemple, Metabolic Nutrition vous permet aussi d'enregistrer votre adresse d'expédition, de manière que vous n'ayez pas à la saisir chaque fois que vous passez une commande. Ce site dispose également d'un "assistant personnel" virtuel qui vous donne des conseils sur les produits en fonction de votre santé, de votre âge, de votre régime et de votre style de vie.

Le coût de réalisation d'un site de commerce électronique est significativement supérieur à celui d'un site Web ordinaire, parce qu'il s'y ajoute différents coûts de prestation de services auxquels vous aurez dû avoir recours. Voici un bref tour d'horizon des exigences minimales (habituelles) d'un site de commerce électronique :

- **Un caddy virtuel :** C'est un ensemble de scripts et d'applications qui affichent des éléments de votre base de données, en permettant à l'utilisateur de choisir ce qu'il veut, puis effectue les opérations de paiement et recueille l'adresse d'expédition. Il existe des services d'hébergement de site capables de fournir un caddy virtuel. Il y a aussi quelques extensions pour Dreamweaver permettant de réaliser un caddy virtuel.
- **Un compte commercial :** C'est un compte auprès d'une banque ou d'une institution financière qui vous permet d'accepter des

règlements par carte de crédit de vos clients. Beaucoup de fournisseurs de tels comptes proposent avec eux des passerelles de paiement et des terminaux virtuels de paiement, qui peuvent vous faire gagner du temps et de l'argent.

- **Une passerelle de paiement et un terminal virtuel :** Une passerelle de paiement est ce qui relie votre caddy virtuel à votre compte commercial. Un terminal virtuel est en quelque sorte une combinaison de caisse enregistreuse et de livre de comptes électronique. Il vous permet de prendre connaissance des transactions de votre site Web, d'émettre des remboursements et de gérer les commandes.
- **Une sécurisation certifiée de votre site :** C'est ce qui permet de crypter les informations échangées entre votre site Web et l'ordinateur du client pour qu'elles ne puissent pas être volées au cours de l'achat en ligne. Cette sécurisation repose sur la technique SSL (Secure Socket Layer). Les certifications 128 bits de Verisign et de Thawte sont largement utilisées.

La définition d'un site de commerce électronique "traditionnel" continue à évoluer avec l'apparition de nouvelles techniques et de nouveaux services. Les caddies virtuels prêts à l'emploi et les systèmes de commerce électronique pourront vous faire gagner du temps et de l'argent au départ, et l'achat d'un produit de ce genre est le moyen le plus rapide de mettre son activité en ligne. L'inconvénient d'un caddy virtuel standard est que vous ne pouvez généralement pas lui donner l'aspect d'un élément à part entière de votre site Web. De plus, la plupart des caddies virtuels utilisent leur propre base de données et ne vous donnent qu'un accès limité au code correspondant. Devant l'investissement et le risque, beaucoup d'entreprises préfèrent faire appel à une équipe de programmeurs professionnels pour créer à partir de zéro un système qui aura exactement la présentation des fonctionnalités voulues.

Étendre les possibilités de Dreamweaver, une fonction après l'autre

Au dernier décompte, figuraient 21 extensions de commerce électronique pour Dreamweaver sur le site Web de Macromedia. Cependant, parmi les extensions de Dreamweaver, le commerce électronique n'en constitue que la partie émergée. Sur le site Web Macromedia Exchange, vous trouverez une extension à télécharger pour pratiquement toutes les fonctionnalités dont vous pouvez rêver pour votre site.

Voici deux façons d'ajouter des extensions à Dreamweaver : la première consiste à aller directement sur le site Macromedia Exchange (`http://dynamic.macromedia.com/bin/MM/exchange/ultradev/main.jsp`) ; la seconde à passer par Dreamweaver lui-même. Vous devez pour cela être connecté à Internet. Dreamweaver contient plusieurs points d'accès :

- **Par le menu Insertion :** Sélectionnez Insertion/Télécharger d'autres objets.
- **Dans le menu Commandes :** Sélectionnez Commandes/Télécharger d'autres commandes.
- **Dans le menu du panneau Comportements de serveur :** Cliquez sur le signe + et sélectionnez Obtenir d'autres comportements de serveur.
- **Dans le menu du panneau Liaisons :** Cliquez sur le signe + et sélectionnez Obtenir d'autres sources de données.
- **Dans le menu du panneau Comportements :** Cliquez sur le signe + et sélectionnez Télécharger d'autres comportements.

La première fois que vous vous connectez au site Macromedia Exchange, vous devez commencer par vous inscrire avant de pouvoir télécharger des extensions. Vous devez également vous assurer que votre Gestionnaire d'extensions (fourni avec Dreamweaver) est installé et en fonctionnement.

Une fois que vous êtes inscrit et disposez de votre Gestionnaire d'extensions, vous pouvez rechercher les extensions qui vous intéressent et les télécharger sur votre système. Vous pouvez commencer par télécharger les extensions (ce sont des fichiers .mxp) pour les installer ensuite avec le Gestionnaire d'extensions, ou les installer directement, c'est-à-dire effectuer le téléchargement et l'installation en une seule opération, sans commencer par enregistrer le fichier d'installation sur votre disque dur.

Vous avez le choix entre différentes manières de lancer le Gestionnaire d'extensions pour installer une extension. Dans Dreamweaver, vous pouvez cliquer sur Commandes/Gérer les extensions (vous devez avoir un document ouvert). Dans Windows, vous pouvez sélectionner Démarrer/Programmes/Macromedia/Macromedia Extension Manager. Vous pouvez aussi lancer le Gestionnaire d'extensions en double-cliquant sur un fichier .mxp dans l'Explorateur Windows.

Lorsque vous ouvrez le Gestionnaire d'extensions, vous y voyez toutes les extensions installées dans votre système. Pour afficher la description de l'une d'elles, cliquez simplement dessus afin de la sélectionner, et toutes les informations correspondantes apparaissent dans la partie inférieure de la fenêtre du Gestionnaire d'extensions.

Si vous êtes prêt à ajouter quelques extensions, cliquez (dans le Gestionnaire d'extensions) sur Fichier/Installer une extension, et suivez les instructions qui apparaissent à l'écran. Il vous suffira d'un instant pour pouvoir utiliser votre nouvelle extension. La désinstallation est tout aussi simple : cliquez sur Fichier/Supprimer une extension, et le tour est joué.

Sixième partie

Les dix commandements

"Je ne suis pas trop enthousiasmé par un collège dont la page d'accueil contient un lien vers la zone des rave-parties."

Dans cette partie...

Cette dernière partie vous présente dix bonnes idées de conception de sites et de création d'interfaces, ainsi que dix astuces pour vous faire gagner du temps et rendre plus facile et plus productif votre travail avec Dreamweaver, en particulier quelques bons conseils pour tirer le meilleur parti des dernières fonctions de Dreamweaver MX.

Chapitre 16

Dix idées de sites Web à exploiter

Dans ce chapitre :

- Faciliter la lisibilité de votre site Web.
- Concevoir un site pour un public déterminé.
- Qui se ressemble s'assemble.
- Respecter certaines règles.

Tous les bons sites Web grandissent et évoluent. Les idées suivantes vous aideront à créer un site complet qui grandira facilement selon vos besoins.

Faire un site facile à utiliser

Créez un système de navigation clair et intuitif. Rien n'est plus frustrant pour un visiteur que de ne pas comprendre comment accéder aux informations recherchées. La meilleure façon d'y parvenir est de placer des liens sur chaque page de votre site, c'est-à-dire de créer une barre de navigation, en haut, en bas ou à droite de chaque page. Si les pages sont très longues, placez ces liens en haut et en bas de la page. Le système de navigation idéal repose sur une barre remplie d'icônes. Les icônes sont des éléments graphiques très attractifs. Vous devez faire en sorte que ceux de vos visiteurs dont le navigateur ne comporte pas de boutons Précédente et Suivante (il en existe encore) puissent se déplacer facilement dans votre site.

Un espace vide n'est pas un espace perdu

Un espace vide attire l'attention sur les autres éléments de la page. Vous pouvez également recourir à un espace vide pour séparer un type d'informations d'un autre. Les sites les mieux conçus utilisent beaucoup ces petits espaces pour harmoniser la mise en page des éléments.

Créez pour votre auditoire

La complexité technique de votre site n'est pas un gage de qualité. Une bonne conception est une conception qui répond aux attentes de votre auditoire, et non pas celle qui est bourrée d'animations et de graphiques en tous genres. Pensez aux personnes que vous désirez attirer sur votre site, et développez-le en conséquence. N'hésitez pas à visiter des sites conçus pour l'auditoire que vous ciblez. Si vous concevez un site pour des hommes d'affaires, vous devez créer des pages qui se téléchargent rapidement. Si vous concevez un site de détente, votre auditoire s'attend à y trouver des animations et de nombreuses fonctions interactives.

Sauvegardez votre site

Prenez soin de disposer d'un système sur lequel vous pourrez avoir une sauvegarde complète de votre site Web, et mettez-la à jour régulièrement pour être sûr que cette sauvegarde en est toujours la dernière version. Même le meilleur fournisseur de services Internet peut avoir un jour ou l'autre des problèmes techniques, et votre sauvegarde doit vous permettre de remettre en ligne votre site le plus rapidement possible en cas d'incident.

Conservez aussi une sauvegarde de tous vos fichiers source originaux comme les images et autres fichiers multimédias. Par exemple, lorsque vous créez des images pour le Web, vous commencez généralement par créer une image à haute résolution dans un programme comme Photoshop, pouvant intégrer des calques ou autres éléments. Avant que l'image soit placée dans votre site Web, ces calques sont intégrés, et l'image est compressée ou réduite, puis convertie en un fichier GIF ou JPEG. Si vous voulez pouvoir reprendre la réalisation de l'image à partir de ses éléments initiaux, il vous faudra les fichiers originaux, avant l'intégration des calques et la compression. N'oubliez donc pas que vous devez disposer d'un système pour conserver une copie de tous ces éléments originaux.

Soyez cohérent

En définissant vos pages Web, faites en sorte que les éléments qui sont en relation les uns avec les autres soient physiquement à proximité les uns des autres. Donnez aux éléments d'importance similaire le même poids relatif sur la page. Distinguez les différents types d'informations par leur présentation, leur emplacement et l'espace qui leur est accordé. Cette manière d'organiser les pages facilite considérablement la prise de connaissance visuelle de leur contenu par les visiteurs.

Faites en sorte que des éléments similaires répondent à une règle de cohérence. Si vous employez trop d'éléments différents sur une page ou sur un site, vous surchargerez vos pages et vous découragerez rapidement vos visiteurs. Définissez un jeu de couleurs, de formes ou d'autres éléments pour harmoniser votre style. Ne choisissez pas plus de deux ou trois polices pour un site Web, et utilisez-les de manière cohérente.

Petit et rapide

En dépit de ce qu'on nous a promis sur l'arrivée du haut débit pour tous et pour demain matin, le plus gros problème d'Internet est toujours la vitesse. Si vous faites des pages dont le téléchargement est rapide, vous augmentez sérieusement vos chances que vos visiteurs continuent à explorer votre site au lieu d'aller voir ailleurs. À l'inverse, vous pouvez créer la plus belle conception qui soit, mais comme vos visiteurs n'auront pas la patience d'attendre qu'elle apparaisse sur leur écran, personne ne pourra se rendre compte de votre talent.

Si vous avez réalisé des pages qui sont longues à télécharger, voici quelques suggestions afin de les rendre un peu plus rapides : pour commencer, jetez un coup d'œil aux éléments multimédias, et voyez comment vous pouvez en réduire la taille ou au moins offrir à l'utilisateur la possibilité d'éviter le téléchargement des gros fichiers multimédias. Il faut en particulier éviter que l'utilisateur attende trop longtemps avant de voir apparaître la première page de votre site. Pensez aux possibilités de compression des fichiers graphiques, et utilisez un programme comme Fireworks ou ImageReady, conçu pour l'optimisation des images pour le Web. Enfin, utilisez la fonction de nettoyage du code de Dreamweaver pour vous débarrasser des balises inutiles qui alourdissent les pages.

Accessibilité

Ne perdez jamais de vue que vos pages vont apparaître sur différents ordinateurs, systèmes d'exploitation et moniteurs. Vérifiez que votre site est accessible à tous en testant vos pages sur différents systèmes. Pour attirer un maximum de visiteurs sur votre site, assurez-vous que son aspect ne se dégrade pas sur certains systèmes. N'hésitez pas à créer deux versions de votre site, une pour les navigateurs récents, une autre pour les navigateurs anciens.

L'accessibilité inclut aussi la lisibilité des pages sur des navigateurs spéciaux utilisés par des malvoyants. Recourir à l'attribut ALT dans les balises image de votre page permet à tous d'obtenir l'information ainsi communiquée. L'attribut ALT spécifie un texte qui se substitue à une image. Il est inséré dans une balise image comme ceci :

```
<IMG SRC="CHAT.GIF" ALT="Chat noir et blanc">
```

Respecter la règle des trois clics

La règle des trois clics signifie qu'un visiteur doit trouver l'information qu'il cherche en trois clics de souris maximum. L'information la plus importante doit être à portée de main. Une carte est le meilleur outil pour trouver une information, alliée à une *barre de navigation* qui définit des liens vers les sections principales de votre site.

Créer une carte

Plus votre site s'agrandit, plus il contient d'informations difficiles à localiser. La création d'une *carte du site* est une excellente solution. Il s'agit d'une page qui inclut des liens vers toutes les pages du site. La carte du site est fonctionnelle ; ne vous attardez pas à son apparence esthétique. Ne placez pas d'images sur cette page ; elle doit se charger rapidement et donner accès à tout ce dont vos visiteurs ont besoin.

Rapporter les dernières nouvelles

L'un des plus grands défis que doit relever tout site Web est la capacité de diffuser rapidement de nouvelles informations. N'attendez pas de vous trouver face à une urgence pour vous demander si vous êtes prêt à mettre à jour rapidement votre site. Avec un peu de préparation et en ayant installé quelques outils à l'avance, vous serez prêt à faire face à des événements qui nécessitent une mise à jour rapide, qu'il s'agisse d'une crise internationale ou d'un événement embarrassant qui fait grincer votre PDG, exigeant que l'on dise "la vérité" le plus vite possible.

Ces quelques étapes vous permettront d'être prêt pour une mise à jour en urgence de votre site :

1. **Assurez-vous que vous pouvez envoyer rapidement des informations nouvelles à votre site Web.**

   Beaucoup de sites Web comportent des systèmes de test destinés à les protéger contre des erreurs de manipulation, mais ces systèmes peuvent demander des heures ou même des jours (autant qu'il en faut pour ajouter de nouvelles informations sur votre site). Étudiez la question avec votre équipe technique ou vos consultants pour vous assurer que vous pouvez mettre à jour votre site rapidement en cas de besoin. Cela peut nécessiter de créer une nouvelle section, qui sera mise à jour indépendamment du reste du site ou pourra se substituer au système de mise à jour habituel.

2. **Faites en sorte qu'il soit facile de mettre à jour des sections importantes de votre site.**

   Vous pouvez envisager de développer un système de gestion de contenu qui utilise un formulaire de type Web pour diffuser de nouvelles informations sur votre site. Un tel système peut être conçu pour modifier ou ajouter des informations sur une page Web avec la facilité d'un procédé qui consiste à remplir un formulaire en ligne. Pour développer un système de mise à jour à base de formulaires, il vous faudra un programmeur expérimenté. Beaucoup de consultants en technologie pour le Web proposent ce genre de services et, une fois développé, le résultat peut également être utilisé pour d'autres types de mise à jour. Par exemple, ce procédé peut vous convenir si vous êtes un agent immobilier pour mettre à jour vos annonces ou un calendrier d'événements. Un tel système doit comporter une protection par mot de passe pour que seules les personnes autorisées puissent accéder au formulaire.

3. **Identifier le personnel à former pour la mise à jour du site.**

   Une fois que vous avez mis en place les outils nécessaires, il ne faut pas une bien grande expérience technique pour effectuer de simples mises à jour sur un site, mais votre équipe aura besoin de quelques instructions et de rappels réguliers. N'oubliez pas de planifier des séances d'information régulières pour que tout le monde soit au courant des procédures d'urgence.

Chapitre 17

Dix astuces pour gagner du temps dans Dreamweaver

Dans ce chapitre :

- Tirer le meilleur parti de Dreamweaver MX.
- Gagner du temps avec des raccourcis.
- Créer pour tous les navigateurs Web.
- Utiliser Fireworks pour optimiser des images.
- Implémenter DHTML.

Voici des astuces pertinentes sur la conception des sites Web dans Dreamweaver. Elles s'appliquent aussi bien sous Windows que Mac OS. Quand ce n'est pas le cas, j'indique à quel système d'exploitation est dédié le conseil.

Essayer la nouvelle interface

Si vous avez aimé l'interface de Dreamweaver 4, vous pouvez continuer à l'utiliser avec Dreamweaver MX, mais ne vous dispensez pas d'essayer au moins la nouvelle version. Lors de la première mise en route du programme, le choix vous est proposé entre l'ancienne et la nouvelle interface.

Dans l'ancienne interface, vous retrouvez les panneaux flottants (appelés *palettes* dans les versions précédentes) qui donnent accès aux fonctions les plus utilisées de Dreamweaver. Pratiques, ces panneaux peuvent cependant encombrer rapidement l'espace de travail. Pour les masquer tous à la fois, et les faire réapparaître de même, utilisez la touche F4. Si vous appréciez ce raccourci, vous aimerez sans doute davantage encore la nouvelle interface.

Dreamweaver MX vous donne la possibilité de verrouiller chaque panneau dans l'espace de travail, ce qui vous permet de le garder sous la main sans qu'il vous encombre. Vous pouvez déplacer les panneaux et changer les icônes qu'ils contiennent pour placer vos outils favoris là où vous le souhaitez. C'est sur les indications de créateurs professionnels que Macromedia a modifié l'interface en ce sens, et il y a fort à parier que vous partagerez leurs préférences. De plus, vous pourrez toujours utiliser la touche F4 pour masquer les panneaux, même dans leur nouvelle présentation, et disposerez ainsi des avantages des deux formules.

Créer des sites Web dynamiques

Ne vous laissez pas intimider par tous les nouveaux panneaux et les nouvelles options de Dreamweaver MX. Une bonne partie de ces ajouts vient de ce qui était auparavant réservé au programme UltraDev de Macromedia. On y trouve des fonctionnalités de programmation avancée pour créer des sites dynamiques, reposant sur des bases de données, en utilisant ASP, JSP et ColdFusion. Si tout cela est nouveau pour vous, prenez le temps de le découvrir en lisant les Chapitres 14, 15 et 16.

Et ne vous inquiétez pas : si le site que vous créez ne repose pas sur une base de données, vous n'avez pas besoin d'apprendre à utiliser ces fonctions, en tout cas pas encore. Soyez assuré qu'elles restent à votre disposition pour le moment où vous voudrez mener votre site au niveau suivant. Aujourd'hui, la plupart des meilleurs sites du Web sont des sites dynamiques, qui reposent sur une base de données et disposent de la capacité de la connecter au Web. C'est pour cette raison que Macromedia a intégré ces fonctions dans Dreamweaver.

Fractionner l'affichage : travailler dans le code

Si vous aimez faire la navette entre le code HTML et l'affichage WYSIWYG de Dreamweaver, vous apprécierez l'option de fractionnement de la fenêtre qui vous permet de voir les deux en même temps. Pour cela, sélectionnez Affichage/Code et création, ou cliquez sur le bouton Afficher les modes Code et Création, situé juste au-dessous du panneau Insertion, en haut de l'espace de travail.

Des créations tabulaires

Les tableaux HTML autorisent des mises en pages complexes. Ils sont préférables aux calques qui, eux, ne sont pas supportés par les anciens navigateurs (et qui ne sont même pas supportés de façon cohérente par les nouveaux). De plus, Dreamweaver est particulièrement efficace dans la mise en œuvre des tableaux. En mode Mise en forme, vous pouvez "dessiner" des tableaux sur une page, les placer n'importe où sur la page, et même grouper des cellules dans des tableaux imbriqués sans vous soucier de leur nombre. Vous pouvez aussi utiliser cette fonction pour créer des tableaux qui changent selon la taille de la fenêtre du navigateur, assurant un affichage parfait de votre création sur tous les moniteurs (savez-vous que de nos jours il y a des personnes qui surfent sur le Web avec des PalmPilot et des PC de poche ?).

Choisissez Affichage/Mode tableau/Mode mise en forme pour accéder au nouvel environnement de création de tableau de Dreamweaver. Il suffit alors d'utiliser la technique du glisser-déposer pour créer n'importe quel genre de tableau. Vous trouverez des options de mise en forme dans le panneau Insertion. Pour plus d'informations sur le mode Mise en forme, consultez le Chapitre 6.

Créations Flash

Flash est le meilleur programme d'animations vectorielles du Web. Ses créations se téléchargent très rapidement tout en donnant des animations dynamiques qui s'ajustent aux dimensions de l'écran. Maintenant que le plug-in Flash est présent dans la plupart des navigateurs, ce logiciel est devenu un standard. Par conséquent, composante de la famille des outils de développement Web de Macromedia, Dreamweaver facilite l'ajout de boutons et de texte Flash sur vos pages Web.

Pour ajouter à votre site des boutons Flash prédéfinis, cliquez sur l'icône Insérer un bouton Flash du panneau Commun. Une boîte de dialogue permet alors de définir diverses propriétés du bouton. Vous pouvez créer vos propres boutons dans Flash et les ajouter à la liste des boutons disponibles dans Dreamweaver.

Il vous est possible d'ajouter du texte Flash de la même manière en cliquant sur le bouton Texte Flash dans le panneau Médias (qui fait partie du panneau Insertion). Pour en savoir plus sur les fonctions Flash, lisez le Chapitre 12.

Créer des images avec Fireworks

L'intégration de Dreamweaver et de Fireworks facilite la modification des images pendant que vous travaillez dans Dreamweaver. Vous avez besoin de modifier le texte d'un bouton ou de créer une nouvelle bannière ? Cliquez simplement sur le bouton Modifier dans l'Inspecteur de propriétés pour lancer Fireworks et afficher le fichier source PNG. Vous pouvez cliquer sur ce bouton lorsque l'image est sélectionnée pour la modifier dans Fireworks, et toutes les modifications que vous aurez effectuées de cette façon seront automatiquement répercutées dans le fichier Dreamweaver. Si vous avez l'habitude d'utiliser un autre programme graphique, par exemple Photoshop, ce niveau d'intégration devrait au moins vous amener à envisager d'utiliser Fireworks. Cela peut vous faire gagner un temps considérable dans votre travail de création, en particulier lorsque vos collègues et vos clients vous demandent des modifications de dernière minute. Pour en savoir plus sur l'utilisation de Fireworks avec Dreamweaver, rendez-vous au Chapitre 11.

Trouver des polices fonctionnelles

Les concepteurs irréfléchis utilisent n'importe quelle police de caractères. C'est une erreur ! En effet, n'oubliez jamais que l'internaute ne verra que les polices qui sont installées sur sa machine. Par conséquent, lorsque vous sélectionnez une police qui n'est pas très répandue, indiquez toujours des polices de substitution. Dreamweaver dispose d'une liste de polices communes. Vous pouvez créer une liste personnelle en choisissant Texte/Police/Modifier la liste des polices.

Voici une astuce : Windows est le système d'exploitation le plus répandu sur le Net. Afin d'obtenir les meilleurs résultats de rapidité et d'apparence, listez prioritairement des polices Windows.

Pour faciliter la lecture des polices sur le Web, Adobe et Microsoft ont créé des polices spéciales qui s'accordent aux écrans des ordinateurs. Visitez leurs sites Web respectifs à `www.adobe.fr` et `www.microsoft.com/france` pour découvrir de nouvelles polices Web.

Différencier DHTML pour tous les navigateurs

Si vous désirez repousser les limites techniques du Web, n'éludez pas une des fonctions les plus importantes de Dreamweaver : l'option Convertir. Elle convertit automatiquement votre mise en pages complexe destinée aux navigateurs 4.0 et supérieurs en une mise en pages accessible aux versions 3.0 desdits navigateurs. Cette fonction convertit les balises CSS et DHTML en balises HTML standard. Ainsi, les CSS deviennent des balises HTML, et les calques prennent la forme de tableaux HTML.

Une telle conversion s'obtient via Fichier/Convertir/Compatible navigateurs 3.0. N'oubliez pas que HTML ne peut pas recréer exactement ce que vous avez défini en DHTML. L'aspect de votre site est différent de l'original. Par exemple, il n'est pas possible de retrouver la superposition des calques. Les cellules d'un tableau ne le permettent pas. Le Chapitre 13 présente cette procédure en détail. La conversion n'est pas une science exacte, mais elle permet d'obtenir un site présentable dans les anciens navigateurs.

Certains concepteurs considèrent que les utilisateurs doivent mettre à jour la version de leur navigateur. Ils créent des sites sans se soucier des différents navigateurs existants. C'est une erreur. Une grande partie des internautes est constituée de personnes qui voyagent beaucoup. Leur navigateur est installé sur un ordinateur portable. Ils ne le mettent jamais à jour, car ils utilisent leur outil principalement dans des hôtels. N'oubliez jamais que vos clients, votre patron et vos investisseurs font partie de cette population nomade.

Orienter vos visiteurs

Créer plusieurs versions d'un site est la meilleure solution pour rendre ce dernier accessible à tous. Cela signifie que le visiteur doit être orienté vers la page correspondant aux possibilités de son navigateur, ce qui est facile grâce au comportement Vérifier le navigateur.

Le comportement Vérifier le navigateur est écrit en JavaScript. Il détermine le type de navigateur utilisé par chaque visiteur qui pose un pied dans votre site. Ensuite, le comportement dirige l'utilisateur vers la page spécialement adaptée à la version de son navigateur. Pour implémenter cette fonction, choisissez Fenêtre/Comportements. Vous voici dans le panneau Comportements. Cliquez sur le signe "+" pour choisir Vérifier le navigateur. Vous accédez alors à la boîte de dialogue

Vérifier le navigateur où vous spécifiez vers quelle page doit être dirigé l'utilisateur quand il arrive sur votre site.

Garder sous la main les éléments que vous utilisez souvent

Si vous utilisez divers éléments sur plusieurs pages de votre site, la fonction Bibliothèque de Dreamweaver vous permet de les garder sous la main et bien organisés. Dans cette dernière version, vous trouverez la fonction Bibliothèque dans l'onglet Actifs du panneau Fichiers. Servez-vous-en pour stocker des images, des chaînes de texte et autres éléments dont vous vous servez souvent. C'est l'endroit idéal pour stocker le logo de votre entreprise, des éléments de navigation, et tout ce dont vous pouvez avoir besoin régulièrement.

Pour stocker un élément dans la Bibliothèque, faites-le simplement glisser de la page dans laquelle il se trouve afin de le déposer dans le panneau Actifs, après avoir cliqué sur le bouton Bibliothèque. Pour le récupérer, faites-le glisser depuis le panneau Actifs afin de le déposer sur la page voulue. Voilà encore un très bon moyen de gagner du temps avec Dreamweaver.

Index

A

B

C

D

E

F

G

H

I

J

L

M

N

P

Q

R

S

T

V

W

Z

" ENFIN DES LIVRES QUI VOUS RESSEMBLENT ! "

Egalement disponibles dans la même collection !

Titre	**ISBN**	**Code**
Access 2002 Poche pour les Nuls	2-84427-253-3	65 3297 2
C# Poche pour les Nuls	2-84427-350-5	65 3410 1
C++ Poche pour les Nuls	2-84427-312-2	65 3338 2
Créez des pages Web Poche pour les Nuls (2e éd.)	2-84427-377-7	65 3462 2
Dreamweaver MX Poche pour les Nuls	2-84427-393-9	65 3490 3
Excel 2000 Poche pour les Nuls	2-84427-964-3	65 3229 5
Excel 2002 Poche Pour les Nuls	2-84427-255-X	65 3299 8
Flash MX Poche pour les Nuls	2-84427-395-5	65 3492 9
Gravure des CD et DVD Poche pour les Nuls	2-84427-349-1	65 340903
HTML 4 Poche pour les Nuls	2-84427-321-1	65 3363 2
iMac Poche pour les Nuls (3e édition)	2-84427-320-3	65 3362 4
Internet Poche pour les Nuls (2e édition)	2-84427-347-5	65 3407 7
Java 2 Poche pour les Nuls	2-84427-317-3	65 3359 0
JavaScript Poche pour les Nuls	2-84427-335-1	65 3385 5
Linux Poche pour les Nuls	2-84427-313-0	65 3339 2
Mac Poche pour les Nuls (2e édition)	2-84427-319-X	65 3361 6
Mac OS X Poche pour les Nuls	2-84427-264-9	65 3308 7
Office XP Poche pour les Nuls	2-84427-266-5	65 3310 3
PC Poche pour les Nuls (2e édition)	2-84427-345-9	65 3405 1
Photographie numérique Poche pour les Nuls (la)	2-84427-351-3	65 3411 9
Photoshop 7 Poche pour les Nuls	2-84427-394-7	65 3491 1
PHP et mySQL Poche pour les Nuls	2-84427-397-1	65 3494 5
TCP/IP Poche pour les Nuls	2-84427-367-X	65 3443 2
Réseaux Poche pour les Nuls	2-84427-265-7	65 3309 5
SQL Poche pour les nuls	2-84427-376-9	65 3461 4
Unix Poche pour les Nuls	2-84427-318-1	65 3360 8
VBA Poche pour les Nuls	2-84427-378-5	65 3463 0
Visual Basic .net Poche pour les Nuls	2-84427-336-X	65 3386 3
Visual Basic 6 Poche pour les Nuls	2-84427-256-8	65 3300 4
Windows Me Poche pour les Nuls	2-84427-937-6	65 3199 0
Windows XP Poche pour les Nuls	2-84427-252-5	65 3296 4
Word 2000 Poche pour les Nuls	2-84427-965-1	65 3230 3
Word 2002 Poche Pour les Nuls	2-84427-257-6	65 3301 2